中小学教师小课题
开发的策略与应用

主　编　钟发全　肖克文

副主编　魏建胜　于伟伟

编　委　于伟伟　肖克文　肖　凯　邓　凯　欧阳叶
　　　　魏建胜　代安荣　孙彦彦　向绪成　黎　静
　　　　黄　伟　彭海霞　姜霞芳　钟发全

天津教育出版社

内容提要

《中小学教师小课题开发的策略与应用》是一本提高教师自身素质，提升教师专业发展的案头实用手册。

全书分六个章节，以实证研究的方式，给中小学教师自主专业成长以实在性的支撑。本书从批评教师生存的基本方式为切入点，以课堂教学、教育管理、班级管理三个方面为着力点，从小课题选题、方案设计、方法选择、数据收集，到数据分析、成果推出、结题报告等方面系统地诠释了小课题开发与研究的操作原理。是一本可供中小学教师培训和教学科研参考的好教材。

图书在版编目(CIP)数据

中小学教师小课题开发的策略与应用 / 钟发全，肖克文主编.—天津：天津教育出版社，2012.6

ISBN 978-7-5309-6749-2

Ⅰ.①中… Ⅱ.①钟…②肖… Ⅲ.①中小学—师资培养—研究 Ⅳ.①G635.12

中国版本图书馆 CIP 数据核字(2012)第 094748 号

中小学教师小课题开发的策略与应用

出 版 人	胡振泰
主 编	钟发全　肖克文
责任编辑	张　洁
出版发行	天津教育出版社
	天津市和平区西康路 35 号
	邮政编码 300051
经 销	全国新华书店
印 刷	北京燕鑫印刷有限公司
版 次	2012 年 6 月第 1 版
印 次	2013 年 6 月第 1 次印刷
规 格	16 开 （787×1092 毫米）
字 数	300 千字
印 张	12.25
定 价	28.00 元

前　　言

　　教育者的伟大，其根本在于拥有教育思想。长时间思考教师族群的生命价值，终于有恍然彻悟之感，给生命的提质关键在于自我意识的觉醒，对自我行为的觉悟。对于教师的专业成长，授予技术层面的东西，无疑是重要的。而更重要的，莫过于使其拥有教育理想。

　　今天，由于知识与技术更迭的加快，任何一项教育技术都难独挡一面，更别希望有太久的支撑。一本关于小课题开发的手册，属于意识形态？属于技术层面？最终也只能由身为读者的您去定论。在此，我们把研究的视角仅指向小课题研究，我们把思考融入书中，期待让其实实在在地在小课题研究的领域发挥一些作用。因此，"造物"之初便不断提醒，价值层面永远是多元化的教育思想的价值是永恒的。关于教师的发展，那些曲折是非，那些阻力或绊脚石，只要有人点石开化，相信任何一位教师都不会丢失王者风范。因为，任何一位教师都不会拿自己的前程开玩笑。

　　撰成此书，期盼把我们的教育智慧与思考都演化成对小课题研究的一次点拨。

（一）

　　教师的研究，教师的成长，最重要的是实现自觉管理。人的发展之道，是混沌的、模糊的，是不容易分析的，只不过经过努力，更易把握后天的变数。人只要实现自觉管理，就会有努力的方向，真正达成掌控自己命运的目的。

　　关于教师的前途和命运，参与小课题开发，这绝对不是仅有的救命稻草。我们在此书中，真还不能说，小课题研究便等同于教师教育教学生活的全部，如果您因参与小课题开发，从中感受到了幸福，只能说明它是您幸福的开始。

　　笔者一直坚信，专业素养的高低一定与每一位教师的生命质量和生存质量息息相关。在您打开这本书之前，真诚地建议您一定要明确此行的目的，从而确定用什么样的姿态来阅读。否则，当您觉得浪费了更多的时间，便会因此而不快乐。因为我们必须更加热爱自己，必须学会觉醒和自觉管理自我，绝对不能做一个否定自我行动的人。

（二）

　　身为教师，不断发展方为立身立命之本。而相对于专业发展，广大中小学教师最需要的是什么？就是让自我强大的行动。没有行动，一切美妙的设想终归只是过眼云烟。

　　人的运动轨迹，往往能折射出一个人的能量及存在价值的大小。纵观整个教育，发现更多的教师因为受自我视野的牵扯，一生没有明晰与明智的决定，一生中几乎什么事也没有做。

　　是否体悟到小课题研究的重要性，以及是否参与小课题开发与研究，主动权永远在自我。事实是，又有几人真正能将精力集中于小课题研究，并把自我的成长牵扯进自我生命运行的轨迹中去呢？教师队伍是十分庞大的，但强者所占的比例却是相当小的。原因是什么呢？小不为，何来强大？很多教师都期待搞个重大的课题进行研究，从而一举成名。但真要参与时，发现自己力不从心，只好望而生畏，畏而退却。殊不知，教师的研究能力、教师的成长都是由小而大的。没有给自我发展实质性支撑的行动，只能永远处于弱小的行列。从没有由小到大提高自我专业发展的行动，何谈做强大的人？

（三）

教育的发展性，社会的进步性，人的变化性决定了教师成长的不间断性。可以说，从来没有，也不可能有掌握某一项教育技术（包括小课题研究），就能影响教师人生的全部。当下，几乎没有一门技术可以包打天下，经久不衰。

事实是，涉及小课题研究，没有主动掌握技术层面的动力，意义必定大减。小课题的开发，只有当教师需要时，才会变得重要。更多的情况是，真正需要时才来开展，才发现自己无从下手，对技术层面的东西的把握仿佛还在原点。所以，谈技术层面的东西，将注意力转向教师自我的成熟，才是我们需要看到的。因为，迈向成熟是一个过程，这就像一架梯子，望天下教师顺势而上，而后才能获得自己所需求的东西。

（四）

关于技术，是一个习染的过程，是一个努力的过程，是不需要师傅传授的。如果非要等待他人给你传授一项技术，那你永远只能处于幼儿园的水平。所以，认识任何一项涉及技术性的东西的意义比技术本身重要。明确其来由，才能有努力的目标。

今天，不少教师都在等待他人给自己指一条发展的路，才因此在等待中荒废了时间，荒废了成长的"园地"。其实，发展的路就在脚下。而朝哪里迈步，这才是最重要的。无数教师没有大的发展，多是出发的方向出现了问题。

身在教育中，只有当认识到某一项行动的重要性时，才会有积极的行动。如若小课题的开发与研究没有引起身为教师的您的关注，甚至想不起，这只能说明摆在眼前的路，被你自己堵死了。从发现身边的教育问题入手，从小课题研究起步，才不会使你累了身心，模糊了双眼，在教育天地里撞得头破血流。

（五）

小课题研究虽然"小"，却能让你逐步壮大，因此，它需要你坚守。只要你努力去发现问题，强势开发，步步落实，你就一定能有所发展，获得成长。在小课题研究中成长，这是一条很可行的专业发展路径。

涉及小课题开发，需要技术层面与理论层面的成熟。如果所开展的小课题开发，得不到价值认定，只能说明其根本原因就在于没有真创新。事实确实并不让人乐观，从大量关于小课题研究的文献可以看出，热闹的场面中存在虚假，要不为何千万篇有关于小课题的理论研讨文章几乎雷同？

不断更新与创新，小课题研究的生命力才会更加强大，其中专家的指点是必不可少的。面对小课题研究理论层面千篇一律的抄袭现象，只能说明学术腐败现象的存在，也从一个侧面反映出，大家的研究还很滞后。这需要后来者真正在小课题研究的领域里做出一点实质性的成绩，以给予弥补。

（六）

必须回答几个问题：

什么样的小课题才是有生命力的？它首先是基于自己的教育教学，其次是源于本土的。因为发生于自己身边，开发与研究才更能找到问题的根本之所在，也才有利于自我及自己教育的发展。

小课题研究的路径是什么？从小课题选题、方案的设计、研究策略和方法的选择、数据收集，到数据分析、成果推出、结题报告等，从开始到结束的各个关键阶段都能找到可借鉴的模式。

什么样的小课题研究才有效？必须超越小课题开发质、量、研究方式的局限性，必须让研究成果从封闭走向开放，必须选择适合个性发展的小课题，必须寻找到强有力的合作伙伴。

开展小课题开发，资源是非常丰富的，比如课堂教学、班级管理、学校教育等，都可纳入开展小课题研究的范围。我们必须学会从教学发展转向小课题开发，同时进行有选择性地开发。这就要求我们在复杂多变的教育环境中，必须有自己的独特选择，找到最能解决问题的小课题而进行研讨，最终方可称优秀。

（七）

小课题研究过程的最优化，实质是教师研究素养的全面反映。在开发过程中，必须找到给自己智慧的理由。一个人的价值，是在发展壮大中体现出来的，但同时，也需要找到得以展示的舞台。自己的研究和成长对他人有用，那么，其价值才会得到认定。

其实，选择出有价值的课题而研究，是关系成败的首要因素。我们必须学会选择与调整，这需要我们在实践中，善于去发现，从而开展富有特色的小课题研究。

在各行各业里，思想的解放程度无不决定最终所取得的成果。教育行业也如此。能在自我的责任田里搞起开发，打破原有的闭关自守，让自己充满智慧，凝炼出自己的思想，可谓是教师人生大发展的开始。

（八）

马克思哲学认为，事物是发展变化的。小课题开发本身不是静止的、绝对的真理，而是发展着、建构着的研究行为。任何一项开发都需要立项，而后做出规划，方才可以随之而推进。

亲爱的教师朋友们，建议您在开始小课题开发前，能对自我的教师人生有一个长远的规划。因为，只要你真能在教育教学之余，全身心地投入其中，三年成为骨干教师，十年成为名师，多年积累羽化为教育专家，都是完全有可能的。

钟发全

二〇一二年二月

目　　录

第一讲 小课题开发——给教师专业实质的支撑

> 我们深深地知道，一个拙劣的教师最容易遭人厌恨，因其业不精、德不馨，终将误人子弟；一个平庸的教师最容易被人忘记，因其思不新、行不拔，必会泯然众人；而一个优秀的教师最容易令人回味，因为其总是超越平凡，用爱与生命谱写着教育的乐章。
>
> ——题记

人人都有顺应时代的生存法则，教师也是如此。瞬息万变的时代已经向我们表明，以教学能力为支撑，教学艺术的锤炼永远是广大教师专业发展的主要通道。"创新，创新，创新……"伴随着一浪高过一浪的呼声，将小课题研究作为新的提升方式，正逐渐成为千万教师发展的轴心。

什么是小课题研究？"小课题研究"是一种源于实践、服务实践的研究；是一种低起点、低要求、重心降低的草根研究；是一种易接受、易操作、易见效的应用研究；是一种贴近教师、贴近生活、贴近工作实际的田野研究。有专家曾说："它是与专家学者所做的或者'规划立项'的大课题研究相对而言的，主要是指中小学教师在短时期内以教育教学中迫切需要解决的具体问题或者自我经验作为课题，吸纳和利用各种有利于解决问题的经验、知识、方法、技术和理论，在教育教学实践中加以研究，探寻解决教育教学中实际问题的对策的课题研究形式。"

关于小课题开发，在组织实施前必须明确，技术层面的东西非常重要，尤其要明白，小课题乃教师专业素养最具实质性的支撑。小课题开发能否给予教师专业素养实质性的提升，决定权永远在于富有能动性的教师自我。小课题开发只对立志成为研究型人才的教师有用，对肯下三至八年以上苦功的教师有用，而对那些投机钻营者，或者想取得丁点成绩就炫耀者，只能是空中楼阁罢了，他们不会真正享受到专业提升的快乐！

"天下本有路，如果自己不去走，在人生历程之中，此路只会伴随着淡忘而逐渐消亡。"搞小课题开发，我们必须重新拥有两种思维：其一，敢为天下先。想别人没有想到的，做别人没有做到的，赶在他人之前开辟出自己的成长之道。其二，选择智慧路。小课题开发，上路的地方不同，选择的道路不同，呈现的将是不同的人生方向、价值取向和教师专业成长速度。

苏霍姆林斯基曾谆谆告诫："如果你想让教师的劳动能够给教师带来乐趣，使天天上课不至于变成一种单调乏味的义务，那你就应当引导每一位教师走上从事研究的这条幸福道路上来。"小课题开发，本质上就是这样一条实现教师专业化发展的绿色通道。

亲爱的教师朋友，打开这本书你会发现，本书既是教师改变自身状态的一剂良方，又是提高自身素养的一本教材。从第一章"小课题开发——给教师专业实质的支撑"开始，后面的每一个章节，我们都将为朋友们提供多种小课题开发的思路与方向，供大家选择！

第一节　批判：教师生存的基本方式

考察教师的专业生存方式，深入体验教师人群的主体状态、价值取向和行动策略，可以得出教师职业需要不断探索、改革、创新的结论。然而，一些教师自以为有本事，教书几十年却毫无建树；一些教师从心底里瞧不起自己的职业，整日在牢骚、抱怨中消耗生命；一些教师有高远的理想，却找不到自己教育人生的着力点……基于此，本小节将以批判的方式开题，以小课题研讨作为引子，引发教师对教育原点的思考，望能促进教师基本生存方式有所改变。

1. 对教育原点的思考

教育的本质是什么，教育要培养什么样的人，教育怎样培养人，怎样尊重和敬畏教育规律？这些看似常识性的问题，却常常困扰着每一个教师的思考和行动。

回归教育原点，对教育基本问题进行深层次的思考，我们会明白：教育是一个培养人的事业，是一个通过培养人，让人类不断走向崇高、生活得更加美好的事业。因此，教育最重要的任务，是培养美好的人格，使学生拥有美好的人生。判断教育的好坏，应该从这样的原点出发，推进教育的改革也应该从这样的原点再开始。让教师与学生享受一种幸福完整的教育生活，同样应该基于这样的教育原点。

海德格尔说："以什么为职业，在根本意义上，就是以什么为生命意义之所寄托。"但现实是，身边不少以教书育人为职业的人对工作感到疲倦，经常抱怨自己的生存方式，感叹做教师难、做教师苦。

教师的生存状态本不该如此尴尬。20世纪极具有影响力的哲学家、数学家、散文作家和社会活动家罗素先生曾说："真正的幸福来自于建设性的工作。"思考教育的原点，清除教师的匠气，转变"教育由艺术降格为技术"的局面之后，将小课题开发纳入教师教育生活的主要轨道，一定能使教师重新焕发对教育事业的热情，获得重新出发的勇气与力量。

（1）匠气十足

教书育人原本是一项既强调科学性又洋溢着艺术性的事业，正如《论语》中所述，孔子自己学而不厌，诲人不倦，与弟子如切如磋，如琢如磨，以至于发奋忘食，乐以忘忧，不知老之将至。然而今天的你我，可曾体味到教育生活的诸多乐趣？环视周围，许多教师从未把教育工作当做一种艺术性的享受，而只是当做一种谋生的手段或一个转行的跳板，抱着为了生存而劳动的被动心态，至多也只是凭良心刻板地在工作。

原规则：从教学手段与技术中解脱出来，拥有教育思辨和开拓精神，便脱匠气。

课程改革风起云涌，但是最为迟滞的依然是不少教师岿然不动的课堂教学态度与模式。如果教师无法砸碎原有的思想锁链，突破日益陈旧的教学生活方式，教师的专业发展永远都是临渊羡鱼。当一位老师以一个教书匠的角色来要求自己时，当一位老师失去了对教育的哲学思考而将教学艺术降格为一种反复操作的机械教学模式时，所有的教育行为都会流于肤浅，教师专业成长只会悬空无根。而没有教师专业成长做支撑，教师又如何适应当下的课程改革，又怎么能走出一条宽广的教育之路？

这一切皆因为很多教师把富有创造性与艺术性的教育变成了只会简单按程序操作的匠工之作。匠工之作，忠实临摹、照本宣科、按部就班、按经验办事，这一切味同嚼蜡。原本洋溢着生命气息，师生共同成长的乐园变成了一片乏味的训练场，灵动、灵气皆已远离。

王小波曾经写过这样一段文字："人在工作时，不单要用到手、腿、腰，还要用脑子和自己的心胸。我总觉得国人对这后一方面不够重视，这样就会把工作看成受罪。失掉了快乐最主要的源泉，对生活的态度也会因之变得灰暗……"

这段话用来描述当前一些教师的成长生涯比较妥帖，许多教师在初登讲台时感到无所适从，于是急切地寻找经验和一些比较流行的教学模式，沉迷于各种方法、技法、兵法、秘笈的研究，当其掌握了越来越多的教学手段之后，任何教学场景便都能够应付自如，教学业务变得越来越熟练。面对不同的学生，传授不同的内容，这些教师首先只需要寻找到一个熟练的教学手段，然后根据这一教学手段的操作程序老老实实执行，让教学变得简单而"万事大吉"，几十年来的课堂涛声依旧这些教师却因此而沾沾自喜。因为"手段"，让自己的工作变得轻松。

一个教书匠的自白

K12网上有这样一个帖子，是一名小学语文老师的自白：

识字。毫无疑问，识字教学应该是小学阶段的重头戏，然而我稀里糊涂地做了二十多年的小学教书匠，至今对识字教学的有关理论知之甚少——或者也可以说这方面的成熟理论原本就稀缺，大家都在摸着石头过河。

虽说始终不见专家发表意见，但实际上似乎有一个约定俗成的惯例，凡是教学过的生字，都是要求学生必须立马"掌握"，如果学生不能掌握，我们就用"别人都能掌握，你凭什么不能掌握"来要求他。

抄、抄、抄……大量的重复抄写之后，听写。听写不过关的，再罚抄若干遍。这样效率低下的重复劳动会不会产生更多负面影响？我不知道，但我很想很想知道。

阅读。分段、概括段落大意、总结中心思想，这一传统的阅读教学手段，据说可以"帮助"我们更好地理解课文内容。然而，无论是在学生时代，还是后来做了教书匠，这一做法都让我头痛不已。字、词、句的理解，主题思想的升华，品德与情感教育，修辞手法，写作技巧……一篇能够被选作教材的文章，值得我们学习的东西的确很多很多。然而，再美的文章，当它一次次地被肢解，当它被肢解成若干需要阅读者"掌握"的知识点，从而成为种种学习的负担时，我不知道它的美感是否还能在读者的心里继续存在下去？

作文。事实上，在某种意义上，我们的作文教学，不过例行公事，只为"完成上级的要求"。每到习作练习时，我简直是如临深渊。我相信作文是有章法有技巧的，也是可以通过适当的点拨取得进步的。可是，我自己的写作水平都非常糟糕，我又拿什么去指点他人？水平低下的习作指导，只能炮制出模式化甚至公式化的东西来，反而禁锢了孩子们丰富的想象力与创新能力，使表达言不由衷，使语言越来越苍白。所谓弄巧成拙，莫过如此。

【反思】

很美的语文，被各种手段机械肢解，语文教学不再美丽，而变得狰狞恐怖。上述案例与其说是一位语文老师的自白，还不如说是一位教师的挣扎，教育现实如同一张无法挣脱的网，束缚着教师们的教育灵感。

不做唯唯诺诺的服从者，也不做彻头彻尾混日子的人，面对当前的教育教学有着无数的不满，但抱怨之后还得继续从事机械的教书匠生活，难道就没有再变革的方式？

要解决这种现状，就不仅需要思考当前教学中存在的问题，更重要的是要在行动中解决问题。"知者行之始，行者知之成。"思想觉醒了，行为为什么还不觉醒？此时给自己一个小课题，通过行动研究的路径，来解决自身教学中的实际问题，这才是真正的觉醒。因为，专业成长的一种重要能力，就是能够及时解决教学中随时发生的问题，而这种能力的培养必须摆脱手段的束缚，用大脑思考，并积极行动起来。

【建议】

理论并不能直接转化成实践，熟练的教学手段不可能适应所有的教学情境，中间需要实践者的行动研究，使教学手段能够对症下药。

首先，面对机械的"手段"，教师不能也不该"俯首称臣"，甘愿"任手段宰割"，而应该"振臂一呼，揭竿而起"，去追求创新与高效。当我们发现自己在识字教学上进展甚微，是否可以考虑尝试其他方法呢？当发现阅读教学的肢解之苦，是否可以通过读书、学习，琢磨出一些新的方法，让学生因此而受惠呢？当知道作文教学力不从心，是否尝试努力探索出一套由自身水平出发，而又满足学生需要的教学方式呢？只有敢为天下先，不断创新，不依赖手段，不把教参当圣经，不断走小课题开发之路，才能去掉匠气，取得教育教学的真经。

其次，面对熟练的"匠气"，教师要善于借助小课题，不断打破和重组旧有的经验和思维方式，通过自己的努力，探索教育的规律。每一位教师都有自己的原创能力，每一位教师都有能力教育自己和提升自己，而最重要的是，教师要投身小课题的开发与研究，跳出原来的自我，寻求超越自我的法宝，才能真正远离匠气。

【谨记】

在教育领域，教学手段和固有经验都只是教学的救生圈，总有一天我们要摆脱这些，进入教学的自主状态和自由王国。

（2）降格为技术

今天，教育面临着一场巨大的危机，人们越来越感觉到自己变成了"教学的机器"，总是在执行某种程序，教学似乎变成了一种只需要动口的体力活，一种只需要动手的"技术活"，仿佛教育的"产出"质量的优劣取决于教育技术是否纯熟。所以，教育者丢失了信仰，失去了理想，教育就简化成了一种训练，一种考试的准备技术，这样的教育还有什么出路可言？从这个意义上讲，与其说缺乏好的教育技术，不如说最缺的是教育思想，最缺的是哲学根基。我们必须寻求新的出路，从狭隘的技术主义中"脱胎换骨"。

原规则：用新的、好的思路弥补肤浅的教育哲学根基，能为教育行动增魂。

放弃了对教育哲学的思考，就意味着放弃了对教育理想和目的的思考，也就意味着放弃了对自我劳动是什么和为什么的思考，结果只会被自己一知半解的教育方式牵着，从而注定难在教育圣地上有所作为。没有哲学根基的教育是盲目和肤浅的。在一个失去目标和理想的教育环境中，教师的职业成就和职业素养用什么来衡量？学生的成绩？论文的数量？公开课的获奖？而缺乏教育思想的教学评价方式，最终只会变成一种冷冰冰的量化行为，更会成为某种所谓的"技术"的帮凶，不能从根本上引导教师走创新发展之路。所以，唯有夯实我们的哲学根基，才能寻回教育的灵魂，找回教师生命的自我。

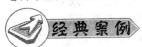
现象纪实

这是一个关注结果而不关注过程的年代，一个关注目的而不关注信仰的年代。很多中小学教师过多地思考怎么教而不反思为什么这么教，可悲的是，当教学活动已经完成，人们问他为什么这样教的时候，他还一头雾水。而且有了多媒体，人们找到了教育越来越好"操作"的技巧，却让教育从一项丰富而又深刻的事业变成了一种刻板的技术操作，我们都被多媒体"操控"了。

在我们周围，有很多教师热衷于打磨自己的技术，掌握时尚的授课方法，运用最为推崇的教育模式，学习最前沿的"发展性评价技术"，向有经验的教师学习"备考技术"……最后发现，我们不知不觉中成为应试教育这个庞大机器中不可或缺的一个零件。一边咒骂着这让人苦不堪言的应试教育，一边热火朝天地干着应试教育的勾当，在这巨大的矛盾中，置身教育天地的我们变得越来越可怜而卑微。

我们的教育使命是什么？似乎很少有教师思考过这一哲学命题，教育的工具化倾向越来越严重。首先是教育目的的偏离，在教育实践中，教育常常沦为谋取物质、名利的工具，疏远哲学必然是低境界的人生，无怪乎有人提出读书就是为了挣大钱、娶美女。其次，教育的工具化表现为教育内容的非人文化，不但重理轻文的倾向已经非常明显，而且文科渐渐变成工具学科，而非人文学科。最后教育的工具化还表现在教育过程的形式化，尽管多媒体教学手段越来越先进，课堂活动越来越丰富，但不少课堂中依然缺乏生命气息，很多老师在用形式化的"表演"作秀。

经典案例

老师，我们累了

"张老师，你好！我是班长小宇，我代表全班同学，诚恳地向你提点意见，开学以来，你在语文课堂教学中经常使用多媒体教学，我们学习语文的兴趣也高涨了很多，但是，你不论什么类型什么内容的课，也不管合适不合适，动不动就用多媒体，一堂课从头到尾，你都不写一个粉笔字，全用多媒体打出来，似乎没有多媒体的点缀，就显不出新意来……张老师，我们全班同学多么希望你以后不要再滥用多媒体了，我们累了……"周四那天，张老师突然收到班长的来信，看完信，张老师的眼睛湿润了，他的心久久不能平静，眼前情不自禁地浮现出以前课堂上的一幕。

张老师在教学新课《长征》时，他首先播放歌曲《长征》主题曲片段，引出新授课题；接着用多媒体让学生听范读，并轻声学读；紧接着初步了解课文内容，张老师还是不忘用多媒体将《长征》原文打在屏幕上，逐一与学生感知课文内容，边感知边出示问题，仍旧是采用的多媒体出示；整个课堂板书都是事先精心设计好了，展示时仍借助多媒体。整堂课张老师并没有设计学生活动，而是用课件的演示代替老师的讲解，他这节课主要任务就是不断地点击鼠标，用事先设计的课件演示流程取代学生思维的发展轨迹，学生在台下仰着脖子当观众，一节课都始终盯着大屏幕，看教师播放的各种音像材料。这节语文课就是张老师课堂教学的一个缩影，他把语文课上成了录像放映课。

【反思】

老师的委屈我们能理解，使用如此丰富的多媒体资源，一定花费了大量的时间和精力去搜集和重组。但我们应该清醒地看到，以技术替代教育革新，不可能一下子解决所有教育问题。技术手段和教育理想之间，还隔着一道墙。所以，在技术与理想之间必须有一个适当的切入点来打开这堵墙，这就需要教师开展小课题开发，来提高课堂效率，促进学生和教师素质的提高。如果一位教师把复杂多变的教育降格为一种技术，就会发现课堂上情感缺位，教育变得死气沉沉，而教师自己呢，也很难做到提升自我境界，达到圆满幸福的目标。

教学本来应该是一种师生互动的行为，是师生之间相互激励、共同成长的过程，是师生生命的交往、灵魂的碰撞。然而，技术化的教学使教师没有了思考、失却了情感、涤尽了智慧，剩下的只是一系列精致而又熟练的操作。

在深入推进新课改的今天，不少教师习惯依样画葫芦，生搬硬套地照搬别人的教育手段和教育技术。更有甚者，部分老师在课堂教学中完全没有自己的主张，纯粹依靠《教学参考》或《优化课堂教学设计》等教学参考书籍。这样的教学方式且不说在多大程度上能让学生掌握、消化和吸收知识，最大的可能就是败坏了学生学习的胃口，让学生失去求知欲和学习的兴趣。

【建议】

放弃了教育哲学的根基就意味着放弃了教育的理想和目的。只有用教育哲学思想观照教育，才能给学生提供完整的、人性的、深刻的、理性的学习生命体验。建议：

首先，用教育哲学思想不断追问与批判反思自己的教育教学行为。金生鈜教授认为，"如果没有教育哲学的导向，经验主义的研究永远不能进行到底；如果不进行教育哲学研究，就没有办法为一个民主社会服务。"教育哲学并不是一种知识的框架，而是一种不断追问和批判反思的精神，在这种追问中我们有可能描绘新的教育图景，找到新的立足点，发现新的观察视野，从而到达更新、更高的思想境界，把我们带向更辽阔的教育世界。

其次，冲出"技术化"的重围，让教育艺术名正言顺地"当家做主"。现在，我们日日耕耘的是一个真实而又机械化的教育生活图景，而哲学赋予教育的是一个开阔而又完整化的教育图景，在两种图景之间存在着某种永恒的张力。这种张力在吸引着一线教育者为之努力，而只有当我们像教育家一样思考和行动，教育图景才会越来越完整而辽阔。当我们"陷"在"技术化"的重围中时，当一切都可以进行量化时，教育图景就会僵化呆板、死气沉沉。教育应冲出"技术化"的重围，让教育艺术观照我们的教育图景，让教育艺术名正言顺地"当家做主"，教育生活才像是一条奔腾不息的河流，充满着生命的活力与张力。

这里，并不是说不要技术，而是让教师不要一味追求技术，要通过日常教育教学的小课题开发，达到教育的佳境。可以学习"技"，看看他人的教学方法、策略，听听他人的课，在此基础上对照自己的课堂教学，从而选择有价值的小课题，提炼自己的教育教学之"法"。我们还可借助小课题，了解技术的本质，了解自己学生的需求，了解是否有益于教育实践，进而寻求教育之"道"，以形成自己的教育思想。

【谨记】

脚踏大地并且仰望星空的教师才会最先脱颖而出。只有夯实自我的哲学根基，形成自己的教育哲学，才能给学生提供理性的教育、人性的教育和深刻的教育。

▶▶▶ 2. 对教师生存的批判 ◀◀◀

很多新闻报道一再触及教师群体生存的伤痛，尤其是农村和老少边穷地区教师近乎可怜的生存景况。网络上有人曾抱怨："校长贵族化，领导多员化，教师奴隶化，学生祖宗化，家长上帝化，人际复杂化，加班日夜化，上班无偿化，检查严厉化，待遇民工化，翻身是神话。满腔热血把师学会，当了教师吃苦受罪。急难险重必须到位，教师育人终日疲惫。学生告状回回都对，工资不高还要交税。从早到晚比牛还累，一日三餐时间不对。一时一刻不敢离位，下班不休还要开会。迎接检查让人崩溃，天天学习不懂社会。晋升职称回回被退，抛家舍业愧对长辈。囊中羞涩见人惭愧。百姓还说我们受贿，青春年华如此狼狈。"尽管这一抱怨包含着太多的情绪化，但引起了很多人的共鸣和转载正说明不少教师对目前生存状况的不满。

在这种悲观的情绪之下，教师走进了一种职业的死胡同——如果我们无法驾驭教师生活本身，就只能被教师生活所驾驭，成为"教师职业"的奴仆，成为一个可怜的"教书虫"。如何从教师职业中找回生活的乐趣，如何从教师职业中找回师者的尊严，如何从教师职业中找回生命的价值？就让我们一起从对目前教师生存状况的批判和反思开始吧。

（1）更多偏见

"教师是人类灵魂的工程师"，这一说法虽然已经淡化，但是，将我们神化的社会氛围一点也没有减弱，人们总是用一种极高的"完人"标准去要求教师，这给教师职业背上了"怎么做也不够好"的沉重包袱，无法得到社会的认同，我们只有把孩子成绩提高一个档次或是送进高一级重点学校的时候，似乎才能得到一些掌声。然而，教师的待遇一直"比外界认为的少得多"，长期面临的生活问题开始让人们对教师的职业价值产生了怀疑，自然，也就更无暇顾及教师个人专业发展的问题了。

生活在一个变革的时代，许多不确定的社会因素注入了教师的生活，如果教师本身对自己的职业持有偏见，那么这样的教师很可能会在巨大的社会冲击中，在无数的诱惑中陷入自我否定的危机。

原规则：不能缺乏自我专业成长的认同，就会缺乏奋进的支撑。

什么是"自我认同"？黄克剑教授的一句话做了最好的注解："就是让自己信从的道理活泼泼地展现在自己的生命中。"确实，在整个社会对我们的职业缺乏认同的大背景下，一些教师干脆"解脱"了自己，仅仅将教育作为一个职业，一个谋生的工具而已，成天得过且过。《教学勇气》一书中指出，"真正好的教学不能降低到技术层面，真正好的教学来自于教师的自身认同与自身完整"，显然一个贬低教育价值的教师不仅不能推动自身专业能力的提升，反而阻碍自我发展。

自我认同不是自我陶醉，是对教师职业使命感的尊崇。

人生，要有至高点，还要有切入点。试问有多少教师目标明确，为了成功而努力奋进？有多少教师坚信自己的脚下，就是太阳升起的地方？我们要思考，为什么我们总是瞧不起自己？一个更直接的理由是，我们失去了自我认同的资本。

失去了对教师职业的自我认同就等于失去了专业发展的动力，让自己的内心在抱怨、牢骚、空虚、恐惧、焦虑、不安中迷失，让我们变成一个连自己也不认识的"怪物"，每天从事着熟悉而又陌生的工作。

荒诞的现实正在我们的教师群体中蔓延，随着教学生涯的延续，很多教师失去了初入教坛的热情，失去了对所教学科的兴趣，失去了与学生交往的心情，失去了使心灵纯净的力量……毋庸讳言，我们一边在彻底否定自己，一边还在应付着这份职业，这是一种多么痛苦的自我折磨！

上海八成老师感觉压力大，小学教师居首

77.5％的中小学教师感觉到工作压力大，37.3％对教育工作有厌倦情绪……2009年9月20日，记者从上海市教科院获悉，一份来自上海13个区1300多名教师关于工作压力的调查报告显示，当前教师存在过重的工作压力，最令人感到意外的是，其中，小学教师承受的压力最大，厌倦教育工作的人数最多。

调查报告的第一作者——上海市教科院普教所副研究员汤林春分析，教师之所以感觉压力大，首要原因就是教师每天的工作强度大，本市中小学教师每天直接用于教育教学的时间平均达到8.57小时。3个月里教师平均参加政治学习11次，组织班级、年级各种活动9.65次，进行教科研活动9次，参加培训7次，上公开课1.5次。

其次，教师承受的要求繁多而杂乱，75.4％的教师赞同"现在，各方面对教师的要求越来越多，我都不知道怎么做教师了"；91.6％的教师认同"社会对教师的要求高于常人，使教师感到压力"。此外，不少教师也表示，非教学任务越来越多，如管理学生、写科研论文、应付各项检查、评估，令他们分身乏术。

调查中最令记者感到意外的是，一向看似轻松的小学教师却成为教师中压力最大的人群，这一现象值得关注。数据显示，80.1％的小学教师感到压力大，属最重，初中教师和高中教师分别为 72.7%、77.7%。对此，汤林春分析说，首先，小学也有"升学"和"分数"的压力，虽然没有正式的升学考试，但学校之间也存在着升优质初中的竞争，同时小学五年级也要接受教育质量监测，而小学一年级的压力明显大于二年级和三年级，说明幼小衔接也是造成压力的原因。

此外，据调查，小学教师上课节数、跨学科教学情况和组织参与活动的次数最多，而且由于小学生年龄小，在各方面需要更多关照，无形中加大了教师的压力。

【反思】

中小学教师中有八成感觉工作压力大，近四成对教育工作有厌倦情绪。从这一事例中可以看出普通中小学教师确确实实存在着与学生无关的种种例行公事，而且社会评价也促使教师很难激起对自我职业的认同。但是，我们还应该看到一个隐性的数据，就是同样的工作环境，另外有六成多的教师并没有对教育工作有厌倦情绪，原因何在？

一般而言，教师队伍中往往存在着三种人，一种是被动适应教学生活的人，一种是主动赢得教学生活的人，还有一种是随波逐流的人。只有主动赢得教学生活、赢得课堂的教师才是最幸福的人；被动适应教学生活的教师本质上不是追逐教育幸福感的人，最多只是逃避压力的教师，这种教师最大的成就只是"成功"逃避压力罢了；而随波逐流的教师在静静流淌的小溪中还能悠然自得，一旦卷入课程改革的汪洋大海，可能顷刻间便遭倾覆。

偏见是成就大业的障碍，偏见是教师成长的绊脚石。因为，偏见会遮挡教师理性观察教育教学的视线，偏见会束缚教师的思维能力，让教师只注意存在的事实，不但没有研究和求证的精神，而且喜欢选择他们所相信的事实。偏见会麻木心灵，导致教师对存在问题容易产生更多的借口和理由，例如"我为什么遇到这么难教育的学生""我不具备名师成长的条件""我的学历太低，缺乏做出成绩的资本""我的年龄太大了，发展也难了"等等。偏见一叶障目，让教师看不到更加美丽的世界，看不到更加灿烂的前景。

当我们敬仰专家、学者著书立说时，是否想到过他们孜孜以求、乐而不倦的研究情景。当我们羡慕名师行云流水般的课堂表现时，是否想到过他们在学习、研究、实践上所播洒的心血与汗水。走出自己的偏见，懂得成长不易，懂得机遇青睐于有准备的人，那种"全心投入教学生活"的教师往往最容易成长为名师，也最容易体验到教师职业的幸福感，自然，他们不会感到人格的撕裂，不会感到说一套做一套的悲哀，不会感到空虚和焦虑，他们与自己保持着一种甜蜜的关系——认可自己、相信自己、欣赏自己。

试想，在充满创造性的教师生涯中，当我们内心如此和谐，如此热衷于自己所从事的职业时，我们怎么会不幸福呢？

【建议】

教师获得自我认同的唯一途径就是不断超越自己、赢得课堂、获得成就、实现自身专业的发展。这就要求我们投入真心、立足教学，以小课题开发与研究作为切入点带动我们教学素养的提高。

首先，在小课题开发中建立自身价值坐标体系。

真正的教育绝不是仅仅靠牺牲教师而成全学生的发展，而应该是教师与学生生命的共同和谐成长。

教育，需要寻求一种改变，需要改变对教师生活的认识。"春蚕到死丝方尽，蜡炬成灰泪始干"的教师生活固然伟大，但有些残酷，教师凭什么非要"丝方尽"、"泪始干"，在人的生命长河之中，只有保持着"付出"和"收获"的大体平衡，才能维持我们生活的可持续发展，所以，教师唯有与学生共同发展，才能造就真正伟大的教育。为此，我们要采取积极的行动来纠正偏见，无疑小课题开发是一条正途，在小课题开发中建立自身价值坐标体系，才能改变自我。

其次，在小课题开发中使教学呈现出科学与艺术相得益彰的局面。发展谈何容易？有心做一个研究型教师，与小课题的开发为伍，在渐行渐进中才能谋得发展。一个小课题的展开，需要大量以此为中心的教育阅读，只有完全占有这个小课题的相关资料，才有研究的基础，那日益锈钝的教育思维才会逐渐灵转起来，曾经半休眠的大脑也才能随着课题的深入而活跃起来；日渐生疏的文笔也开始软润，因为我们思考的点滴总能激起我们写作的欲望；我们的课堂也因此而呈现出科学与艺术相得益彰的局面，变得更理性也更富有激情。这是我们这个职业所独具的效应，我们能够通过小课题开发提升自我魅力。

【谨记】

打开思路，对内挖潜，对外扩张，实现自我认同，可以使事业突进。

（2）缺少勇气

青年教师袁卫星回顾自己成长往事的时候，曾提到：当年老校长对他说，你们想爬多高的山，我们就给你搭多高的梯。袁卫星老师当即回答，你能搭多高的梯，我就能爬多高的山。此后，袁老师主动请缨上公开课、汇报课，正是这种主动出击，使袁老师迅速成长，成为红遍大江南北的青年名师。

教师队伍中才华横溢之人多如牛毛，却只见大多数教师日渐沉没在烦琐的教学之中，疲于奔命，曾经的人生梦想和教育理想在残酷的现实面前消失殆尽。当职业变成一种锁链的时候，许多人变得毫无反抗之力，从此觉得教师是世界上最没有前途的职业。有着这样畏缩不前的心态，怎么能教育出优秀的学生？

新课程改革"摸着石头过河"的成功实践已经表明，解决教育教学问题的最有效途径必须以开拓的勇气为先导，只有勇气才能成为拯救自己的原动力。许多教师缺少一种展示自我"缺陷"的勇气，害怕教育教学中疲于应付的假面被揭开，从此变成一只为领导、同事或学生敲打的"教学乌龟"。

原规则：在专业成长中缺乏自我完善的勇气，即等同于人少了骨气甚至尊严。

"自我完善"就是自我教育。在所有的职业群体中，最需要教育完善的是我们教师群体，我们需要重塑教育生命，重启自我完善系统，暂停日渐程序化的教育活动，断掉早已习惯的教育思维，换一个立场，质疑曾经的教育生活，让每天的教育步伐都注入创新的因子。

 现象纪实

许多一线教师，没有理想，不敢奢想做名师、成名家，认为那是遥不可及的事情，即使有这样理想的人，也被别人认为好高骛远、不知天高地厚、不自量力等。很多教师把能够上好课当做最大的"教育理想"，可是当一个教师最大的理想就是上好课的时候，他早已把自己定格在了"教书匠"的行列。

更有甚者，抱怨社会环境，抱怨教育制度，抱怨学生的无良，抱怨校长的专制，想到了逃离或者等待救赎。我们一直在幻想，幻想出现一位无比英明的上级领导，拿出一套完美的教育制度，拯救我们于水火之中，从此柳暗花明，引领我们走上幸福、科学的教育道路。

可是，世上从来就没有什么救世主。我们不禁想问：谁才是中国教育改革的希望之所在？

 经典案例

"逃兵"教师自白：厌倦了应试教育

已近不惑，已是高级教师，按说没有必要再冒险去圆什么考研梦。但当机会来临时，我还是义无反顾地逃离这自己奋斗了十三个春秋的三尺讲坛。我曾反复拷问自己：为什么？

厌倦了或者说厌战了！厌倦了中学教学，厌倦了在高考魔棒下日复一日年复一年的身心俱疲的挣扎，我要从中学战场上逃跑了！我愿如实交代我逃跑的四个理由：

理由一：中学讲坛，这本是一块应以传播公正与平等理念为己任的净土，如今却在令人遗憾地人为制造着大量人格歧视与不平等。同样参加高考，不同地域的考生却面临着悬殊的高考分数线；重点中学，普通中学，这是全国各地普遍存在的教育的"赤道"和"两极"；快班与慢班，优等生边缘生与差生，一切以成绩论英雄。

理由二：一切的一切一碰到高考指挥棒便都被打回了原形——无一能脱离应试教育的魔咒。太多的事情取决于考试，学生的未来，教师的命运，甚至官员的升迁都完全取决于那决定性的几天。学生必须学的是教学大纲、课程标准考纲中严格规定的内容，要做的就是死记硬背。

理由三：某种程度上，我们的应试教育比的不是学习的能力而是学习的时间和学习的毅力。

理由四：更可怕的是，这个最该坚守诚信的地方如今却充斥着虚伪与欺诈。为了获取一个体面的成绩以博父母的欢心或者是少受冷脸或棍棒，学生发明了缩印小抄、寻找枪手等等花样翻新的作弊方法；为了得到学校的赏识或者是避免下岗的尴尬，教师们也可以在出题监考阅卷等环节上想办法找技巧。

在应试教育体制下，没有人能脱离高考魔棒的钳制而自由起舞。我厌倦了也疲倦了，想换一个天地换一种生活的状态。在即将逃离自己曾经快乐但更苦恼过的战场之际，说了自己多年来想说的心里话，真有一种解脱的感觉。我要自由了，但往日一块并肩战斗的兄弟姐妹还在这里，中学教育何时才能恢复它本来的面目，让老师和孩子们在自由开放的天空中感受成长和生命的快乐！

这就是一个"逃兵"教师的自白，也是一个"逃兵"教师的期盼！

【反思】

这是一个"逃兵"教师的自白，道出了不少想逃又不敢逃或者自认为无处可逃者的心声。一味讨论学生的"习得性失助"（"习得性失助"可解释为"经过某事后学习得来的"无助感，意指一种被动的消极行为），却忽视了教师本身也是"习得性失助"的危险人群，

我们努力让学生获得"成功的体验"，却没有人给我们自己"成功的体验"。考试在实践中的异化所带来的一种"以分数论英雄"的氛围，成为多数教师心头的痛，因为在冰冷的分数面前，"第一名"通常只有一个，成功者永远只是部分人。在我们教育热情尚未封冻前，我们需要一些成就和快乐的体验。唯如此，成功才能激励更大的成功，成长才能促发更快的成长。

帕尔默所言："一种优秀教学永远需要的是重获内心世界资源的小径。记住我们是谁，就是把我们的全部身心放回本位，恢复我们的自身认同和自身完整，重获我们生活的完整。"找回生动活泼而又布满缺点的自己，让我们在专业成长中收获人生的果实。说到教师专业成长，我们总是在"经验"的道路上执迷不悟，总想着经验多了自然就是一位好教师。君不见，不少教师工作了十年，还仍旧如同初出茅庐的新手；不少教师初登讲坛，却很快崭露头角。我们不要急于把这一切归结于天赋，而要思考此教师与彼教师的区别何在，区别就在于谁最勇于正视不足、谁最致力于自我完善。

诗人惠特曼说："尽管在命运的迎头痛击下，我头破血流，但还在往前走。"在教育生活的海洋里，每当我们遇到飓风恶浪的时候，要增强信心和勇气，努力把握好自己的航向。只有做一个敢于面对困难，敢于永挑重担的教师，我们的教育人生才会一路花香。

【建议】

谁都知道"站到屋顶看风景"的感觉很美，只是我们通常缺少一个登上屋顶的阶梯，而小课题开发正是这样一个灵便的阶梯。

首先，在课程改革中要敢于"亮剑"，这是教师成长的王道。新课程改革已十年，但教育乱象层出不穷，新课程从理论到实践依然还有很长的路要走，这既为教师提供了难得的发展机遇，也带来了新的严峻挑战，等待着培训显然"远水不救近火"，况且短暂的培训往往只能涉及平时教学中问题的百分之一二，还有大量的问题需要自己去破解。谁在课程改革中敢于"亮剑"，谁先通过小课题开发掌握了教学的秘密，谁就是最先赢得课堂的人。

其次，小课题开发是解决教师自我追求完善的途径。小课题本质上是解决实践中所发生的问题的课题，与那些以出成果为目的的大课题有很大的不同。我们总是拿"扬长避短"来要求自己，殊不知"扬长避短"只在人生中表现自己的那一刻有效；而大多数时候，如果将自己的短处藏匿起来，只会让自己的短处像细菌一样繁殖，成为教师专业发展最大的障碍。只有拿自己最大的不足开刀，才能突破职业的瓶颈。如果发现在师生互动上有所欠缺，那么师生互动就是我们的第一个小课题；如果发现自己在概念教学上有所欠缺，那么概念教学就是我们的第一个小课题；如果发现在课堂气氛的调节上功力不够，那么课堂氛围就是我们的第一个小课题。人无完人，所谓专业成长，就是追求职业自我完善的过程，小课题开发无疑是最佳途径。

【谨记】

用小课题开启我们的勇气大门，构建自我完善系统，让我们生命的力量涌动在我们教育生活中。

第二节　问题：从教学发展向小课题开发的调整

小课题开发针对教师个体，关注教师个人的教育教学反思与行为跟进，关注教师自身的问题解决与经验提升。着力于小课题开发，旨在从传统教而优之观点的探讨，转向对研而优之的思考。这是先行者们早已论证并确定的观点，当下更重要的是我们要勇于实践，去开拓出这一片新天地。

所以，每一位教师应把主要精力放在课堂教学上，由单纯地教转向教与研（即小课题的开发）相结合，穷尽一生去追求教育的精彩。本小节试图帮助教师从迷茫中走出来，把教与研有机地统一起来，实现相互的转化。

1. 自主的教育活动

让研究成为教师专业发展的助推器，带着这一目的，笔者所在的学校曾经做了一项题为《骨干教师培养与教师专业发展研究》的国家级课题研究，通过调查，研究者把骨干教师前 20 年的工作时间与专业水平粗略地分成"进取型教师"、"保持型教师"、"不进取型教师"三类，并且粗略地画了一组坐标图，如下：

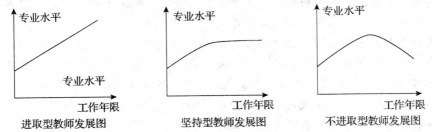

进取型教师发展图　　　坚持型教师发展图　　　不进取型教师发展图

上述调查及简单的统计分析，揭示了一个问题，那就是当一位教师发展到一定程度之后，如果不能寻求新的出路，如果不能突破瓶颈迈向更优、更宽的境界，那么终将只能做一个比较优秀的骨干教师甚至越到后来水平越差的普通教师。而对于那些一直在努力、一直在探索，不断达到更高的专业水平的老师来说，大多数都有小课题开发和系统的课题研究经历。这给了我们一个很好的启示，那就是当教师发展到一定的程度时，应该从单纯的教学发展调整为教学与课题研究相结合。

（1）给优秀理由

优秀，通俗地理解是"出色，特别好"。家长、社会对一个老师的称道，是一种模糊的评价。美国国家专业教育水平委员会（NBPTS）曾经对优秀教师水平做出说明，即致力于学生和他们的学习；了解所教的科目，懂得如何将那些科目教授给学生；对管理和监督学生的学习富有责任；对自身的教学实践和经验学习进行系统化的思考；成为学习型团体中的成员。

在现代语境中，很难说谁比谁绝对优秀，更多的情况是优秀者在一定的标准之上融入自己的特色罢了。

原规则：在复杂多变的教育环境中拥有立足的独特性，方才有发展致使优秀的可能性。

李开复在他为《乔布斯传》所撰写的序言当中强调："乔布斯的成功真的无法复制！"他说："乔布斯就是乔布斯。你不可能像他那样单靠自己一个人把握未来的能力就足以保持苹果这个世界最大科技公司的领先优势。"李开复的这番话，无非是在告诉我们，个人的成功有很多因素，包括个人独特的一些因素，这些可能无法复制。但是，要成为一个行业里最优秀的行家里手，所需要的个人主观的努力，包括努力的过程中所呈现出来的一些方式方法策略等，是可以复制的。

既然能复制，我们就要找到样板。优秀教师拥有的哪些研究方式是我们可以用来复制的样板？或者说，优秀教师拥有的样板是什么？在实践中我们发现，优秀教师参与小课题开发就能给我们提供很好的样板。在此，我们就着重从小课题开发的视角来研究样板。

近年来，为了发挥骨干教师的模范带头作用，以类似于"名师工作室"方式运行的名师组织在国内名称各异，形式多样，大大小小几乎遍布各地。如北京市东城区教委通过的名师工程和"621"骨干教师引领工程，广东省教育厅在年初表示将在珠三角建立100个名师工作室的打算等。有的地方对工作室明确定位为"基于名师工作室环境，发挥工作室挂牌名师的专业示范、引领、辐射、指导作用，以团队合作为工作方式，以课题研究为活动载体，促进挂牌名师与教师共同的专业成长"。

在国内的小学数学教坛，活跃着一支年轻的江苏南通籍名师队伍，如华应龙、徐斌、张齐华、贲友林、施银燕、蔡宏圣等，一个地区有一位在全国有影响的名师并不容易，为何偏偏江苏南通涌现出如此多的名师？原因肯定是多方面的，但我们从本书研究的主题——"小课题开发"的角度找到一个原因，那就是这支名师队伍有一个领头人——全国著名数学特级教师、小学数学教学心理学的开拓者与实践者张兴华老师，他带领着他团队的老师致力于学生心理的研究，让学生学习感兴趣的数学、启迪智慧的数学。这也从一个侧面证实，"无课题不成名师"！

如皋的小课题开发

江苏省如皋市2006年开始实施小课题开发。五年多来，广大一线教师立足"认识教育，完善工作，提升自我"，积极参与小课题开发，并取得了丰富的研究成果。广大中小学、幼儿园老师通过对新课程背景下课堂教学方案设计、课堂教学内容的选择与整合、课堂提问及师生互动、教学策略、作业设计与评价、学困生与留守儿童的学习、教学心理等问题的研究，切实有效地提高了课堂教学效率。老师们深刻地体会到，研究的过程实际上就是教育教学的过程，就是解决问题的过程，它的即时效应主要表现在教学状态发生了变化，有的班级不再是比拼时间、耗精力，而是比窍门、比效率，有的教师不再消极地抱怨学生差、环境差，而是主动寻找问题、找对策，对自己的学生和班级充满信心。有的教师不再满足现状，不再在司空见惯习以为常的环境中麻木不仁，而是不甘寂寞、乐于表达、不断学习。有的教师不再自我封闭、悲观失望，而是积极对话、广泛合作、共同研究，享受进步的快乐。实践证明，小课题开发不仅有利于普及教育科学研究，使广大中小学教师进入研究状态，还有助于教师解决当前教育教学过程中迫切需要解决的问题，有助于全面提高教育教学质量。

【反思】

表面上看，复制的对象是"优秀"。具体来看，就是"优秀教师"的内涵品质。我们仔细欣赏名师的课堂，每一节课都是那样完美，每个细节都是那样精致。更深入地思考，为什么这些名师能够创设如此美妙的课堂？那是他们一直在研究教材、研究学生、研究教法、研究课堂。因此，我们更需要复制的是他们的研究方法、研究能力以及研究内容。江苏省如皋市是如此，全国亦是如此。小课题开发本质上讲，就是需要教师去尝试、去思考、去创新、去总结，不断地在反思中寻求新的方法，不断地积累可贵的经验，不断地推陈出新超越自我。这个过程本身就是注定"优秀"的过程。所以，进行小课题开发的人越多，优秀教师的数量就越多。反之亦然。

向某一位优秀同事学习他的一项长处，不一定在这一点上超越他，但是，如果能从自己身边所有出色的人中，通过学习，把他们的优点都集中到一个人身上，这个教师就超越了身边所有优秀的人。这就是善于复制的意义与价值。善于复制的前提是努力去发现，而发现的过程也正是学习的过程。

【建议】

复制名师进行小课题开发，不仅促进了教师的专业成长，推动教师走向可持续发展的"幸福之路"，也改进了教育教学方法，提高了教育教学效率，保证了教育教学质量。在此过程中，我们应该明白以下三点：

一是复制什么。哈佛有一句名言：哈佛的学生在哈佛学到的知识80％来自于他们的同学。对于名师，我们要复制的，不止是课堂本身，也不是人本身，而是这些名师对教材的深度把握，对学生的深刻了解，对教法的灵活运用，对课堂氛围的巧妙布设，对课堂生成的充分运用等等。

二是怎么复制。一言以蔽之，那就是进行小课题开发。把我们所有希望复制的对象分解成一系列小课题，然后分别进行系列研究，比如进行教材研究，就可以专门研究教材的结构及其意图、研究教材例文或者例题的设计及其意图、研究教材练习的设计及其意图、研究教材练习的变式设计等。再比如进行学生研究，就可专门研究某年龄段学生的心理特点、学生的家庭状况、家访对教育的作用、学生伙伴及其对学习的影响、师生关系对学习的影响等等。

三是如何进行小课题开发。有效进行小课题开发，要注意做好三个方面的工作：首先是根据自己教育教学工作实际，科学合理地选择与设计小课题。研究是为了解决问题，正如有的专家所说"问题即课题"，无病呻吟绝对不是课题研究。其次是研究的问题要小且精，只有小才能精。最后是小课题开发要尽量形成系列，而且最好是通过小课题的开发逐步向大课题研究发展。

【谨记】

"复制"，需要找到自我，不能满足于"抄袭"，只有在"复制"中实现超越才算成功。

（2）给智慧理由

古希腊时期，人们把教师称为"智者"，言外之意，只有那些有智慧的人才能为人师。韩愈说："师者，所以传道，授业，解惑也。"这句话隐含了中国古代对教师提出"智者"和"仁者"的双重要求。

原规则：抢占发展的先机与展示才华的看台，把理解留给不理解的人，堪称智慧者的行动。

教育事业，是"人"的事业，也是"智慧"的事业，离不开智慧的投入。在通往智慧的路途中，我们该如何行走？真希望大家能看到，小课题开发既能在实践过程中提升理论修养，又能在理论学习中丰富实践的策略，提升教师自我的教育智慧。

《中国教育报》曾经刊发方展画等专家撰写的一篇题为《"小课题开发"：教师快速成长的有效途径》的文章，文章着重介绍了浙江省的"淳安现象"。文章开篇介绍进行小课题开发之前，淳安县的教科研工作一直是其教育发展的瓶颈，教科研薄弱，教师不会做研究、不想做研究，高级职称教师的人数相比兄弟县市人数甚微。通过小课题开发，教师虚心学习，广泛吸收先进教育理念，不断进行研究和创新，更新自身教育教学理念，改变原有行为方式，找到专业发展的新基点。小课题开发有效激发了教师的自主研究热情，促进了教师教育理念及行为的转变，提升了教师的学术素养和研究能力，提高了教师的自主发展能力。教师逐步成为有思想、有能力、有智慧、有悟性的教育实践主体，逐步发展为"专家型"教师，从而整体上快速提升了区域师资整体水平，淳安县的整体教育研究呈现出繁荣景象。在2009年浙江省教育厅组织的全省小学中学高级教师职称评审中，该县18位小学教师金榜题名（全省平均每县区为8位），创造了"淳安现象"。

一篇关于小课题研究的报道

2010年1月3日《上虞日报》刊载了题为《立足小课题开发，促进学校内涵发展》的报道，报道写道：近来，百官中学捷报频传，该校1位教师被评为市教坛新秀，18位教师通过中学高级教师初审；1项绍兴市教改项目、4项上虞市规划课题立项，2个上虞市规划课题顺利结题并正待参评等，这是该校促进教师专业成长，推动学校内涵发展的显性成果。报道还总结道：近年来，百官中学充分发挥教育科研在教育教学工作中的引领作用，坚持"学习、研究、发展"的工作方针，以教科研为抓手，扎实开展"小课题"研究工作，促进了学校整体办学水平的提高，为推动学校内涵发展做出了积极的贡献。

【反思】

为什么有的教师能在教育教学中得心应手、成绩卓著？为什么有的教师在工作中一筹莫展、进退维谷？面对信息时代日新月异的社会变化和社会对教育的新要求，教师从教育教学中收获智慧，就等于拥有了步步领先的成长法宝。

很多老师时常会反问这样一个问题：我们知道小课题开发对一个老师来说确实很重要，但是，我们平时工作那么繁忙，那么辛苦，哪来的时间做小课题开发。也有老师发问更直接和干脆：小课题开发究竟有什么用？基于这两个问题，我们应该从以下两个方面着手加以认识。

做小课题开发积累了智慧、提高了效率。实验研究证实，做小课题研究能够节约时间，降低辛苦的程度。以数学老师批改作业为例，如果不研究作业布置的科学性、不研究学生作业出错的主要原因、不研究学生作业如何规范，即使老师布置海量的作业，即使老师天天批改，这样无目的的重复训练对学生的学习进步与发展有多大的作用？对自己的教学质量有多大的促进作用？往往是耗时费力不讨好。反过来，如果认真研究并科学选择适量的练习题布置给学生做，开学之初即对学生的作业进行规范，例题示范时给学生理清思路与策略，他们完成的作业质量就能提高，批改花费的时间就减少，只需针对学生出错的地方进行批改与评析即可，而且这样做了之后，学生下次犯错的可能性又会降低很多。由此例可以看出，研究不仅省时间，而且出智慧，研究能够使教师"该出手时就出手"，"不该出手时坚决不出手"，而且能够做到"手到病除"。很多老师工作确实繁忙而且辛苦，但是，事实证明，如果老师肯于研究、讲究方法，工作起来要得心应手得多，要快乐得多。

做小课题开发既有利于学生全面发展，更有利于自己的专业成长。做小课题开发的直接受益者理所当然要定位于学生，因为教师所做的一切工作都应该是为学生的成长与发展服务的。但是，教师自己也能够从中受益，比如，教师通过做小课题开发，能够提升自己的创新能力与实践能力，这些能力是个人发展最重要的能力；再比如，教师做小课题开发，能够产生一些副产品，像论文发表、获奖，甚至包括小课题本身作为一项成果获奖、出版等。总之，教师做小课题开发，就是不断积累智慧的过程，就是不断超越自己的过程，就是不断提升自身品位的过程，就是让自己的专业不断发展的过程，就是让自己的事业不断成功的过程。

【建议】

积极进行小课题开发能生发智慧，那么，我们该如何通过小课题开发来积累更加丰富的智慧呢？

一是把"勤"和"思"结合起来，事事时时都有小课题。做小课题开发并不像学习一项教学技能。我们认为"教学技能可以教，课题研究无法教"。所以，我们并不能期待像老教师教青年老师教学技能一样，去期待老教师教青年老师课题研究的方法。这个道理雷同于"技术可以教，创新无法教"。

做小课题开发，把"勤"和"思"结合起来，事事时时都能找到小课题开发的对象。在教学工作中，我们有很多常规工作，如备课、上课、培优辅差、批改作业、测试、分析试卷、听课等，这些工作如何做得更好，其中就包含着很多课题。我们还可以对此进行细分，比如备课，我们可以研究"备课时该如何解读课文"、"备课时该如何选用资源"、"备课时该如何备学情"等等，事实上，这些问题还可以分得更细。当一个小课题一个小课题地研究，并且慢慢形成一个系列之后，成效就会慢慢显现出来。

二是找准一个点，一心成就在这个"点"上。做小课题开发要找准一个"点"，或者抓住自己的闪光点，或者紧扣教育教学中某个问题的难点疑点重点。而这个"点"必须要有一定的价值，为此必须做到两点：一方面追求科学，即不能沿用经验，不能只是完成任务，要通过小课题开发，探求科学的结论。事实上，也只有这样，小课题开发才能真正起到积累智慧的作用。另一方面讲究实用，即研究要结合实际，为工作而研究，而不是为了研究而研究，作为一线教师进行的小课题开发，更没有必要进行理论研究。总之，小课题开发，找准一个点，切实研究这个点，既要学习理论，使课题研究有理论支撑，更要结合实际，使小课题开发源于实践而且在实践中研究，让研究有"根"。

【谨记】

"积累"智慧的过程，不仅仅是量变的过程，更是在量变中不断思考达到质变的过程。

▶▶▶▶ 2. 选择与调整 ◀◀◀◀

做小课题开发要做出一定的特色。

什么是"特色"？根据《现代汉语词典》的解释，是事物所表现出的独特的色彩、风格等，也就是说某事物在与同类事物相比中，既有着同类事物的共性特征，更彰显着与同类事物对比鲜明的个性特征；它既可能突出地体现在与同类事物相同的共性中，更可能突出地体现在不同之处，也就是人无我有、人有我优，它具有局部性、相对性、本位性及时代性的特征。对教育界，著名文化学家冯骥才曾经说过，"没有特色已经成为中国教育最大的特色"，所以，特色学校、特色教育应成为教育界有识之士孜孜追求的目标。

在特色面前，我们应该怎么办？我们必须扛起特色的大旗，走特色之路，创造出自己的特色。在小课题开发中，只有有了特色，研究才是有效的。所以，做小课题开发，通过相应的选择与调整，做出一定的特色，让自己成为有特色的教师。

（1）特色小课题

什么是小课题的特色？应该是因校而异、因学科而异、因教师而异、因学段而异、因问题而异的具有鲜明个性的，且具有研究价值的课题。这样的课题才是真正解决问题的小课题。

原规则：永远没有相同的小课题，特色建构的关键在于拥有自我的行动和留下思考的痕迹。

虽然小课题开发的内容可能是重复的，是前人已研究过的，但是，作为每一个独立的研究个体来说，必定是与众不同的"这一个"，因此，特色是小课题开发的生命力所在。每一位教师因知识能力、学识水平、生活背景、兴趣爱好等不同而具有不同的教学风格，因此，因教师个体不同可形成小课题开发的不同特色。当学生成为小课题开发的对象时，各校因生源差异、学生年龄、家庭背景等的不同，学生群体与个体特色就不同，因而小课题研究特色就不同。当然，小课题开发还可以和当地的地域历史、文化风俗结合，形成地域特色。也可以触摸到学科教学的细微处，并深入到学科内部，体现小课题开发的学科特色。

近年来，涌现了一批在全国产生重大影响的学校，并且这些学校都在某个方面作了重要的创新和探索，比如江苏泰兴洋思中学探索了"先学后教，以教导学，以学促教"的教学理念、"先学后教，当堂训练"的教学模式以及"兵教兵"的教学策略。江苏溧水东庐中学致力于"讲学稿"的编制、使用、落实等整个系列的研究，形成了一整套完善的机制。山东省聊城市茌平县杜郎口中学探索并实施"三（主体式、大容量、快节奏三大特点）、三（预习、展现、反馈三个模块）、六（预习交流、认定目标、交流合作、展现启示、交叉巩固、达标测评六个环节）模式和"10＋35"课堂教学模式。这些学校，基本上是以小课题开发的形式，促使全体教师围绕学校的主题进行系列的研究，最终激发每位教师的教育教学智慧，形成了巨大的成果和独具的特色，从而使得教育教学质量达到相当高的水平。

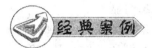

"三星文化与综合实践"课题研究

金坛西岗中心小学将特有的三星文化与综合实践活动课程有机整合，从"亲近自然、发展自我、关注生活、汲取文化"四大板块构建设计课程内容，以一个个鲜明的主题构建了促进学生全面发展的综合学习与实践的新框架，闯出具有学校特色的综合实践活动研究之路。

学校依托三星文化这得天独厚的历史人文资源，不断挖掘并丰富三星文化内涵，不仅关注她过去的辉煌，更着眼于她对于今天西岗人的影响。学校把三星文化作为一种精神来培育，以此激励学生。

学校研究开发以"传承古代文明　凸显育人特色"为主题的校本课程，组织教师编写了《三星儿女故事集》、《三字经》的校本教材。以这一校本课程为载体，统摄学校各学科综合性学习、班队活动、综合实践活动，以及学校所有教育活动和学生所有在校活动，从而达到"明理、规范、创新"的培养目标。

【反思】

什么是特色？金坛西岗中心小学所开展的小课题研究就富有特色。他们依托三星文化这得天独厚的历史人文资源，组织教师编写了《三星儿女故事集》、《三字经》等校本教材，在教师们努力创造属于自己品牌的同时，人生价值其实也同时得到了体现。

"特色"在哪里？特色就在每一个教育人的心中。心若在，梦就在。只要心在的地方，就有教育。有教育，就有特色生存的"根基"，所以，从这个意义上说，教育特色就存在于自己的学校、班级、课堂。作为普通教师，就要善于在研究中发现问题的本质，才能做出真正的"特色"。

无论是洋思中学、东庐中学、杜郎口中学，还是其他在教育改革方面迈出重要步伐而且在全国有重大影响的学校，无一例外都拥有自己学校的特色，说得更确切些，都是通过进行有特色的系统研究，实现了学校的"华丽转身"。试想这些学校从改革之初，到产生一定效应，再到今天的成效，无非就是从小到大、由特到强的一个系统研究、持续成长的过程。

特色小课题开发有利于教师找到适合自身的个性化发展的道路，有益于提高教育效率，但如果不及时调整自己专业成长的方向与策略，其结果必将与自己发展的初衷背道而驰。

【建议】

小课题开发能让我们形成特色，那么，如何才能找到小问题？如何才能找到真问题？如何才能研究出真特色？

研究过程愈深入，小课题的特色愈明显。确立了课题，并不是研究的结束，而只是研究的开始。接下来还要经历理论学习、实验设计、实验操作、研究反思、调整验证等一系列相互融合的过程，也就是课题的实施过程。这个过程的工作做得越多，做得越细，做得越深入，并且做的过程中，追求科学的心情越迫切、付出的努力越艰辛，那么，对教师个人的成长锻炼就越扎实，功底就越深厚。就课题而言，特色也才能越明显。

研究持续愈长久，小课题的特色价值愈大。做小课题开发，如果能够保持一定的连贯性，往往就能使研究愈长久，正如"滚雪球"一样，越滚越多。做小课题开发，其实施的过程往往不是"一帆风顺"的，常常要在实践中不断深入思考、不断调整研究思路，从小处、细处着力，进行深入分析与思考，要持续不断地解决研究中存在的问题。肯定地说，解决的问题越多，持续越长久，特色越明显，效果就越显著。

【谨记】

小课题的特色必须扎根在真问题的发现与研究上，必须成长在深入持久的研究过程中。

（2）特色教师

一个人有特点，才能被人记住；一名教师教有特色，才会让学生钦佩。

新课程改革已历时十个春秋，给教师带来了成长活力。在新课程理念的指引下，教师必须拓宽视野，更新观念，改进方法，才能与时俱进。新课程呼唤"特色教师"的涌现，在强调教师专业化发展的今天，我们可能评不上"特级教师"、"优秀教师"，但我们完全可以做一名"特色教师"，这是让每一位教师都有梦可做、有法可循、有思可行的通途。我们坚信每个教师都是独一无二的，都有自己的个性和潜能，只要发挥自己的特长，就能在新课改中实现自身的价值。

原规则：拥有个性化的研究方向并深入研究，是一线教师成为名师的原由。

在我国教育界有这样一种现象，那就是一个教育家总是与一种教育流派结合在一起，即当我们提到一位教育家时，总会联想到他倡导并力行的一种教育理论，与此同时，当我们提到一种教育理论，总会联想到与之相对应的教育家。比如，提到教育家陶行知，就会联想到他的"生活教育"；提到教育家陈鹤琴，就会联想到他的"活教育"；提到教育家晏阳初就会联想到他的"平民教育"。再比如，提到"教育整体改革实验"，就会联想到著名教育家吕型伟教授；提到上海"青浦改革实验"，就会联想到顾泠沅教授；提到"新基础教育实验"，就会联想到叶澜教授；提到"主体教育实验"，就会联想到裴娣娜教授；提到"新教育实验"，就会联想到朱永新教授。还有一大批中小学教师，比如刘京海与"成功教育"、李吉林与"情境教育"、于永正与"五重教学法"、邱学华与"尝试教育"、于漪与"阅读教育"、马承与"三位一体教学法"、倪谷音与"愉快教育"、钱梦龙与"语文导读法"等等。尽管上述现象中的对象都是教育家、教授和名师，我们普通一线教师与他们的距离还有点远。但是，这种现象，给了我们一种启示，那就是每位教师的研究，要有自己的特色，并通过富有特色的小课题开发做一个特色教师。

特色其实是自己特意培养的结果。学校新分配来几位年轻教师，他们都是刚毕业的师范生。初为人师，自是热情洋溢；干劲十足。听了他们的几节课，瑕疵自然有，但发现每位都有自己的特色。有人感情充沛，颇能引起学生的共鸣；有人沉稳大方，讲解娓娓而谈；有人幽默风趣，课堂笑声不断；有人板书苍劲有力，可供学生临帖……真是各有各的特点，各有各的风采。

然而几年过后再听他们的课，却仿佛一个人在讲。相同的制服，相同的神情语调，举手投足如同操练；相同的课堂、作业设计，波澜不惊的教学流程，甚至连笑容也职业化了。他们的个性哪里去了，他们的特色哪里去了？大部分教师就是这样越教越没有自己的特色。

经典案例

管建刚：吹起"作文革命"的号角

管建刚，江苏省语文特级教师，《中国教育报》"读书周刊"2008年度"十大"推动读书人物。出版"管建刚作文教学系列"《我的作文教学主张》、《我的作文教学革命》和《我的作文教学故事》。先后在江苏、浙江、山东、上海、广州等地上课、讲座近百次。他以作文教学为语文教学的突破点，以"文心"技巧为作文教学的第一要务，培育学生写作上的发表意识、读者意识、真话意识和作品意识等十大意识；以写作兴趣和写作意志为作文教学的核心要素，认为写作兴趣是写作的第一能力，写作意志是写作的第二能力，让学生有兴趣写、有意志写是写作教学上的最最重要的事情。以讲评课为作文教学的第一课型，倡导先写后教，以写定教，顺学而教，老师应该是学生作文的把脉人、处方人。以作文教学为突破点，融入了整个作文教学活动的大面积阅读：学生在写作的指引、指向下的高品质阅读，发动一场指向"写作"的阅读的教学改革。

1998年，一直害怕作文的他，在"发表"的渴望和文章不断被刊载的鼓励和激发下，写的东西越来越多，兴趣也越来越浓厚。个人写作的成功经验促发了他对作文教学的反思：是否可以通过发表来激发学生的写作热情？他想依靠"发表"的力量，让学生愿意写、有话说。2000年初，以《班级作文周报》为载体开始了作文教学的小课题开发，两三个月之后，学生的劲头明显下降了。为了维持学生写作兴趣，他动了一番心思。他给每个在《班级作文周报》上发表文章的学生一张"刊用纪念卡"，卡收集到三张就授予"作文新苗"称号；三张"作文新苗"，升级为"作文小能手"；三张"作文小能手"，升级为"班级小作家"。"班级小作家"能出"专栏"，评"班级诺贝尔文学奖"。他还想出了"积分活动"、"等级评奖"、"稿费活动"等等。他将自己的作文教学故事及经验写成《魔法作文营》和《我的作文教学革命》两本书并出版。他创造性地用"评讲"的方式来进行作文教学改革，形成了一种非常有效的作文教学形式。第四届凤凰语文论坛暨新课程习作教学研讨会上，他的作文讲评课"雷倒了一大片"！随着影响逐渐扩大，邀请他讲课的学校也越来越多，广东、广西、山东、山西、江苏、浙江、湖北、福建、上海、北京等地分别请他上"作文评讲课"。他的"先写后教"、"以写定教"的理念和方法，得到了很多老师的认同。十年磨一剑，管建刚终于在教学第一线以自己的实践与小课题开发，吹响了作文教学革命的号角。把小学作文教学，以《班级作文周报》为基本操作规程的全新构架，确实充满了进取的意态，体现了"作文是生命的言说"、"作文是公众的言说"的新作文观，表现出敢为人先、无私无畏的创新精神。

【反思】

江苏省小语会理事长、江苏省荣誉教授袁浩老师曾撰文《管建刚：吹起"作文革命"的号角》发表在 2011 年 12 期《小学语文教学》上，文中写道："每谈及作文教学改革，我脑海里总涌现出众多闪光的名字，如璀璨群星，装点着语文教学壮丽的天空。管建刚则是其中独具特色的一颗，奇光异彩，耀眼夺目。在朋友眼中，他友善、谦抑、心迹坦荡、才情横溢，不苟言笑，有些木讷；在孩子心里，他亲切、幽默、活跃，是位可以交心的大哥哥；作报告时，他滔滔不绝、潇洒、激昂，如江河直下、波翻浪卷、气势逼人。他的文章观点奇崛而鲜明，辽阔又深邃，针砭时弊，笔锋犀利，发人深省。"

管老师为何能成长为"其中独具特色的一颗，奇光异彩，耀眼夺目"的教坛新星？从他的成长发展历程不难看出，是小课题开发铸就了管老师今日在作文教学上的标新立异，是他敢于做"作文革命"的吹号人，成就了今日卓尔不群的自己。

我们提倡每个教师要努力成为专家型的教师，事实上这只是个美好的愿望。对于大多数中小学教师来说，可能一辈子也成不了教育专家，但却可以成为特色教师。

所谓"特色教师"是指那些经过长期教学的实践与探索，在自己所教学科逐步创立了一套独特有效的教学方法的教师。这种方法深受学生欢迎，效果良好，操作简便，易于推广。虽然他们未必有高深的理论，也不一定发表学术论文，但只要具备上述条件，我们就可以称之为"特色教师"。就像天津的"狗不理"包子、"十八街"麻花、"杨柳青"年画一样，未必有多么高深的理论基础，但只要群众喜欢，非同一般，就形成了地方特色，甚至闻名全国，扬名世界。

做小课题开发的目的，就是要走研究型、学术型教师之路。小课题开发，为什么能促进广大教师成为特色教师？不难发现，积极参与小课题开发，有利于教师克服职业倦怠感，激发教师的职业活力；有利于教师激发创造热情，激活创新思维；特别是有利于每个教师形成自己的教学风格。

【建议】

通过小课题开发，促进教师去认真研究教育教学规律，探讨新课改的理念，认真研究学生的兴趣和学习规律；促使教师根据本校本班的实际情况，找到切实可行的教学方式，总结自己的教学方法。

一是努力总结并提炼自己有特色的教学思想。我们每个人都有自己的个性，因而也就能成就自己的教学特色。把自己的教学经验进行深入总结，或者对自己的教学言行进行系统的省察，或者把自己的教育理论及其指导下的实践进行反思。然后据此提炼自己有特色的教学思想，并选择自己最熟悉、最有见地的、最有特色的方向，进行小课题选题论证与研究。

二是持续进行系统的小课题开发，生成特色。做研究，要有连贯性和持续性，关于这方面的内容在前文已经有所论述。只有连贯与持续地研究，才可能形成一个系列，让自己在某个方面有较深的认识，才可能让自己在某个方面有所创新，才可能让自己在某个方面有较多的成果，当然，也才可能让教师自己拥有该方面的研究特色。

三是努力创立自己的教育教学理论或者教育教学模式。初看起来，这一点要求太高了，但是，万丈高楼从底起，现有所有的教育教学理论或者教育教学模式都是来源于最小的研究，而小课题开发正是万丈高楼的底端工程，那些教育教学理论或者教育教学模式创立者，都是用小课题开发打好基础的。

【谨记】

小课题开发并不难，也不辛苦，但是，需要持续和坚持，也需要总结，才能形成自己的特色。

第三节 反思：小课题开发与教师的"轴心"发展

教师的专业素养全然成为教师人生的一个轴心。

教师专业素养的提升，离不开小课题。小课题开发实质是组织力量对巅峰再次攀登前的准备。《中庸》曰："君子之道，譬如行远，必自迩；譬如登高，必自卑。""迩"，近也；"卑"，低矣。其意在说人的道德修养，好比长途跋涉，须从近处开始；好比攀登高峰，须从低处开始。我们的常规教研，往往是围着历史篝火残留的余烬，延伸着前进的渴望，而恰恰又由于根基不牢而滑回了原地。因此，只有从低处开始，才能一步一步地亲历整个过程，在渐渐的收获中逐步达到先行者们的高度。

教师获得专业发展的实质支撑，需做好"从教学发展向小课题开发的调整"，那么如何做好小课题开发与教师的"轴心"运转？现今，科学技术日新月异，社会发展形势瞬息万变，不论你从事哪行哪业，如果不能把握时代脉搏，紧紧跟上时代发展，一味地运用老经验去处理新问题，不会有好的结果。因此，做小课题开发，必须站在教育发展的新起点上，把自己的眼界、思路及举措等，提升到一个新的高度，学会思考小课题开发与自身发展的高起点。我们要做与时俱进的小课题开发，做与时俱进的教师。同时，我们也必须清醒地认识到，小课题开发与教师的"轴心"运转不是一蹴而就的，它需要一个相当长的外部环境与内心定力博弈的过程，它是通过漫长的实践而不断探索的过程。并且，随着时代与环境的变化，教师的"轴心"运转，也要不断地进行自我调整与更新，否则就落伍，就有被时代淘汰的可能。

1. 与时俱进的小课题

什么是"与时俱进"?"时"即指时代条件、时代课题,"进"就是理论创新、理论发展。我们还可以打开词典看到这样的解释:一是指准确把握时代特征,始终站在时代前列和实践前沿,始终坚持解放思想、实事求是和开拓进取,在大胆探索中继承和发展;二是指观念、行动和时代一起进步。

随着新课程改革不断向纵深推进,做小课题开发就要解放思想,敢立潮头,站在时代的前沿阵地,冲破研究的禁区,结合自己的实际,及时了解和捕捉教育教学改革的前沿动态,牢牢把握与时俱进的实践观,把握好"与时",就是与时代、与教育、与学生发展同呼吸、共命运;扎扎实实做好"俱进",就是使时代发展,学生健康成长,个体素质专业发展共同进步;在"与时俱进"中使自己的生命之树永葆长青。

(1)研究无禁区

教师朋友们,小课题开发有没有禁区呢?爱因斯坦以一个"叛逆者"的姿态,尊重实验事实,敢于冲破禁区,创立了光的量子学说。我国之所以取得改革开放的巨大成就,就是因为突破思想的禁区,开创出新的强国富民之路。无数事实证明,思想的解放,行动的开放,才能冲破一个又一个禁区,获得高层次的大发展。

教师做小课题开发,拿出思想领先的超凡智慧,亮出敢为天下先的精神宝剑,冲破研究的禁区,不唯上,不唯书。那些生成于课堂教学之上、班级之内、活动之中的随机性、偶发性、情景性的问题、现象、故事等都在研究之列。只要有益于学生的幸福成长,有益于自身素质的提升,有益于教育事业的发展,都可以想、可以做,只要不违背教育规律,就完全不必受什么清规戒律的制约。

原规则:教育思想开放的程度,最终决定小课题开发取得成就的高度。

作为一名新世纪的教师,面临着如何永葆生命青春的问题。教师的发展唯有与时俱进,自己的教育才能充满青春的活力。而要如此,就要抓住时代的本质、主流和基本趋势,不断捕捉教育教学的新观点。在研究中,不断尝试采用新思想、新技术、新途径、新方法,不断探索教育发展的客观规律,不断推出自己的新发现、新视点、新经验。否则,一切重复现成的教育理论、沿袭他人的路径、克隆复制别人的研究成果的小课题,都没有任何意义。这样的教师只能是井底之蛙,只能陷入山重水复的境地。

无数事实印证这样一个真理:谁在思想上抱残守旧,谁就会跌大跟头,吃大亏,受到相应的惩罚。

 现象纪实

我们常说研究无禁区,在学术研究领域不存在所谓敏感问题,只要能实事求是地论证自己的观点,任何问题都可以研究。目前,中小学教师做小课题开发时,大多不能做到与时俱进,有的小课题开发不是站在教育前沿的角度来思考来遴选课题,而是沿袭他人旧辙,重复着昨日的故事;有的小课题开发不是为了研究自己教育新发现、新问题、新思

考，而是看到别人搞什么搞出点成色，自己也拿来做职业发展的"点缀"；有的课题研究盲目效仿，对别人成功的课题实验方法，采取拿来主义，机械地照搬，生搬硬套，亦步亦趋，最终落个"邯郸学步"的尴尬境界；有的课题研究过程封闭，喜欢孤军奋战，仍然沉醉于传统研究模式的窠臼，效果可想而知；有的课题研究深入程度不够，一直徘徊在浅表层状态。以上诸多现状或多或少影响到中小学教师小课题开发的质量，直接影响到教师能否快速健康有序地成长。试想：如果教师不能放开手脚去做小课题研究，又怎么能真正解决教育教学中的问题呢？

张化万：小学语文界的"时髦老头"

张化万的时髦，是一种天性，他一直对新的事物、观念感兴趣。他在 1981 年就开始创设"谈天说地"、"玩玩说说"、"科学实验作文"等新课型，倡导"把玩进行到底"，在书中学生活在生活中学语文。

张老师认为，每个孩子都是宝，不仅是家长的宝贝，也是教师的宝贝，教师没有任何理由忽视任何一个孩子的存在。一个学生就是一个世界，每一个学生都是不可复制的个体。必须努力顾及他们的学习情绪、学习达成的客观可能，必须采用引导的方法，而不是用强制的方式进行教学。他坚信自己的判断，坚信教育教学改革是必须的，坚信学生是学习的主人，是课堂的主体。这样的理念，是他始终走在语文教学改革前面，做一个时髦的领军人物的基础。从上世纪 80 年代起，张老师就推行"弹性作业"：抄写生字的遍数由学生自己决定，只要保证听写不错；让学生根据自己的实际情况，自由地从几项作业中选择一项完成。这样，一方面保护了学生的自尊心、培养了自信心，另一方面满足了学生个性化学习的需求。上课时，为了让每个学生有同样的发言机会，让人人动起来，他开始试行提问、抢答和补充发言不举手，可以自由说话的"制度"。这种教育思想，在当时几近"石破天惊"，在现在也毫不落伍。

张老师上课，"玩"是最大的特色。他认定"学生是学习的主人，是课堂的主体，课堂与学校应是儿童的乐园"。于是，凭着"敢为天下先"的勇气，他开始了致力于小学语文教学最优化的改革和创新：他让学生当学习的主人，在课堂上读读、写写、想想、画画、议议；他将游戏、实验、表演、谈天等形式注入"传道、授业、解惑"的内涵引入课堂，开设"谈天说地课"，让学生在"谈天说地"中了解世界之奇妙；他提出了开放的作文教学观，鼓励学生上街找错别字、自己制卡、办小报，甚至给市领导写信、编书出版；他引导学生用手中的笔去弘扬正气，从小懂得自己是社会的小主人……这样的课学生哪会不喜欢呢？专家认为，张化万的教学理念"开拓了小学语文教学的新境界"……

【反思】

张化万老师的"时髦"，很大程度上映射出我们已经"落伍"了。

多少年来，我们习惯于墨守陈旧的教育理论，遵循落后的教育教学的定位与思考，长期生活在一种僵化的体制下。在平日的教育教学中，无创新意识，得过且过，做一天和尚撞一天钟的有之；迷信权威和恪守传统，奉教材、教参为圣经，不敢越雷池半步的有之；担心失败，谨小慎微，按部就班，领导叫做什么就做什么的有之。如此这般，自己"画地为牢"，潜意识里为自己设置小课题开发的"禁区"，把课堂上学生创新的火花视为异端，对班级管理中出现的问题不屑一顾，为活动中学生的欢呼雀跃感到莫名其妙，甚至做出有悖教育规律的蠢事，多少年过去，仍然在原地徘徊叹息，迈不开专业成长的步履。

做小课题开发的失败其实不在于我们学识浅薄，不在于我们悟性迟钝，不在于我们外部环境的恶劣，关键是我们思想守旧，缺乏闯劲，没能把握时代发展的脉搏，用创新的眼光去审视，并及时创新课题研究的方式和方法，而是热衷于追名逐利，喜欢照抄照搬，或者在旧观念中兜圈子，靠老办法、老经验对待教育新事物。如此的小课题开发又何谈价值与生命力呢？只会既贻误学生发展的最佳时机，又妨碍自己的专业成长。

鲁迅曾说："什么是路？就是从没路的地方践踏出来的，从只有荆棘的地方开辟出来的。"课程改革，波澜壮阔，只有教师做与时俱进的小课题开发，打破小课题开发"神秘化"、"封闭化"、"杂乱化"等倾向，敢做课题研究的弄潮儿，大胆探索，不断创新，才能为精彩的教育人生储备能量。

【建议】

解放思想，与时俱进，已成为我们发展的关键词。昔日的经验，早已成为过眼云烟，对今日学生的性情心理、成长方式早已不再适用。作为教师应站在时代的高度，开阔视野，在小课题开发中成就学生，同时获得自己专业成长的能量。

一是要用领先的思想不断突破自己的禁区。教育大家、名师能思想领先，就在于他们敢于想他人所未想。一个普通教师为什么没有成为名师，就在于他的思想没有超前性。中小学教师在课题研究中应掌握教育发展的新动态，善于发现新情况、新问题。对具体某项小课题开发的现状和发展动向有一个比较全面的了解，能根据自己以往的经验和本学科的发展规律，对未来一段时间内本学科的发展趋势或可能出现的新理论、新技术作出前瞻性的预测，使自己的课题研究紧跟学科发展的步伐，甚至成为某学科发展的一面旗帜，能够指明学科发展的方向。教师只有切实做到思想上超前、认识上超常、境界上超然，才能在小课题开发领域中获得专业的大跨越。

二是要用百倍的勇气不断挑战权威与传统。否定旧事物，是为了创造新事物，革新阻碍发展的制度和观念，目的就是为了促进新生事物的诞生和发展。教育大家、名师的成功之处体现在哪里，只在于他的天赋吗？这是一种狭隘的理解，我们认为，他们之所以走向成功，关键在于"勇气"二字。所以，如果我们要做与时俱进的小课题，就必须敢于向权威、传统挑战，敢于与困难、挫折较劲，敢于否定旧的教育思想，旧的教育模式，敢于标新立异、亮出自己的宝剑。

【谨记】

保持与时俱进的势头，就算不成为教育大家、名师，终归会成为一位卓尔不群的教师。

（2）永远的更新

让小课题开发永远处于更新的状态，重点是对旧的教育思想、观念，对旧的研究方式、方法、成果的推出等进行调整，以适应时代的进步、教育的发展、学生成长的需要。给小课题开发的更新注入时代的特质，是教师成长的"轴心"运转调整和教师专业发展资源的有效利用。

当然，给小课题开发永远的更新，不是一门心思去跟"新"字较量，一味追求标新立异，否定传统，无视现有的教育理论和他人的成功经验，不论什么都另起炉灶搞创新，而是在课题研究中，解放思想，实事求是，学会用发展的眼光，求真的视角看待小课题开发中的一些问题，正确把握小课题开发的质与量，不断探索课题研究的新理念、新方法、新尝试，克服认识上的"误区"和"盲点"。只有不断除旧布新，才能永葆教师生命的蓬勃生机。

原规则：参与小课题开发致力教育更新与创新的教师，从立志参与那刻开始便不再封闭。

教育绝不是一个机械的、僵化的、确定不变的过程，它充满了历险、自由和创造，因而具有不确定性的一面。雅斯贝尔斯在《什么是教育》一书中写到："教育绝不能按人为控制的计划加以实行。教育计划的范围是很狭窄的，如果超越了这些界限，那接踵而来的或者是训练，或者是杂乱无章的知识堆集，而这些恰好与人受教育的初衷背道而驰。"所以我们做小课题开发也有很多的不确定性，今日的学生不同于昨日的学生，即使同一个学生此时与彼时也在发生着变化，只有我们的研究思路、方式方法不断更新与创新，才会使课题研究产生强大的生命力。

在具体的小课题开发中，有些教师往往凭着自己最初的成因分析和策略思考进行课题研究，一条路走到黑，在这个过程中没有及时反思研究过程，没有主动学习别人经验，更不去理性思考每一个细节，不懂合理调整研究的策略，忽视更新与创新，没有科学总结研究的阶段成果，沿袭老一套的研究模式，凭以往的经验，投入大量的时间与精力，结果弄得东碰头西碰头，事倍功半。有些教师研究小课题，很多时候都缺少对研究课题深度与广度的分析，对某个方面或某个问题只是停留在浅表层的状态，不知当前所处的位置，问题所呈现的深度和高度，课题目前取得了哪些成果，自己的研究成了随意的、孤立的行为，充其量只是一种无序无效的研究而已。还有些教师在具体的研究中一味地照搬照抄，采取拿来主义，把人家先进的经验移植过来，不顾自己、学生的实际，生搬硬套，毫无成果，结果使得小课题开发失去了继续研究的动力。上述种种迹象，表明自己在专业成长的黄金发展期上在逐步走向衰落。

![经典案例]

"语感教学派"的创始人

洪镇涛老师，语文特级教师，华中师范大学硕士生导师，曾执教于湖北武汉六中。创立语文教学本体论，系"学习语言语感教学流派"的代表人物。20 世纪 80 年代初提出"变讲堂为学堂"，20 世纪 90 年代初又提出"变研究语言为学习语言"。他始终不断探索创新，原来提出的"多读多写"，本意也是通过教改来实现的，并非主张"大运动量"，但"多读多写"容易误解为"大运动量"，于是他逐渐放弃"多读多写"的提法，开始把小课题开发重心移到教与学的关系上来。他的第一轮小课题实验是在武汉六中的 1978 至 1980届的高中班进行的。他仔细分析把脉，开出药方，从培养学生的自学能力和引导学生自学两个方面下工夫。在实践"用讲来导"的基础上归纳出"四导"，即：用讲来导、用读来导、用问来导、用练来导，同时附之具体的办法如扶扶放放、由浅入深、循序渐进、螺旋式上升等，初步改变了课堂效果。实验课题的初步成效让他感到语文教育改革的春天即将到来。当他认真回顾和反思当时的语文教学少、慢、差、费的状况时，他考察学龄前儿童学习口语效率高的原因之后，学习一些语感方面的理论，经过反复思考，对现行语文教学体系提出挑战，亮出：语文教育的"道法术"。道之明——语文教学本体论，即语文课的本体就是语言，可谓登高一呼，振聋发聩，"抓住语文教改的牛鼻子"。当在具体的小课题实践中，他又发现高层次语感力的形成，是离不开有意识训练的。随后他基于自身的深思熟虑和教改经验，在不断自我否定和自我完善中，逐步提出了语感教学法的实施策略。法之当——语文语感教学法，当课题一步步深入时，他又感觉到，学习语言要加强与生活的联系，要创设一套新的课堂教学模式，于是革新自我，开始尝试采用教师指导下的学生主动、合作、探求的学习方式。术之精——诵读与品读并重，语文教学之"术"抓住了语言就抓住了语文教学的根本，抓住了读就抓住了语言。在把握内容上，默读优于诵读；在生成语感上，诵读强于默读。因此要根据需要，区别使用默读和诵读。诵读就是清晰响亮地念出来，而且读出语气、语调，表达固有的思想感情。指导学生在诵读中感悟思想，指导学生在诵读中读出感情，指导学生在诵读中体会语感。

【反思】

从洪老师的成长故事中，我们可以感悟到，必须把旧的习惯、旧的传统抛弃，学会更新，才能获得新的生命力。

在很多时候，当我们进行小课题开发遇到困惑的时候，比如为何难取得成效，为何得不到专家、同行的关注，为何研究之路越走越窄？其实往往是我们习惯从现象本身去看待问题，而没有深入到小课题开发的本质里去思考和解决问题。在现实的研究过程中，不难发现一些教师在做"南辕北辙"的事情，例如，有的教师研究班级儿童的"自我为圆心"课题，但仅仅从教育不到位的角度去分析，而忽视造成他们自私的时代背景，他们大多是独生子女，不从他们生活的社会大环境出发研究，往往很难得出正确的结论。也有一些教师在做"掩耳盗铃"的事情，眼前最需要解决学生作业不按时完成，课堂不举手发言等问题，他却效仿别人的古诗文诵读，没有实质性的措施。还有一些教师在"刻舟求剑"，外部环境变化，却依然固守着原有的一套运作模式。更有一些教师是"好龙叶公"，口头上从不拒绝变革，但当真需要变革的时候，往往又自觉不自觉地打起"退堂鼓"。这些现象反映的都是一种对待问题、对待环境、对待变化、对待变革的态度，其本质上是一种僵化的思维方式，麻木的行走方式。在小课题开发中，如果我们依然以最初的个人思维来指导自己的研究行为，不知审视，不会更新，则自己的专业发展一定会遭遇瓶颈。

是什么原因让小课题开发举步维艰？是什么原因使得小课题开发丧失向上发展的内驱力？在小课题开发中我们教师如何作为才能不断超越？

面对小课题开发中的诸多问题，我们应该立于教育潮头，不断学习、发现并研究一些新颖的、具有前瞻性的教育问题；在小课题开发上，我们应走出一些新路，走出自己的特色；在坚持小课题开发与教师发展这根"轴"的基础上，我们应该根据外部环境和自身的变化适时地转一转，应该为自己找到最佳的角度，否则，将只会走别人的老路，步他人的后尘。我们应该明确，小课题开发之路是教师学习研究之路，是不断超越、不断更新与创新的发展之路。

【建议】

一是认清社会发展形势，把握教育发展趋势。《孙子兵法》中写道："善战者，求之于势，不责于人。"意思是善于指挥作战的将帅，在战争中总是依靠有利形势，去造就最佳态势，夺取战争的胜利。那么，我们在小课题开发中也要掌握审时度势的更新之术。对小课题开发实施过程中每一种方法方式的遴选或者淘汰，都要对当前教育形势进行认真地分析，对学生发展趋向作出准确的判断，搞清哪些是有利条件，哪些又是不利条件；现在诸因素中哪些是必然因素，哪些是偶然因素；这些因素哪些来自内部，哪些来自外部，它们将向何种状态发展等等。只有把这些因素分析透彻，才能制定切实可行的策略，才能进行更新。所以在此过程中，教师要善于学习，善于利用团队的力量，善于收集整理研究数据，善于根据情况的变化而采取相应的对策，唯如此，才能助力我们去认清形势，把握小课题开发和自我发展的趋势。

二是把握发展脉搏，做好更新"四部曲"。首先，在选题时，要广泛查阅报纸杂志、网络、各种媒体，把课题问题的成因作深度与广度的剖析；其次，在小课题开发实施时，要不断观察学生的动态，学会分析数据，把真正有价值的问题找出来，并把它表述清楚；第三，在总结阶段性成果时，要把下一步的思路理清，并确定研究方案进而改进修订；第四，在对效果进行评价与总结时，要有进入新一轮的行为持续改进思路。只有当教师持续地处于问题发现、剖析、解决、改进、总结的状态，这样的循环往复才会促使其在专业上不断地得到自我更新。

【谨记】

永远处于更新的态势，就是在不断地否定与肯定，就是不断地突破与超越。

2. 与时俱进地运转

一部机器在正常工作时出了故障，我们要及时维修，排除故障，才能让它重新和谐地运转起来。同样，我们做小课题开发，从课题选择、课题开题，到课题实施、成果总结、成果鉴定等都是在实践中前行，一定会遇到这样那样的障碍，因此，要保证小课题开发的良好运转，就必须突破原有的思维，改变传统的运行方式，做到与时俱进。

小课题开发中，必须从创新与发展的视野中，给坚守以理由。当然，选择难，坚守更难，但只要我们增强定力，打破传统的固有的思维模式，围绕教师专业成长的"轴心"运转，一步一个脚印，在坚守中执著前行，就一定能最终成为首席教师。

（1）需要坚守

小课题开发需要与时俱进，不断更新，但并非是要改变教育教学的根本性价值观，并非要遗弃一些优秀的传统文化，而且也绝不能从一个极端走向另一个极端。我们要认真研习各种新理念，并将其融合进我们的开发与研究。同时，不断尝试各种教学方式，从而探讨切合我们自己的研究方式。在这个过程中，要特别注意对新课程标准的正确理解，看清课改实质，处理好继承与发展的关系，绝不能在小课题开发中，为了一时的创新而把优秀的传统抛弃。无论以哪种教育理念引领我们，无论选用哪个课题进行研究，无论采用哪种新颖的研究方法，我们都应该坚持教育的底线，以人为本，继承和汲取传统教育长期积淀下来的精华，坚守住学生的全面发展，坚守住教师的素质提升，对一些具体的小课题开发观念、方法方式应随教育发展的需要，学生成长的需要不时地作出调整与扬弃，使小课题开发与时俱进地运转，使教师青春常在，充满活力。

原规则：小课题研究是坚守师道的理由，而不学无术的教师往往有借口不参与的理由。

给小课题开发一个坚守的理由，这便是我们的专业成长。在开发中既要注重学习，了解小课题有关的动态以及相关的理论，又要善于实践、不断更新、总结经验、探索规律。即使想做、能做、会做，也不等于做好了、做成了。我们一定要把小课题开发变成一种成长的自觉行动，那种不学习、不思考、不观察的行为，会带给小课题开发无法运转的种种理由与借口，让你麻木不仁，熟视无睹，徒留职场的伤感与遗憾。

 **现象纪实**

在现实中，有些教师做小课题开发，出现"本末倒置"的目标追求。小课题开发的目的怎么定位？如若既不是为了解决教育教学之需，也不是为促进自身成长找到"轴心"，而是表现出以下种种怪象：有的教师为了追名逐利，为了评职称需要，为了自身光环的点缀，导致了课题选择的不顾自身实际而盲目求大，课题的实施仅有其"名"，难得其"实"，这样的小课题开发游离于广大教师素质提升之外，偏离了教师的成长"轴心"。也有的教师，他们不读书、不看报，不上网络教育论坛，不善结交名师与专家，不知因变量、自变量、无关变量为何物，不知该如何处置这些变量，不知如何对各种现象、数据进行归因分析，没有反思、写作、交流的习惯，小课题研究往往停留于对现象的浅显认识上，缺乏对问题的纵深认识和全面把握，缺乏对现象的深刻、条理的剖析，所以小课题开发始终在低层次上徘徊。

 **经典案例**

诗意语文王崧舟的朝圣之路

"让语文教育成为生命的诗意存在！"这是国家级学科带头人、浙江省"小语会"副会长、浙江省特级教师王崧舟的语文教育之梦。王崧舟在《我的成长自述》中写到："我翻开自己的日记，从1990年到1995年，发现自己除了埋头教书，埋头研究，埋头帮助别的老师，自己没有任何获奖，没有任何公开课，没有任何荣誉。"王崧舟把自己职业经历的第二个五年，称为"孤独沉潜"的五年。他说，"这时期，我发展的关键词是读书和听课。五年里，我读了大量的书，没有干扰，没有诱惑，心静下来，只要自己感兴趣的书都读。"各种各样的课，每年累计不少于200节，5年下来，1000多节课，而且每一节课都做到有记录有反思。为做一个主题，千方百计，想方设法去收集各种材料，充分分析梳理，然后提出自己的看法。每做一次主题的梳理研究，水平就上升一个档次。比如研究感悟，当时王老师在研究的时候，手头收集的关于感悟的文章和专著不少于100万字，然后花一个月时间做这个事情，做完后，就有一种"会当凌绝顶，一览众山小"的感觉。

【反思】

如果王崧舟老师没有笃定的目标，没有长时间的"根系"涵养：大量读书，静心听课，潜心研究，哪能成为全国知名的名师？站在经济大发展，社会大转型时期的我们，也许被诱惑、被挑战、被排斥、被轻视，剧烈的社会变革，给个人以更多自由和发展空间的同时，也引发矛盾冲突中的迷惘和困惑。需要我们铭记的是，做小课题开发研究需要不断地坚守，在坚守中谋求更大的发展，促使我们的专业"轴心"更加有力地成长。

"在大海上航行，没有不带伤的船"，这句话告诉我们，任何人的成长都不可能一帆风顺。一位教师只有立志成为专家型、学者型教师，坚信未来不是梦，才能面对浮躁的世界，甘于清贫，耐得住寂寞，咬定青山不放松，矢志不渝，最终形成鲜明的教育风格。

每一位教师都有在日常教育教学生活中开发小课题的意识与行为，不同程度地努力过，或努力着，但有的人成功了，而有的人却在研究中，放弃了理想，随波逐流，成了一个平平庸庸的教书匠，其原因也许是迫于教育教学任务的压力，也许因一时的挫折看不到光明的前景，也许会在教学工作遇到所教学科的教学材料或仪器设备缺乏等方面困难，也许苦于没有名师的引领或没有外出学习的机会，没有得到领导的赏识等因素，这些因素会挫伤一些教师的积极性，因而产生惰性心理，滋生一些怨气，最终放弃研究。其实没有把小课题做大做强，成为一代名师，其主要原因不是智不达，也不是没人扶植，更不是缺乏对教育的热爱，而是缺失在小课题开发中对自己专业成长的坚守。

【建议】

印度哲学家奥修在《智慧金块》中说："你并不是一生下来就是一棵树，你一生下来只是一颗种子，你必须成长到你会开花的点，那个开花才是你的满足和达成。"李吉林老师回顾自己近二十年的探索历程时说过一段意味深长的话："从情境教学到情境教育的探索历程，至今已有十八年了——其中的艰辛可想而知。我没有任何好高骛远的奢想，我总觉得从自己的起步到今天，是从坎坷的小路上深一脚浅一脚地走过来的。"这些说法，无不给我们很大的启发，因此我们建议：

一是勤学、善思、实践，管理好自己的"情绪"。在我们做小课题开发时，必然受到外界和内在的干扰，比如职称、荣誉、福利待遇、人际关系、工作情况等，如果我们不会管理好自己的情绪，会在不知不觉中自动降低了对小课题的关注程度，而把精力都浪费在了研究以外的琐事上，使自己偏离教师成长的"轴心"。在小课题开发的过程中，要常怀长远坚定的目标，耐住寂寞，不急不躁，以面壁十年的耐心，十年磨一剑的意志，力戒浮躁、减少应酬，挤出时间看书，如饥似渴地阅读；用学以致用的态度，扎根课堂，潜心育人，不断探索教育教学规律，及时总结，汲取成长的营养。

二是与小课题一起成长，时时关注教师成长的"轴心"调整。我们要坚守与小课题一起成长的原则，紧紧围绕这一核心，做好小课题开发实施与教师成长计划。我们可以把小课题开发计划与自己的职业规划融合起来，做好小课题全程监控与教师成长的方案，如我们可以通过继续教育、校本培训、业务学习、教研活动等方式，提高小课题选题的前瞻性；通过学习教育哲学，懂得由此及彼、由表及里地观察分析事物；学会运用全面、发展的观点，指导自己做小课题开发质量的监控工作；我们还可以通过网络论坛、优秀课例、学术交流等方法获得小课题开发的思想、技术等支持。正是小课题开发螺旋式上升的内在发展规律，我们因之学会学习，学会反思，学会写作，学会合作，能够不断地关注我们成长的"轴心"调整，善于吸纳先进教育理念，不断进行研究和创新，更新自身教育教学理念，改变原有行为方式，从而逐步发展为专家型教师。

【谨记】

不要太在乎一时得失，不要因外界变化的干扰，而忘记专业成长的重要性。

（2）争做首席

"不想当将军的士兵不是好士兵"，同样道理，不想做"首席"的"教师"也不是好"教师"。不管你处在学校中的什么位置，不管你在同学科教师中的什么位置，都要把自己当成一名首席教师。以首席教师的高度，深入审视所做小课题的前因后果，认真反思小课题的每个环节，深入剖析小课题深层次的根源。做一个"想当首席的教师"，不把自己局限于"普通教师"的角色，需要找准方向，增强信心，排除各种困难，不断扩大自己的影响力，需要跳高一个层次去观察思索教育教学中的问题、规律、模式，从而实现对学科的专业引领，一步步成长为真正的"首席教师"。

原规则：在某一研究领域有了属于"我的见解"，便有了成为首席教师最常规的见证。

任何一个首席教师的发展都离不开发展、成熟、羽化三个阶段，其实这就是一个由"蛹"到"蝶"的变化成长之路。要实现破茧而生作美丽的蝴蝶，需要在痛苦中挣扎，在黑暗中穿行，需要经受住一次次困难的磨练，始终不渝地向着梦想飞翔。只有亲历，才能感受到过程，才能把发展中的点点滴滴融入成长的血液中。

教师在小课题开发中一定会遇到各种困难、挫折和失败，如果没有坚定的教育信仰，没有孜孜不倦的追求，没有爱生如子的情怀，没有持续不断的努力，没有对小课题开发的不断探索，没有对专业成长的坚守，没有获得同行认可，就难以在小课题开发中成长为首席教师。因此，我们认为既要有争当"首席教师"的理想追求，又要有甘做"普通教师"的思想境界，实事求是地认识和评价自己，客观冷静地看待荣辱得失，不为浮名所累、不为私利所惑，耐住寂寞，耐住清贫，紧紧围绕教师成长的"轴心"运转，适时调整思路，扎扎实实开发小课题，夯实成为首席教师的根基。

现象纪实

总的来看，不想当"首席"的教师大体有以下几类：一是胸无大志，做教育无非是混口饭吃；二是一些教龄长的老教师，时间与精力只能维持目前工作的基本运作，已经习惯原有发展模式，只能得过且过选择守势；三是有些教师发展方向出了问题，无论小课题开发、教育教学，还是其他活动都已经用功名利禄来衡量；四是有些教师长期因为学校管理出现漏洞或外部环境的变化和竞争对手的冲击，导致自己开始自暴自弃，专业成长陷入沼泽而无法自拔；五是有些教师敢想敢做，志气高昂，有一定的科研素养，但遗憾的是，因为缺少必要的文化积淀与各种资源的积累，还没有学会随着小课题开发的逐步加深，而调整自己的教育行为。

这五类教师，他们最通常的选择往往是对小课题开发的逃离，对自己专业成长的放弃。虽然小课题开发是属于教师的个人行为，我们有权选择放弃或者坚守。但从教师职业发展的长远角度看，自己思路不改变，小课题开发不升级，受伤害的不仅仅是教育，更是我们教师自己。

郑立平：被许多年轻班主任称为"神父"

郑立平，一个唱着歌追梦的、被许多年轻班主任称为"神父"的教师。

面对家长和社会越来越高的要求和越来越难约束的学生，很多人不愿意当班主任，而郑老师却把握住时代脉搏，与时俱进，努力追求着"管"的和谐、"理"的境界，在做一个快乐的班主任。他用19年的时间构筑起独具特色的"爱心＋智慧"班级管理模式，出版了研究成果——《把班级还给学生》。他建立了自己的德育故事库、学生案例库、管理方法库和活动素材库；为给学生营造一个宽松、和谐的教育环境，他和孩子们一起创班歌、定班圳、议目标、出班报；"自信演讲"使学生们每天都拥抱希望，"文明论坛"推动着学生身心的健康成长，"每日宣誓"把感恩和执著深深刻在学生心房；为构建育人合力，他把家长会做成了内容精彩丰富的"大餐"，变换成提高家长理念的培训会、解决家校教育实际问题的研讨会、体验成功喜悦的表彰会、触动心灵感悟的感恩会；担忧学生们在休息日或假期中的教育"空白"，他建立了班级QQ群，和家长、学生在网上快乐交流，对学生及时督促和鼓励。

2009年10月，他组建了民间班主任工作研究团体"心语沙龙"班主任工作研究会，带领老师们以网络为载体互相学习交流。通过开展心理疏导、专题研讨、读书交流、讲座汇报、写作共赏等丰富多彩、高效实用的活动，不仅吸引了《中国教师报》《班主任》等近10家国内著名报刊杂志编辑、记者的参与，而且还赢得了教育在线论坛、K12教育论坛等大型教育网站的支持，中国教师研修网还专门开辟了视频工作室。到目前为止这个团队已经发展到有全国28个省100多个地市的三四百名优秀教师参加的成长共同体，引起了广大教师和教育媒体的积极支持和强烈关注。它犹如一股新风使越来越多处于困惑、迷茫中的青年教师重燃教育激情，好似一个磁场逐渐聚拢起一批有理想有追求的教师共同打造教育的幸福。

【反思】

正是在痛苦中磨砺、在磨砺中创新，几十年如一日的坚守，一门心思地想着他的那帮学生，郑立平一步一步地成长为特级教师、全国十佳班主任、山东省十大创新班主任、齐鲁名师。他的成长历程再次证明：一位教师只有胸怀梦想，把困境当做机遇，面对荣辱波澜不惊、淡定自若，坚守住自己的学生，才能羽化成蝶。郑立平的成长足迹验证他掷地有声的语言："做教师，最可怕的事是什么？不是工作量大，也不是跟学生、家长闹得不愉快。最可怕的是，重复，在重复中麻木，看不到希望。老师要对自己的未来有所考虑，学会自己管理自己，永远使自己活在希望里，知道自己今年要做什么、明年要做什么、两年以后要做什么，从而用自己的行动来拯救自己。"

与郑立平们相比，我们的差距在哪里？当你面对教育教学的困惑时，是懒洋洋地应付还是积极主动地开发小课题去研究？当你在研究中遇到困难和挫折的时候，是等待观望徘徊不前，还是自我激励寻找突破？当晋升、奖励、荣誉与你无缘的时候，是牢骚满腹怨天尤人，还是不计荣辱全身心地投入课题研究？我们每个人应该扪心自问："我是否能成为首席教师？如果你现在正做着小课题研究，是否该审视一下自己的方式方法，是否该关注一下同行的言行，是否该看看本学科的发展走向？如果我还没有做小课题开发，是否该赶快积极行动起来？"

放眼社会，首席记者、首席医生、首席法官、首席总裁……他们都是某行业的专家，有广泛的社会影响力，能引领某行业的发展。虽然他们职业不同，但也有一些共同的特质：他们几十年如一日对个体专业成长的坚守，不离不弃，经得住困难的磨砺，禁得住名利的诱惑，深谙本行业发展动向，能热情带动引领同行一同前行。

当我们艳羡身边的学科领袖，惊诧他们显著的教育成果时，是否想到自己种种劣根性的东西，比如，学习还得让别人盯着，专业发展还依赖着各级培训，还在等待时机外出学习，从而疏于学习，懒于总结和写作，不善思考，不与同行交流。再比如，今天探索合作学习的问题，明天研究高效课堂，后天又去思考本真语文，遇到困难改辙，看到名利易帜，每天忙忙活活，每一个课题都是虎头蛇尾，如此的研究又怎么能形成自己的特色？自己又怎么能从中获益，赢得专业发展的支撑，成长为学科领袖呢？别说首席教师做不成，做普通教师过不了多久都会被淘汰出局。

小课题开发就为我们做首席教师提供了可能，比如我们可以根据当前学科研究的薄弱环节，确定小课题开发的专题，从中确定自己的特色发展之路，并坚持不懈地走下去，持续研究上10年、20年，甚至更长的时间，不断扩大自己的影响力，通过不同的方式，和学科、课程建设等领域的专家学者广泛接触，多在学科的主流媒体上发出自己的声音，同时，影响并带动周围的同行，并肩战斗……久而久之，就能把小课题做强做大，自己也就能成长为首席教师。

【建议】

一是要有发展的文化自觉。如果我们想做首席教师，就得非常关注每天的事情——认认真真做好研究中的每一项工作，扎扎实实地在课堂教学中摸打滚爬，不断探索教育规律。从繁杂的事物中，挤出时间，静下心来，主动阅读，在教学工作中遇到困惑的问题，主动思考，主动向领导和同事们请教，主动研究课堂，深入同行的课堂，积极听评课，主动参与课改实验，主动研究学生，主动修身养德。不管做任何事，也不管在哪个档次上，都应该把它当做学习和个人成长的一部分，都要珍惜珍贵的教诲和发展的机缘，都要将每一件任务都作为一个新的开端，一次新的体验，一扇通往成功的机会之门。

二是要广交盟友。要想成为首席教师，我们就得进一步思考，考虑把小课题转变成大课题的愿景、战略和人力资源等方面的问题。要通过报纸杂志网络等媒体结识更多的专家，获得他们强有力的支持，还需学会利用本校本区域教研、培训、联谊等活动的机会，把自己推出去，有意识地团结周围有着共同爱好的同行，一起参与到课题开发中来。

【谨记】

只有时时围绕教师的成长"轴心"永恒地坚守下去，一次次地将"不可能"变成"可能"，我们才能成为首席教师。

第二讲　小课题开发的操作原理

> 每个人所看到的都是他自己的心中之物。
>
> ——马克斯·韦伯
>
> 你能不能观察到眼前的现象取决于你运用什么样的理论，理论决定着你到底能够观察到什么。
>
> ——爱因斯坦

开展小课题开发，是普通教师行之有效的一种研究方法。参与教师不一定需要接受系统的理论学习和专业指导，但这并不是说小课题开发能随性，没有任何价值可言，相反，这是一种目的性很强的开发研究，这种研究本质就是一种行动研究、实践研究、应用研究，是一种"草根"研究、"田野"研究。只要围绕教师专业发展这一"轴心"调整展开研究，有一个相对稳定的总体规划，就会在某一领域里实现一定深度的研究，从而使自我的专业成长达到一定的高度。

小课题开发不仅可以解决教育教学与管理中存在的问题，而且能够提升教师专业素养。本章我们在系统研讨小课题开发案例的基础上，试着对小课题开发的操作原理进行阐述，重点解决要研究什么、怎样研究、研究结果怎样呈现等问题，以期达到对小课题开发的操作原理能够完整认识的目的。

第一节　课题内容决定研究价值

小课题开发是一种研究范围较小、研究周期较短、研究过程较简便的教育科研方式，是研究者采用科学方法或合理手段对细微的教育问题进行观测、分析和了解，进而在行动中解决这些问题，从而发现日常生活中常见的教育现象之间的本质联系与规律的实践活动。因而，小课题开发可选择的内容很广泛，一切教育教学中遇到的问题都可以作为研究内容，但是，我们必须明白课题研究的内容决定课题成败，即开展什么内容的小课题开发，决定着整个研究的价值。

小课题开发真正的价值取决于内容的选择，因为研究内容正确与否折射出教师的教育观、人才观、价值观，我们只有非常清晰自己的航向，非常明确自己的价值取向，才有资格去说，自己是一个成长着的教师，否则我们研究只能是自我成长道路上的固步自封，或者是误入歧途。本小节将对小课题开发过程中的课题选择、研究过程管理以及研究如何创新等展开探讨。

1. 正确选题

选题，指从教育所呈现的问题中筛选出自己要研究的中心问题。从广义上讲，选题包括两方面的含义：一是确定小课题开发的方向，二是选择进行研究的问题。确定和选择研究课题是进行小课题开发的第一步，并且是关键性的一步，它不仅决定教师现在和今后科研工作的主攻方向、目标与内容，而且在一定程度上规定了解决当下教育教学中问题时应采取的方法与途径。

进行小课题开发，必须正确选题。所谓选题正确，是指应当选择有意义的、符合教育发展方向的、自己需要迫切解决并且能够解决的问题来进行研究。这是小课题开发的起点，其作用不可小视。

原规则：选择有价值的课题进行研究，是研究成败的首要因素。

小课题开发的首要任务是如何科学而有效地选择课题。选题本身是一门科学，它反映了教师对于教育教学发展规律认识的广度和深度。教师通常从特殊案例、突发事件、两难情景、学生实践、争议话题、常规教学、课堂教学等角度确定研究课题，并根据这些实际情况，进行研究，得出自己所要探求的境地。选择的对与错、优与劣，将直接影响到课题研究的成败。因为，一切无价值的选题，做得再天衣无缝，都毫无意义。

目前，小课题的选题方式，存在着以下几种现象：

第一种，完全自由式。这种方式给老师尽可能大的自由选题空间，老师参与的积极性高。第二种，上级确定式。这种方式就是上级课题主管部门或者学校事先准备好若干课题供老师选择，老师在选题问题上没有或很少有发言权。第三种，围绕主题式。这种方式实际上是学校确定了基本研究方向和研究范围，要求老师围绕一个或几个大的主题自己选择具体的课题，老师有一定的选题自由度。第四种，围绕总课题式。这种方式和第三种相近，但是自己选择的课题是总课题下的子课题，虽然老师有一定的自由度，但是未必适合每个老师、适合每一个研究对象。

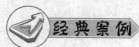

新疆哈密吐哈油田教育分局小课题研究选题指南

一、关于教师及有效课堂的研究

1. 目前课堂教学中无效和低效现象的调查与分析

2. 教师课堂教学实际与新课改理念吻合程度的观察与分析

3. "关注学生发展"的课堂教学设计和行为的研究

4. 课堂教学目标、教学内容、学生作业一致性的研究

5. 从学科课程标准到单元教学目标、课时目标的分解与表述

6. 教学方法、策略的选择和组合的研究

7. 关于有效课堂评价标准及操作方法的研究

8. 增量评价在教育教学及教育管理中的应用与研究

9. 良好班风、班集体形成及演变的研究

二、关于学生的研究

1. 特殊学生（偏科、性格、不良习惯、问题学生等）的转化教育范例

2. 学生诚信意识或公民意识的培养

3. 转插学生学习困难的成因及其对策

4. 调动石油职工子弟学习动力的方法和途径

5. 学生完成作业快慢成因及其改进方法

6. 有序内化学生良好行为习惯的研究

7. 利用网络的正面作用提高学生学业水平的研究

8. 班级任课教师团队对学生作业量控制和协调机制的建立

9. 避免同班学生过早分化的对策研究（小学优先）

10. 班干部的作用、责任边界及培养、鼓励方式的研究

11. 班级组织结构的优化研究

三、关于基地家庭教育的研究

1. 石油基地留守儿童管理和成长中的困境及其解决方案

2. 石油职工中准单亲家庭有效进行家庭教育的方法和途径

3. 石油学校教育、家庭教育、社区教育形成合力的机制与途径

4. 石油职工在家庭教育上的需求及解决方案

5. 家长委员会在家庭教育中作用发挥的途径与机制

【反思】

正确进行选题，我们必须明白小课题与规划课题在属性上是有区别的：小课题开发的过程是群众性的自发行为，不同于规划课题研究的组织过程是政府行政行为。小课题开发往往以校为本、围绕学科、立足课堂，解决本校、本班、本学科内具体而细微的问题。关注的是一般的、局部的、细小的问题。不同于规划课题研究的范围涵盖各级各类教育，研究事关教育改革发展全局的重大问题。小课题开发关注的是战术、策略、技术、方法层面的问题。选题微观，研究视野在教师熟悉的工作范围之内，站在减负增效、提高质量的角度来改进教育教学工作。不同于规划课题站在全局的高度，高屋建瓴，从教育策略和行动计划选择的角度来研究影响教育全局的问题。小课题开发更具有现实性，它着眼于解决眼前的具体问题。不同于规划课题研究对教育发展的未来可能发生的问题做适度超前的预测性研究。小课题开发具有单一性，研究的问题就事论事，背景简单。不同于规划课题体现多角度，多学科相互交叉融合，把它融入到教育的大环境大背景来思考、来研究。上述选题指南相对"细小""微观"、"本土"，体现了一定的"校本"特色，给老师的选题提供了比较自由的空间，一般情况下，老师都能从中正确选出适合解决自己教学问题的小课题。

进行小课题选题，讲究是非常多的，但应遵循几条基本原则：

一是选题要有价值。课题追求有实用价值，即解决教育教学中遇到的问题，或为教育教学中的某个现象寻找答案。这种课题的针对性、时效性都比较强。如课题"大班'差异分层'教学模式的研究"肯定是针对大班额教学中遇到的学生差异现象而提出的，如果随着学校发展形势的变化，大班额不存在了，那这个课题也就消失了。

二是选题要有能力。上述指南中，对任何教师来说，对学校有价值的课题，不一定对自己就有价值。因为这个价值的实现取决于教师自己的研究能力，再有价值的课题，如果教师的能力不能胜任，不仅其实用价值会落空，连学习价值也难以保证，还有可能在研究中养成华而不实，甚至急功近利的坏习惯，这对于将来的学习和研究都是非常有害的。因此，研究课题应该从教育现象入手，从教育中碰到的问题入手，从学科学习的思考入手，不要贪大求多，不要好高骛远。比如这两个课题："影视资源运用于英语教学的研究""发挥网络优势，进行有效英语学习的研究"，应该说影视资源和网络是很前卫的课题研究内容，对学校的发展也是很有价值的。但是，如果自己能力不够，不占有丰富的影视资源或者对网络不熟悉，而纯粹是为了任务去研究的话，不但劳神费力，最终也只会半途而废。

三是选题要有兴趣。喜欢不单纯是一个爱好倾向问题，一个人之所以对某样东西感兴趣，往往跟他的长期关注、知识积累、生活经验，以及周围可以借助的学习资源有关。这往往是提高学习效率，不断激发研究兴趣和信心的有利条件。比如："学生'数学日记'操作策略研究"和"小学数学实践性作业设计的实践研究"，这两个课题都很有价值，但是究竟选择哪个才更能体现出价值，就要看研究者自己的兴趣了。

【建议】

小课题开发选题，是艺术，也是技术。建议从以下几方面做起：

首先，掌握选题的操作要领。

一是把握一个"真"字，提出真实而有价值的问题。列出你遇到的所有问题，分析这些问题的相互关系，确定问题的主次虚实与轻重缓急。找出最令你头痛的问题，找出最急需解决的问题，同时，明辨问题的真伪。问题中有真问题，有假问题；有问题本质，有问题现象；有重要问题，有次要问题；有关键问题，有一般问题。如果能抓住真问题、本质问题、重要问题、关键问题，许多问题就会迎刃而解。

二是突出一个"小"字，切入点越小越好。选题越小越便于研究，也越容易出成效。要善于对问题进行分解。把一个大的问题按照内在逻辑体系分解成相互联系的许多问题，从而找到解决这个问题的步骤。也就是说，将所要研究的问题展开成一定层次结构的问题网络，从而在问题具体化基础上选题。通过分解将问题尽量细化，然后再在问题网络的末端选择课题进行研究。

三是拟题要注重一个"明"字，问题清晰，研究点要明确。拟题要注意三点：一是形式上以"研究、初探、探究"等字眼为特征；二是内容上要包含研究范围、研究途径、研究结果、研究状态等；三是用词上要要讲究科学严谨，不用感性的不确定词语。

四是拟定标题凸显一个"细"字，利于以后的研究。课题标题的基本结构：研究范围＋研究途径＋研究结果（或状态）＋研究；细化课题的方法，分析标题的语法结构，给中心语加上限制语，其语法结构就是：短语＋研究。中心语的限制越多，课题越小，越容易展开研究。

如：小学提问研究。

小学数学提问研究。

小学数学课堂提问研究。

小学数学课堂有效性提问研究。

小学数学课堂应用题有效性提问探究。

小学数学课堂行程性应用题有效性提问研究。

其次，掌握选题的五个技巧。

一是选新不选老。一些老生常谈的问题不是不可以研究，只是这种研究有重复之嫌，比如说"多媒体手段出现的时机"这一课题，其实前人已经做了大量的研究，相关的经验介绍、论文也很多，什么创设情境的时候出现，**激发兴趣的时候出现**，解决难点的时候出现，化抽象为直观的时候出现等等。

二是选易不选难。我们刚开始起步，不妨选择相对比较熟悉，也比较容易操作、容易搜集素材的课题进行研究。比如说："拉近品德教学与学生生活的距离"相对就容易操作，而"品德与生活课程评价的有效实施"相对来说难度就比较大。

三是选小不选大。比如"差异教学"课题太大，就需要分解建立以下若干个子课题开展研究：针对学生差异进行分层教学的研究，针对学生差异进行有效教学辅导，根据学生的差异进行发展性评价，差异教学中分层教案的编写，学生认知风格的差异及对学习的影响，等等。

四是选熟不选生。我们每个教师都有自身优势和弱势。在做小课题开发时，我们注意扬长避短，充分考虑选题的主客观条件，选择自己所擅长的领域来进行研究。

五是选生不选熟。小课题研究的目的就是为了改善我们的教育行为，提升自身的教育水平。与上面的研究反其道而行之，我越是怕什么，欠缺什么，越是要通过课题研究改善它。当然，前提是，当我们有了一定的研究能力之后，为了自我发展的纵深推进，我们就从这个角度来筛选小课题进行研究。

再次，养成检验"选题"的习惯。

当我们敲定某一课题时，还需要花一些时间来考量选择的正确性。不妨自问一下：这一选择的预期目标是什么？什么结果是不太可能发生的？如果不选择这个作为课题，那么可能会带来怎样的结果？如果长期研究下去又会出现怎样的局面？如此拓宽我们的思考，从正反两面去考虑选题，才能帮助我们理清思绪，看清研究的方向，减少研究的弯路。

【谨记】

选择小课题是整个小课题研究的起点和难点，决定了这一小课题研究的方向、价值和可行性，直接关系到课题研究的成败。

2. 研究过程最优化

教育最优化的理论是苏联教育科学院副院长巴班斯基首先提出的，巴班斯基认为："最优化是指现有条件下对学生和教师在当时的实际可能性来说，以及从一定准则来看是最好的"。

小课题研究过程最优化是非常有必要性的，它要求参与教师创造性地运用最优化理论，能根据实验的实际可能性、教师的具体情况和研究的条件、环境等的灵活运用，清醒地认识到影响实验的主客观条件，从而适时调整自己的研究行为，达到自己希望的研究效果。

原规则：过程最优化，在研究的进程中才会更加顺心。

小课题研究过程的最优化，要求参与教师用最短的研究时间，取得最大可能的研究效果，即教师在正确选择课题的基础上，从制订方案到选择科学实用的研究方法，从修改方案与行动计划到验证得出科学的结论，花费最少的人力、物力、精力和时间，用最好的研究效率达到最佳研究质量，以期不断扩大研究成果，实现个体素质发展的快速化。

如何通过小课题开发这个过程，提升专业素养，在此我们就进一步与大家一起探讨如何利用有限的教育资源和研究精力，使研究过程最优化，以更经济、更有效地实现由"教书匠"向"研究型"教师的转变。

在小课题开发的过程中，人们一直都在强调过程性资料的落实，大体而言，包括立项材料、中期的研究材料、最后的成果材料。围绕课题研究的学习材料、体会、反思、教案、说课稿、评课稿、课题小结、随笔、案例评析、课堂实录、课堂评价表、获奖论文、课题组成员发表的与课题有关的文章、相关报道，以及相关的光盘、图片等。从一些草根教师的成长和一些名师的成长经历中，我们发现，他们优化研究过程的有效措施，多是从自己的课堂教学入手研究、从总结开始研究、从写叙事研究开始研究、从写案例开始研究、从实验研究开始研究等方式中总结出来的。这是我们提出优化小课题开发过程的依据。

多人同课的小课题开发

教师小课题开发分为个体研究和群体协作研究两种方式，其中教师小课题的群体协作研究模式是我们大力提倡的。如多人同课的小课题开发，在当下就比较流行。

"多人同课＋小课题开发"是教师小课题群体协作的研究模式之一，即从课堂教学入手，以课例研究为平台，基本操作流程如下图：

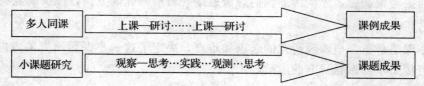

多人同课：以同年级同学科教师为基本单位组合成研究小组，选取大家均感兴趣的某一教学内容，进行轮流上课和研讨。通过不断上课和研讨，逐步形成课例成果。

【反思】

多人同课的小课题开发模式就是研究过程最优化的一个典型案例，它是以同年级同学科教师为基本单位组合成研究小组，选择大家感兴趣的研究点（即小课题）进行分析诊断，并通过亲身实践去验证自己的预设，在多人同课研讨中，把个体的观测、思考、实践，通过大家的交流切磋研讨，逐步形成小课题研究成果。

事实上，我们要研讨小课题研究过程是不是最优化，可从以下几个角度去思考：

第一，小课题研究过程是不是一种应用性研究过程？小课题开发的过程应该是教师对自身教育教学行为进行自我观察、内省、反思与探索的过程，内省、反思是小课题开发的起点，对问题的求证是小课题开发的本质。要反思研究的目标与教育教学目标、研究内容与教育教学内容、研究过程与教育教学过程是否有机地融为一体，是将研究作为一种教学方式的延伸。

第二，小课题研究过程是不是一种微观研究过程？小课题开发应该关注的是教师自身教育教学中有意义的事件，应该把本校、本学科、本班内的问题作为研究的范围和方向。这样，从教学活动看，它应该既可以进行单科研究，也可以进行单项研究。从管理工作看，它应该是一种局部性研究。当小课题研究微观化后，才能解决具体问题，才可能实现过程最优化。

第三，小课题研究过程是不是行动研究过程？我们要明白，行动研究是行动者为解决自己实践中所出现的问题而进行的研究。是行动者对自己的实践进行批判性思考，以理性的批判和意识的启蒙来引起和改进行动。因此，要使研究过程达到最优化，我们要做到参与整个研究的全过程。在计划→行动→观察→评价的每一个阶段都有我们自己的声音。我们要通过研究改变对教育实践的理解，使我们专业生活方式发生变化，从而实现自己的专业扩展。在行动研究中，要实现过程最优化，必须要做到：第一，揭示小课题开发过程的基本要素；第二，学会剖析这些要素之间的内在联系；第三，揭露作为过程本身所生发的基本矛盾，并有效地去解决；第四，确定研究过程发展的典型案例。

【建议】

任何课题研究都要研究自己在教育教学实践中迫切需要解决的问题，小课题开发基于个人研究，这种"实用性"倾向更强烈。但是，对现今的一些小课题开发的案例研究中我们发现，有的课题之间既没有横向的内在联系，也没纵向的发展连续，缺少对某个方面或某个问题进行深层次、长时间的持续性研究。此外，没有结合自身教育教学中存在的问题进行有序、有效的系列性研究，课题研究成了随意的、孤立的教育行为，既没有研究过程的最优化，也没有研究的深度与广度。因此，我们建议，要实现研究过程最优化，应该从以下几个方面着力：

一是要让研究过程有"长、宽、高"。长度，即专业滋养底气。只有精通专业，教师才有研究的底气。通过小课题开发，加强教研，精通专业，做个有底气的教师。做几年某个领域的小课题开发，也许就会成为这个领域的名副其实的专家。宽度，即文化点燃灵性。教师要通过博览群书开启教育智慧之门。文化积淀是一个从事任何工作的"心理背景"和"思维起点"，文化底蕴越厚实，知识连通越容易，灵感越多，智慧越高。高度，即理论扩展视距。教师应通过理论学习缩小与专家的视距，我们应该读点理论，以提高我们的思考水平，以缩小与专家的视距。当课题研究由这"三度"构成立体结构后，研究中的所有要素就会进行优化组合，研究过程就理所当然地实现优化。

二是要让研究过程做到有"有梦想，有方法"。朱永新曾说，"谁在保持梦想，谁就能梦想成真；谁能不懈地追寻理想，谁就能不断地实现理想"。优秀教师总是清楚自己最终追求的是什么，并能把梦想设计成一个又一个具体可行的目标；他们总是思考怎样做效果最好，全力地去实现这些目标。目标就像一个又一个台阶，优秀教师就是沿着这些台阶摆脱了平庸、超越了自我、走向了卓越。这一个个沿着具体可行的台阶上升的过程，就是小课题研究过程的最优化过程。

三是要让研究过程体现必要的研究方法。

第一，文献研究法，指根据一定的目的，通过搜集和分析文献资料而进行的研究。

第二，观察法，是研究者在比较自然的条件下，通过感官和辅助工具，在一定时间和一定空间内进行的有目的、有计划的考察并描述教育现象（对象）的方法。

第三，调查法，是在科学方法论和教育理论的指导下，运用问卷、访谈等方式，有目的、有计划、系统地搜集有关教育问题或教育现状的资料，从而获得关于教育现象的科学事实，并形成关于教育现象的科学认识的一种研究方法。

第四，资料收集，指教师要积极全面地收集、整理、积累、分析资料和数据。可以通过网络、图书馆、研讨会、学术会议等收集与课题研究有关的资料，从中选择重要的资料，利用摘录、资料卡片、读书笔记等方式存档，然后进行去粗取精、去伪存真、由表及里的加工，按研究目的进行筛选、汇总、分类、补充和评价，使资料能系统、完整地反映课题研究的过程。

【谨记】

小课题研究最优化的过程，是学会用脑袋行走，做思考的实践者的过程；是学会用脚板研究，做实践的思考者的过程；是"知行合一"的过程。

3. 实现创新

创新之义，其实更多的是价值判断，是指某一特定的客体对特定的主体有无价值、有什么价值、有多大价值的判断。诸如，提出一个别人还没有研究过的课题，这是创新；用与别人不同的研究方法去研究一个已经研究过的课题，这也是创新；将一种理论、一个观点首次应用到实际中去，这同样是创新；将已经在某一领域得到应用的理论、观点、方法和手段，应用到新的领域中去，也更是创新。

小课题研究的目的是通过实践解决自己在教育教学中遇到的问题，这就要求研究的课题要有一定程度的独创性和新颖性。创新包括：用新的理论、观点观照自己的课题，用自己不曾用过的方法来研究自己的课题，将自己的研究成果多角度、多渠道推广应用。

原规则：小课题研究更多是理念实践运用，即所谓的二度开发。

教育发展日新月异，做小课题开发就要对教育教学工作中遇到的问题或者困惑有新的发现、新的思索、新的策略，带来新的变化，出现新的成效，所以小课题开发也需要与时俱进、不断创新。考究小课题的创新价值，必须从对其研究的对象、参与者以及特性有深刻的了解，才能作出判断。大量事实证明，参与小课题开发的人们稍不注意，某项小课题开发就会功亏一篑，甚至还没有被转化，便已失去存在的价值，其原因就在于创新不够。我们在小课题研究过程中，应突出个性和特点，以及各自的优势，力图在研究中实现我们的自主和主动发展，在教育实践中勇立教育"潮头"，不断发现并研究新的教育问题，在研究过程中不断探讨新的方法，形成个人特色与风格。

现象纪实

目前，中小学教师做小课题开发时，存在很大的问题就是"创新"程度不够：有的课题研究选题不新，在炒别人的冷饭，却又炒不出新的味道；有的课题研究思考不深，走别人的老路，没有自己的新意；有的课题研究做法不新，只是平常工作的延续，没有革新改进；有的课题研究成效不亮，或效果不明显，或没有提炼出自己的特色；有的课题研究表述平淡，形式单一，呆板枯燥；有的课题研究成果平庸，教育教学变化不大，成果数量不多，档次不高。同时，也存在着很多浮躁的现象，比如过于注重形式而忽视过程，过于急功近利而热衷炒作，习惯于跟风而上而思考不足，习惯于闭门造车而学习不够。这些现象均反映出中小学教师做小课题研究"创新"意识不强，这或多或少影响到中小学教师小课题研究的质量。

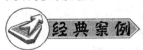

小课题开发与大课题研究的对比表

当前，人们开展小课题开发对其概念的掌握，更多的还混同于对大课题的了解之中，几乎还没有分清大课题与小课题之间有什么区别，可以说真正能准确对将开展的某项小课题进行创新判断，几乎还是一句空话。

教师小课题开发与大课题研究的区别，有研究者人用一张对比表，准确地表达了出来：

	大课题研究	小课题开发
目的	解决学校重大教育管理问题。	解决教师个人教育教学中出现的问题、困惑，并总结经验。
内容	偏重宏观的教育管理问题。	偏重微观的教师应用性质的研究。可以是某个章节、某个专题，可以是存在的现象、案例、问题等。
研究方法	重在行动研究，实施活动或制度改革。	不刻意要求完整运用某种研究方法，阅读、记录、反思、行动可灵活运用。
研究周期及规模	两到三年。要求比较严格，有立项、可行性研究、中期检查和结题。有较为规范的研究组织及分工。	长短咸宜。短则几个月，长则一学年、几学年。教师本人是研究者，可以是一人或多人研究。
研究结果	结题报告，学校制度发展等。	展示课、教学设计、教育叙事、教学案例、教学论文等。
影响力	涉及面广，影响力大。	教师个人行为，改进自己教育教学。
投入程度	有大量经费投入和人力投入。	投入小，把业余时间利用起来进行读书和思考，并在行动实践中改进。

【反思】

教师只有理清小课题开发与大课题研究的区别，才知道如何创新，从何处创新，以及创新的点如何在小课题开发中呈现等等。

中小学教师做小课题研究的"创新"是一种过程性创新，是一种渐进性创新，是一种超越式创新，并不是说所有的东西都要是"崭新的"，完全是别人没有做过的、没有研究过的、没有基础的，也并不是说要自己完全创造发明的。但我们在教育教学研究中，有许多定论，似乎已经成为真理，我们是否做一个有心人，用全新的研究视野，用逆向思维的方式，用怀疑的眼光去分析常见的教育教学现象？

能够"见人所未见、知人所未知、思人所未思、创人所未创"当然是一种高水平的"创新"，但这种"创新"不是一般人尤其是中小学教师所能做到的。中小学教师做课题研究更重要的是在内涵上"创新"，比如"人无我有"的"创新"，即别人心中也有同样的想法，但没有人去实证探讨，我们却最先把它做出来、写出来，就是我的"创新"；再比如"人有我优"的"创新"，在别人成果基础上的超越或深入，别人有想法和做法，我们在理解的基础上比他人想得深一些，想得广一些，做得更好一些，甚至能在他人基础上更上一层楼，站在别人的肩膀上提出属于自己的而又符合事物内在规律的新见解；还比如"人优我变"的"创新"，吸收别人的经验进行革新改造，别人的想法做法已经很优秀很完美，我们在学习吸收的基础上，或换个角度思考，或从另一个方向着手，或进行变革改造，或进行类比移植。

【建议】

一是选择课题要有"亮度"。"亮度"指的是那些尚未解决或未完全解决的、预料经过研究可获得一定价值的新成果的课题，如新见解、新观点、新思想、新设计、新手段等，中小学教师要对自己所从事的教育教学工作领域保持经常的关注。了解自己所从事领域的理论研究、改革实践的最新进展，了解相关选题的研究现状和动态，进行比较，进行思考，并对已有的理论、结论、常规、制度、策略、行为、观点等进行批判性和辩证性的否定，或变换角度的重新审视，从中选择一个别人没有研究过、或者别人研究不深入、或者与别人研究角度不同的问题。

二是剖析问题要有"深度"。中小学教师做小课题开发时，要善于观察、思考、剖析在研究中遇到的问题，对一些现象多问"为什么"，分析思考问题产生的原因，探索改进、解决的办法。从教育观、人才观、价值观上进行剖析，从新课程理念和师生素质提升上对每一组数据、每一个现象进行由表及里地剖析，找准症结，解决问题。对查找出的问题不浅尝辄止，不做表面文章，敢于查问题背后的深层次问题，能把问题搞深、搞透，为下一步的课题研究提供实实在在的客观依据。可以通过学习相关的教育学、心理学理论，用相关的理论来诠释、分析、思考、探究教育教学中遇到的问题和现象，来启发、指导、引领课题研究的整个过程，把教育理论和课题研究以及教育教学工作紧密结合起来。

三是科研方法要能"适度"。小课题开发肯定要用到一些科研方法，但要"适度"。在课题研究的过程中，不在于科研方法的多少，而在于科研方法的适当。通过学习教育科研课题研究的基本知识，了解并掌握一些基本的常用的教科研方法，要根据课题研究的目的、内容和过程的需要，选择适当的教育科研方法，并且规范地按照教育科研方法的要求去实施。中小学教师对实验法要谨慎运用，因为教育教学面对的是活生生的人，自变量和因变量很难确定，相关性很难把握，相关变量的控制更有难度，如果一定要用到实验法，最好在有关专家的指导下规范地操作。

四是成果表现要有"精度"。小课题开发成果在表现形式和手法上尽管多种多样，但要注意"精度"。首先，要点面结合，在表现课题研究内容和成果时既有面上的概括，也有点上的展开；既有定性的分析，也有定量的分析；既有数据的统计，也有案例的描述；既有经验的总结，也有具体的做法；既有理性的思考，也有实际的操作。其次，要"图文并茂"，学会运用各种图表，善于把一些数据的描述用图表的方式呈现，不仅清楚，一目了然，而且表现新奇，有变化。当然，图表的运用要适当，要根据内容和目的来确定运用哪种图表，同时要用文字对图表的内容进行分析和诠释。

五是研究成果要有"高度"。小课题开发，肯定会产生一定的或大或小的成果，真正的课题研究最大的"成果"是教师对自己的教育教学有所改进、变化，学生在和谐地成长。研究的成果往往用课例、实录、图片、录像、数据等反映和展示出来。在展示成果时要有"高度"，要善于按照结题报告的基本框架、基本格式、基本要求去组织研究过程中的所思、所想、所做、所感、所得，在规范的前提下进行创新，提高结题报告的质量，写出尽可能多的、质量高的教学论文、教学案例、教学反思、教学设计等，并且要勇于投稿，积极参与评奖，发表获奖的数量越多越好，质量和档次越高越好。

创新是小课题开发永远追求的目标，课题研究整体的"创新"来自于课题研究过程的"创新"，中小学教师要致力于创新，要勇于创新，要善于创新，用"创新"的意识来引领自己课题研究的"创新"行为，用小课题开发过程中点滴的"创新"行为来实现课题研究整体的"创新"，提高课题研究的质量，实现教师成长轴心的调整。

【谨记】

"创新"是小课题开发的生命线，一个课题研究的"创新"程度决定课题研究成果的高低。

第二节 课题理念影响执行力

在谈构建开展小课题开发理念前，说一点题外话。如若你推开一所学校大门，你就可以看到学校的办学理念。一草一木，一颦一笑，无不体现办学理念；管理之道，教学之法，无不体现办学理念；迎来送往，上传下达，无不体现办学理念。校长的办学理念是学校发展的"魂"，它体现学校的办学之道、教学之道、求学之道、管理之道，是教育工作者实现自己人生价值，追求卓越，走向辉煌之道。有无这个"魂"是一回事，这个"魂"是否体现教育的科学性、艺术性，是否"不唯上，不唯书，只唯实"，是否求真，求善，求美，尽真，尽善，尽美，则是另一回事。

小课题开发成败的关键点在于每一位课题研究者进入课题研究时所具备和所融入的理念，因为这个理念直接影响着他开展研究的行动，而行动又最终影响着小课题研究的成效。每一位教师所具有的理念是靠后天努力而构建的，在课题开发的进程中，随着课题的深入，需要研究者不断探索和总结，才能不断建立并完善小课题开发理念。

在本小节中，我们将围绕"问题即课题、探索即研究、经验即成果"这三条最基本的课题理念展开讲述，以提高我们在课题研究中的执行力。

1. 问题即课题

  小课题开发是指研究者在迫切需要解决具体的教育教学实践问题中，选择研究范围比较微观、研究内容比较具体、研究切口比较小、研究周期比较短，容易操作并且有兴趣、有能力完成研究任务的课题，进行科学研究的一种课题研究方式。它具有指向"自我性"、过程"随动性"、时限"即时性"、形式"灵活性"等特点，根本目的在于促使我们解决迫切需要解决的具体问题，有效地改进教育教学工作。

  "问题即课题"的理念，是一种以教育教学实践中出现的现实问题为切入点，在学校的真实教育环境中发现问题、提出问题、研究问题，并最终解决问题的一种研究思维方式。

  作为一线教师都有这样的体会，小课题开发是很朴素、很平常的行为。我们在日常教育教学中遇到的那些问题，经过提炼、遴选都可以成为我们研究的课题。在研究中，经过我们的研究、探索、验证使我们找到解决问题的方式方法，取得良好的教育教学效果，同时我们也获得成长。

  原规则：问题即课题，若有一个新方向才会给改进带来可能性。

  一切未知的世界都是神秘的，小课题研究也是如此。说问题即课题，我们最终需要看到的结果是能凸显改进性。并非所有的问题都是我们研究的小课题，从发现问题到确定小课题开发的问题，还要经过问题遴选，看看哪些问题有研究的价值，能够进行深入地研究，对教育教学有提升的作用，能促进自身的专业发展。当然，问题的意义和价值也是复杂的，需要辩证地把握。同时，还应该依据学生实际和自己的特长条件选择能够或可能解决的问题进行开发，坚持其开发的可能性和效益性。否则，小课题后期的成效就无从谈起。

  在现实教育生活中，有的教师由于观念滞后，反应迟钝，对教育教学的小问题熟视无睹，只是按部就班，机械重复着昨日的故事，犹如一台复印机。研究者发现不了教育教学中的问题，必然会导致教学异化；如若开展小课题开发，必然会导致研究的异化。

  真正的研究始于问题，无问题无研究。在小课题开发过程中，研究的开始即发现有价值的问题是一个关键点，更是一个难点。立足教育教学实践发现问题而研究，选准真问题，形成真课题，这是非常有必要的。有人对此作出了三点总结，即掌握发现问题的方法，明确问题的来源，对发现、提出的问题，通过追根溯源、查阅资料、借鉴他人经验、制订解决方案，从而自觉地将问题转化为课题，为课题研究奠定了一个良好的开端。

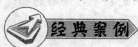

汾口小学李老师的"问题库"

  对于很多教师来说，搞小课题开发遇到的最大问题就是不知道从何下手，找不到合适的研究课题。实际上，教师们要研究的课题俯拾皆是，问题即课题。建立"问题库"，是解决发现问题的一个行之有效的好办法。以下是汾口小学李老师的"问题库"。

问题	问题库
来自个人反思问题	1. 一年级数学课堂如何有效组织动手操作活动？ 2. 在计算教学中如何使学生学会选择合适的算法？ 3. 如何指导低段学生说数学，学会有序思维？ 4. 有些小孩子明明会计算，却为什么总是算错？
来自同事交流	1. 如何培养低年级学生的倾听习惯？ 2. 如何让家长主动协助班主任做好孩子的教育工作？ 3. 如何提高家庭作业的质量？
来自学生讨论问题	1. 老师讲过的东西，为什么我总是记不住？ 2. 为什么我的同学进步那么大，而我总是老样子？ 3. 我的同桌每次考不好，他妈妈总是微笑着鼓励，而我考不好时，妈妈为什么总是训斥我？
来自家长反馈问题	1. 孩子一放学回家，总是先看电视（或玩儿），不做作业怎么办？ 2. 孩子做错事，家长批评他，他跟家长顶嘴，怎么办？ 3. 为什么孩子对学习不感兴趣？

【反思】

小课题开发的过程，首先是发现问题的过程，李老师的"问题库"揭示了发现问题的四个渠道：自身、同事、学生、家长。从中可以看出李老师在主动地从司空见惯中寻找问题，从习以为常中寻找对策，不再麻木不仁，而是不甘寂寞、不断学习，积极对话、广泛合作、共同研究，享受进步的快乐。

从这个案例中不难发现，开展小课题研究时必须树立一个思想：一切科学研究始于问题——问题即课题。任何研究都始于"问题"。问题本身来自教师的询问、发问与追问。我们应该敢于暴露问题，善于发现问题，勤于交流问题，全面客观地分析问题、反思问题。我们应该清楚，无论是个体还是集体，问题的存在是客观的。承认问题是明智的，发现问题是智慧的，看不到问题就是最大的问题。发现不了问题就不能改正问题，也就不能发展，甚至很危险。只有发现问题，并且坚信问题是可以解决的，才会积极地投入。

小课题开发就是要解决教育教学中的实际问题。解决问题的过程就是研究的过程，研究的目的就是提高教育教学质量。教育问题涉及德育工作中的问题、班主任工作中的问题、学校管理方面的问题等；教学问题涉及课堂教学的各个环节的问题，如导言激趣的问题、板书设计艺术性的问题、提高提问质量的问题、教学活动设计合理性的问题、练习及评价有效性的问题等等。有效的问题研究，才能支持并生发出有效的教育教学。教师通过小课题开发，有助于澄清自身课堂所遮蔽的种种问题，并探索出及时、有针对性的解决策略，从而有效提高教育教学质量。

小课题开发的道路是漫长而无止境的，有教育存在，就有问题存在，就有小课题开发的源泉。我们坚信"发现问题→分析问题→解决问题"是简单而又可行的研究方法。当我们把问题当做课题深入研究下去，"化问题为课题"，就能够为我们的专业成长插上翅膀，为创建独具特色的课堂起到它应有的作用。

【建议】

做小课题开发，关键在于把问题转化为课题。这其间，必须掌握发现、思考、分析、解决等基本过程。

一是罗列问题。每个教师在教学中都会遇到不一样的问题，在感到问题纷繁复杂的时候可以列一个菜单，把自己感到困惑的问题都罗列出来。罗列问题时不要担心太多，不要担心怎么解决，只要凭感觉把自己认为是问题的地方都罗列出来就可以了。

二是梳理问题。在罗列问题的基础上，就要对问题进行梳理，有些问题是属于同一类型的，有的问题是包含在某个大问题里的小问题等等。一般来说，可以把罗列的问题梳理成三类：第一类是如何教的问题，包括研究课程目标、研究课程内容、研究自己的教育教学活动，考察并总结自己教育、教学活动的策略和实践中的得失；第二类是如何在教育教学中去开发教育教学资源，实现课程开发的问题；第三类是研究学生学的问题，包括学习兴趣、学习态度与习惯、学习方式、自学能力、品行成长等。梳理问题的目的是把重要的问题、根本的问题和自己感兴趣的问题找出来。

三是分析问题。每位老师在确定自己大致研究方向的基础上，就应该进一步分析问题。既要分析问题的本身，又要分析自己所处的工作环境和条件。有的问题很重要，但不一定适合我们现在马上做或者说必须去做。

四是剖析问题。前面所讲罗列问题、梳理问题、分析问题，其实都还是在问题的外围打转。所谓剖析问题，就要开始进入问题的内部了。剖析问题的重点是要找到切入问题研究的突破口。一个问题有不同的方面和因素，每个老师又有各自不同的特长和爱好，不同时段的学生又有不同的年龄和心理特征，不同的学科又有不同的目标要求，剖析问题的关键就是要找出这诸多因素的最佳结合点。

五是整合问题。有的教师遇到的问题是比较熟悉的，有的老师提出的问题似乎是另起炉灶，有的老师遇到的问题和其他老师的问题有同质性，因此，我们要善于整合问题，以提高研究实效。小课题研究包含教育教学的方方面面：教师的个性特长、学生的年龄心理、学科的不同目标……因此，整合问题必须始终抓住一个根本，就是要能通过研究促进学生的发展、教师素质的提高。

【谨记】

教育教学中的关键问题就是教师所选择的课题，解决问题的过程就是小课题的研究过程。

2. 探索即研究

英国著名课程学家斯滕豪斯说过："教育科学的理想是，每一个课堂是实验室，每一名教师都是科学研究的成员。"在新课程背景下，发现新方法、发现新规律、发现新关系，从传统思维的"范式"中跳出来，是教师专业发展和提高业务水平的一种行之有效的手段，它对于提高小课题开发的质量，确定正确的研究方向至关重要。

"探究即研究"是说发现了问题后要探究解决的办法，而这个探究的过程就是学习文献、操作实践、讨论分享、检讨反思的过程，也就是研究的过程。

原规则：探索即研究，是理性直觉预期的"结论"。

要想通过教育科研促进教师的专业化发展，扩大课题研究成果的影响力，就应该倡导教师进行系列研究。系列研究要求同一个教师从多个角度切入对同一问题的研究，经过若干年坚持不懈的探索，最终形成一个相对完备的理论体系或实践框架，这会成为教师专业化成长的一个重要里程碑。系列研究还要求学校帮助不同的教师找到彼此间小课题开发的内在联系，使全校的小课题开发由点状研究向网状研究过渡，使多个小课题连结成一个带动学校整体发展的大课题，从而提升小课题开发的影响力，扩大小课题开发的辐射面。

当前我们的小课题开发多数表现为零散研究，课题间缺乏连续性和关联性。同一位教师往往这段时间研究 A 课题，另一段时间研究 B 课题；同一所学校往往甲教师研究 A 课题，乙教师研究 B 课题。这样的零散研究会造成教师疲于应付，刚刚适应了前一个课题的研究角色，有了一点儿研究成就感，后一个课题接踵而至，研究又要从零做起，角色又要重新转换。零散研究让实验教师在教育科研领域心力交瘁地挖了一个个"坑"，但最后没有挖出一口属于自己的"井"，更没有品尝到甘醇的教科研之"水"。

也有的老师善于在小课题研究中派生出继续研究的问题，让研究深入探索下去，这样的老师在寻着问题追踪研究的思路，在不断的经验性认识和理论性认识的相互渗透与提升中，拓宽视野，发现了一连串的研究课题，取得了一个又一个研究成果。

作文批改效率问题的系列研究

语文教学中的作文批改效率问题是一个事关作文教学整体质量的问题。有一位中学语文教师多年来就这一问题进行了环环相扣的追踪研究。他先是依次完成了"作文批改效率的归因问题研究"、"中学生作文兴趣问题研究"、"中学生作文习惯问题研究"、"中学生对教师批改作文的态度问题研究"、"中学生自我批改作文能力的评价问题研究"等课题。后来，又紧紧围绕这一问题，查阅了大量有关作文教学的文献，经过认真分析发现：影响作文教学批改效率的因素还有"批改标准模糊不清"和"批改模式僵化落后"等问题。由此又引发出了"作文批改标准问题研究"和"作文批改的课堂组织形式问题研究"两个课题。在研究中他进一步发现，学生作文"自改自评"的动力主要来源于成就动机的有效满足，因此又引发出了"关于作文教学中'作品意识'的培养问题研究"和"文化视角在作文教学中的运用问题研究"等课题。

【反思】

探索即研究，在小课题开发中，探索研究的基本操作方式为：对新方法、新规律、新关系的界定，制订研究计划，在教育教学实践中具体实施，搜集实施效果，及时总结。

探索即研究，研究的过程是一个螺旋式的发展过程，是一个由计划、实施行动、观察和反思四个环节构成的循环往复的运作系统。我们对问题的认识起初往往是局部的、表面的，如同盲人摸象。所以要不断地观察和反思，依据课题研究行进中的实际情况，可以部分修改实施计划，也可以修改总体计划，甚至还可以更改研究课题。此类情况在行动研究中屡见不鲜，就如上述案例中的这位语文老师，他对"作文批改效率问题"根据实际发展情况，不断调整，不断深入，使课题研究相互连续，不断探索。这就告诉我们，课题研究本质是一种探索，更多的目的不在于去一味追求什么多大多高的研究成果，而在于在探究的过程中，使我们开阔眼界、锻炼思维，提升我们解决问题的能力。

【建议】

探索即研究，如何更有效地将探索过程和研究过程结合起来，在此提出以下建议：

一是查阅文献形成新课题。即查找、浏览和阅读与新课题或该现象有关的各种书籍和文献，并对这些资料进行概括和总结。我们小课题研究的过程既是实践的过程，也是学习的过程。在相关课题理论、资料的学习中，我们就会发现一些新的观点、新的方法、新的思路，引领我们走向新的境界、新的领域，形成新的课题研究。

二是请教专家认识新课题。即向那些对该领域感兴趣，并且熟悉情况、掌握第一手材料的人们请教，同他们交谈，向他们征询，借助于专家的研究来加深我们对所研究课题的认识。"三人行，必有我师焉"，当从一个课题延伸探索至新课题的时候，新课题对我们自己可能是全新的研究，但是在同行中肯定有专家对此课题有过研究，因此请教专家可以使我们在新课题的研究中少走弯路。

三是实践行动研究新课题。即当我们通过探索确定新的课题后，更重要的是要在行动中深入研究，使新的课题研究有实效，这才能为继续探索研究下一个课题做好准备。探索即研究，就是如此一环套一环、一步一个脚印地在探索中形成系列的课题研究。

【谨记】

做好一两个小课题并不难，难的是一辈子都在学习、思考与探索中进行小课题研究。

3. 体验即成果

小课题开发是回归实践、贴近教师、走进课堂的研究。小课题开发的目的性非常明确，即研究必须达成预定的结果。没有成果的研究，是不完美的研究，是遗憾的研究，不但浪费了时间，而且还会对学生的成长造成无可挽回的损失。成功的小课题开发，必须让研究者体验着一项又一项的研究成果，才能证明其研究的成功，才会给研究者平添继续研究的动力。

体验作为一个心理学的概念，主要是指人的一种特殊的心理活动。体验这种心理活动是由感受、理解、联想、情感、领悟等诸多心理要素构成的。在体验中，主体以自己的全部"自我"（已有的经历和心理结构）去感受、理解事物，因发现事物与自我的关联而生成情感反应，并由此产生丰富的联想和深刻的领悟。因此，从心理学上讲，体验是在对事物的真切感受和深刻理解的基础上对事物产生情感并生成意义的活动。体验即成果，是指教师以学生发展为中心，通过体验、分享、交流、提炼、应用等多种方式，使教师亲身体验小课题开发给自己成长所开辟出来的通道，让教师感知、认可小课题开发是成长的一种重要方式。体验要求教师必须从研究者、经历者的感觉、情感、思考、行动等多个方面重新定位小课题开发的策略，融入教师更多的感官、情感、情绪等感性因素，从而更贴近真实的研究需要。

原规则：经验即成果，只有那些最能反映研究对象本质的事实才是真正体现经验的事实。

　　体验就是由实践得来的认识或技能，主要是指主体与客体之间的一种特殊的关系状态。在生命哲学家那里，体验特指生命体验。体验是人的存在方式，它具有本体论意义。在小课题开发的进程中，体验往往就是成果。小课题开发是改革的一个方向，善于对研究过程中的认识或技能进行发现与总结，才会形成小课题开发与研究的体验成果。

　　研究过程中的体验更多是凸现其过程的可行性。可行性的体验指的是能被研究的，有现实的可能性，它包含以下三个方面的条件：

　　一是在对自身或者他人的教育教学经验进行系统化的梳理和理性分析的基础上，对经验进行理论归属和理论提升。

　　二是要能帮助教师发现自己的教育教学亮点，提升理论修养，促进教师个性化发展，形成自我教育特色，同时也有利于学校的教师知识管理。

　　三是要求教师拥有一定的教学成果，因此它一般比较适合已经具有一定教学实践的老师去研究，并从自身教育教学实践中成功的地方选题。

　　体验在小课题研究中的重要性应该是不言而喻的。可是长期以来，在整个小课题开发中，往往人们没有把握住体验的特征。因此，"体验"这种方式一直未能进入小课题研究者的视界，我们对体验只有一些模糊的认识，而缺少清晰的了解。现行的小课题研究从总体上来看，是一种缺少体验甚至是无体验的研究。因此，有不少教师开展了很多项小课题开发，却很难形成自我有价值的成果。

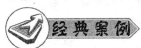

初一学生并非都是"不知愁滋味"的少年

　　某位初一班主任，发现初一学生并非都是"不知愁滋味"的少年，他们每天的学习、交往等活动都笼罩着强烈的情绪色彩。消极情绪表现形式较多，诸如焦虑、忧愁、烦躁、孤独、困惑、害怕和苦恼等。一开始这位老师对学生要求非常严格，他细心观察学生的一举一动，稍有差错，便大加批评，要么个别批评，要么当着全班学生的面批评，有时让学生写检查、写保证书。后来，这位教师发现自己的批评有时不但不能起到积极作用，反而使学生产生消极情绪，甚至产生逆反心理。作为教师不可避免要批评学生，每位教师批评学生的方式方法有所不同，凭经验出发，这位老师选择以"如何改进教师对学生批评的方式方法，帮助学生克服消极情绪"为小课题，通过对学生消极情绪进行调查与分析，反思教师在批评学生时应持的态度，着重阐明教师要转变学生观，讲究批评的艺术性，善待学生，并探索教给学生排解消极情绪的方法，帮助学生克服消极情绪，最终便根据自我在实验中的一些体验，形成了诸多成果。

【反思】

　　在开展小课题过程中，体验是教师素质形成与发展的核心环节。按照皮亚杰和维列鲁学派的研究，人的素质形成与内化有关。内化是指主体将外在的东西纳入自己的心理结构之中的过程。在内化中，由于客体主体化（客体以符号、形象或心理感受等形式进入主体）而引起主体心理结构的调整、改造和丰富，因而造成人的心理发展的效应。发展过程实际上是指由于外在事物的进入而导致人的已有心理结构的调整、改造和丰富的过程。

上述案例中，初一学生的情绪是客观存在的客体，班主任老师起初漠视了这种客观存在，导致学生产生叛逆心理，而当班主任老师正视这些情绪问题，改变自己的内心体验，改变外在的调整学生情绪的方式，小课题研究就取得了实际的成果。这个案例证明了这样一个道理：中小学教师开展小课题研究，对教育教学实践中获得的经验、体会进行分析、概括、抽象、提炼，把感性认识上升到理性认识而形成，方才是一个完整的小课题研究过程。

同时，上述案例还让我们认识到在整个研究的过程中，必须注意通过内化和发展，方可将我们的体验能力提高。可以说，没有主体对客体的体验，客体就不可能被内化。甚至可以说体验是内化发生的前提条件，体验的过程就是内化和发展的过程。体验之所以在内化中起如此重要的作用，主要体现在：

体验会产生主客融合、物我同一的效应。在体验中，客体进入主体的生命而成为主体生命的一部分。由于体验的形成，外在的事物进入人的内心世界。一种强烈体验往往会使主体形成对被体验之事物的趋近、爱好甚至融合。"在体验中'物'与'我'的距离缩短乃至最后消失，进入'物我同一'的境界。自我仿佛移入到对象中，与对象融为一体。"由于外在客体的进入及与主体的融合，导致主体已有的心理结构获得丰富和调整，从而引起人的心理发展。由此可知，小课题研究就是研究者本人与研究对象、研究内容相互融合、共同丰富、共同发展的过程。

体验会形成新的意义，并进而得到新的领悟。"体验一方面具有直观性（感觉的、形象的），另一方面又有超越性。所谓体验的超越性就是超越具体的情感与形象，生成更深刻的意义世界"。体验的超越性使主体因对某种事物形成体验而引起自身心理结构得到调整和丰富。教师在小课题开发中的灵性与一些发现都是在体验中生成，我们身边很多教育大家和名师先进的教育思想、独特的教育风格，都是他们经年累月，在教育教学中"身临其境"，真真切切直接"体验"出来的智慧结晶。

相比于认知了解，情感体验是使内化得以发生的最重要的条件。没有成功地进行小课题开发的教师常感觉课题研究高不可攀，而教师在研究中经常"体验"到"教科研原来如此"，使其不断保持和诱发研究的好奇心，不断获得理智和情感的积极"体验"，进而把小课题推向一个新的高度。

【建议】

袁隆平曾说，计算机里种不出杂交水稻，下田才是杂交水稻的研究方法。这就是体验。小课题开发也是需要体验的，体验是科学的体系，而不是简单的一次情感活动，要树立"体验即成果"的理念，需用科学的态度去把握，我们建议要注意体验的五个环节：

一是体验。小课题开发是以观察、行动和表达的形式进行的。观察作为一种最直接的"体验"活动方式，在小课题开发中有着重要的作用，有了细致入微的对研究对象的观察，就能"体验"到研究的深度；有了亲历亲为的行动，就能"体验"到研究的厚度；有了科学的表达，就能"体验"到研究的高度。

二是分享。体验应是立体的，多方沟通的，是积极反馈的。这就要把自己在研究中感觉或观察结果或满意度的体验与专家、同行、学生进行体验分享。最关键是把体验到的感觉发现与他们探讨交流。通过交流与分享，我们才能及时矫正我们的体验，让之后的体验更加贴近我们的研究。

三是提炼。教师可以通过以下三种途径来获得有价值的研究体验，总结出或归纳提取小课题开发的成果。（1）寻找自己成功之处；（2）总结成功经验；（3）经验的理论分析。唯有提炼，我们的体验才能真正称之为"成果"。

四是应用。把小课题开发过程中的体验再投入到下一阶段的新体验中去，让体验接受检验，并推动新的研究。

五是积累。人生的经历是由人在生活过程中所亲历的事件和积累的感受构成的。亲历性和积累性是人生经历的基本特征。在体验的形成中，经历和感受的积累是很重要的。没有一定的经历和感受的积累，体验是难以形成的；一次经历或感受不一定就能引起体验。只有积累丰富的经历和感受，才可能形成丰富的想象和联想，产生深刻的理解和领悟，进而生成深刻的体验。

【谨记】

"体验"的不仅仅是理性直觉预期的"结论"，更是小课题开发中新方法、新策略、新成果的不断生成、不断再发现的过程。

第三节　完美的课题呈现形式

开展小课题开发，行动研究为其主要方式。由于所取样本小，其结果一般不用数量统计处理，只作定性的分析、比较，这种方式又可以分成若干分支，如叙事研究、案例研究、调查研究、文献研究等。做小课题开发，选择什么样的小课题，以怎样的形式来呈现小课题，如何采用恰当的方式表达出来，常常是许多小课题开发者思考的问题。

很多小课题开发者在长期的研究中发现教育个案研究、教育叙事研究、调查研究这几种方式能贴近教育生活的实际，并从个例中寻找共性和个性的差别，立足于现象的本质，又逐步提炼升华，最终结晶为具有普遍实用性和推广性的研究成果。

当然，做小课题开发我们不会在呈现形式上搞一刀切，相信大家都会在研究过程中不自觉地寻找最有说服力的、切合自身实际的研究形式，从而把自己的研究成果完美地呈现出来。

1. 教育个案研究

个案研究法就是对单一的研究对象进行深入而具体研究的方法。个案研究的对象可以是个人，也可以是个别团体。前者如对一个或少数几个优生或差生进行个案分析，后者如对某先进班级或学校进行个案研究。个案研究一般对研究对象的一些典型特征作全面、深入的考察和分析，即所谓的"解剖麻雀"的方法。同时个案研究不能停留在对个案的研究和认识的水平上，应该从中认识教育与发展之间的因果关系，提出一些积极的教育对策，以便因材施教。

作为个案研究对象的个别性应该具有三个特征：

一是在某方面是否有显著的行为或思维或品质等表现；

二是与这方面有关的某些测量评价指标是否与众不同；

三是教师、家长、同学等主要关系人是否都有类似的印象和评价。

就研究对象是个人而言，个案研究是指针对一个人的偏差行为进行深入研究的过程，此过程须通过各种方式及渠道搜集资料，加以分析整合，以了解个案主要问题的成因，进而提出适当的辅导策略，协助改善问题，以增进个人适应。

原规则：长期对多个教育案例展开研究，才可能感知到自我日臻完善的变化。

在教育教学小课题开发过程中，教育个案的存在有两种方式，一种是近距离存在，即教育个案就在我们的身边或附近，我们有机会可以直接接触，可以通过面对面的交流，直接深入其中体会，来获得直观的感受，得到第一手资料。另一种是远距离存在的，这种教育个案富有典型性，已经为大众所普遍共识，譬如魏书生、于漪、李镇西等名师的教育艺术，或者报纸上登载的某些名师事例。对这种典型的教育个案做研究，我们的收获会更大，因为个案本身是典范的成型的理论，可以采用"拿来主义"，再结合自己的实际变换着使用。

刚着手做小课题开发某一个教育个案时，感觉思路比较狭隘，随着我们对教育个案的深入研究，和对更多教育案例的纵向和横向的比较与分析，就会发现，自己的教育认识、教育理论的水准、对小课题开发的体会会越来越多，自己像一个走上高塔的观光者，爬得越来越高，视野越来越开阔，个人的教育素养也越来越深厚。

多搜集一些教育案例，由浅入深地进行研究，实在是一种简洁而有效的研究方式。以这种研究方式提炼出来的教育理论，因为是从教育一线中来，自然适用于教育一线，比较容易上升到固定教育模式的层面，而为广大的教育者所接受、推广。

 现象纪实

很多教师在日常教育中，对自己的班级管理、课堂教学、教育反思等进行研究，并形成了大量的文字材料，散见于各大报刊。其实，这些教师已经在不自觉中走入了小课题开发，并且取得了不错的成绩，发展到了一定的高度。这些教师的小课题开发，最常见的是个案研究，是对具有典型意义的人和事的研究，如对班级中优差两头学生的研究，对个别品德不良学生的研究，对某个学生采取特殊教育的追踪研究，对某个学生的心理问题和人格偏差的诊断研究等。其次，他们的个案研究还体现在对那些不能预测、控制，或由于道德原因不能人为重复进行的事例的研究，如对某个学生犯罪过程与原因的研究。

 **经典案例**

名师魏书生教育案例

之一：竞赛机制是班级管理工作的明显特点之一。有一次，学习委员收书费，他要一个一个收，魏老师说，我没有让你这样收，你可以用手表啊。学习委员很聪明，马上拿着手表说，同学们注意了，各小组组长请站在你们小组的左侧，下面我们要开展收书费比赛，各就各位，预备开始。书费很快收起来了，可以想见，在班级管理工作中，小组分得很细，工作讲求竞赛。这样，既活跃了教室的气氛，又提高了工作效率。

之二：魏老师班的教室很特别，后面有一百张空椅子，欢迎随时听课。我们班每天都唱歌，唱歌的时候大家站直了唱。听课的老师课后说，你们的学生没有一个回头看我们的，也太不把我们放在眼里了。魏老师说，对不起，当初我没有设计回头的程序。因为我要求学生在唱歌时必须双眼看黑板中间的那个点，要求把这个点看作是彩电，边唱，边想象歌曲的内容。唱"大海啊！故乡"，这个点就是大海；唱"跨过高山，走过平原"，这个点就是高山平原；唱"五星红旗迎风飘扬"，这个点就是五星红旗……这是在培养学生的注意力啊。

【反思】

上述这两个案例，一个是小组建设，一个是班级学生注意力培养，是典型的个案，分析这两个案例，我们发现教育个案对于我们搞小课题开发确实非常有价值，因此，做小课题开发时应该多搜集整理教育个案，以期从教育个案中提炼出精深的研究成果。

个案研究的目的：一是通过相关资料的搜集与分析，深入了解案主问题，找出全方位的问题解决模式。二是邀集相关人员通过沟通与协调，取得共识，并就份内工作适度调整并配合。三是通过召开个案研讨会，教师相互分享经验，以增进辅导知能。

教育案例分析具有促进教师专业发展的特殊价值，是提高教师素质的有效方法。教育案例不同于传统意义上的教育论文，它的观点和理论直接源于教育实践，因而是鲜活的，这就要求教师对现象保持敏感，提高培养捕捉问题的能力。一个案例从计划到叙写的完成，也是一次行动研究过程的暂时完结。如此循环上升，有益经验就会转化为实践智慧，直至建构起个人理论，最终达到专业素养的提升。

【建议】

搞教育个案研究，需要教师手勤、笔勤，即碰到合适的教育个案要保留下来，结合自己的课题多做深入细致地分析研究，个案放在那里仅仅是个故事，与我们的小课题开发挂钩，才能挖掘出其深刻的内蕴。

一是确定个案。指指定研究及辅导的对象。个案来源可从几方面得到：教师发现（包括导师或科任教师）；班级记录（学生违反校规或偏差行为导致记过等）；家长提出（由家长发现学生行为异常须辅导者）；学生自认为有困扰，想获得帮助以解决问题者；心理测验结果筛选后确定需要研究者。

二是方法多样性。为了搜集到更多翔实的个案资料，从多角度把握研究对象的发展变化，就必须结合观察、调查、实验、测量、数据分析等多种研究方法，综合各种研究手段。

三是分类整理。教育个案是个大范畴的概念。譬如可以分为教育管理、班级管理、课堂教学、学科教学等类别，我们需要在搜集教育个案的基础上，结合我们正在进行的小课题开发，分类整理，筛选出其中对于我们的小课题开发最有价值的个案，一般十个左右就可以，对于那些特别有价值的个案两个即可。通过分类整理，我们已经可以初步从中概括出一些研究成果。

四是做横向比较。针对同一类别的教育个案，我们不能孤立地去看待，而应该采用横向比较的方式，把这些教育个案的共性和个性找出来，把共性的东西上升为教育理论和研究成果，把个性的细节作为研究成果收藏。

五是及时总结成果。教育个案的研究不能等到理论成型以后再做总结，应及时总结研究成果，要做到一个个案一个总结，多个个案确立总的结论。同样的一个教育个案，应该有"横看成岭侧成峰"的效果，它本身可能是个多棱体，从不同的角度审视能得到不同的研究成果，所以，针对教育个案研究我们一定要勤总结，多总结，然后把这些点点滴滴的总结再整合成系统的理论体系，进而把小课题开发推向结题的高潮。

【谨记】

教育个案研究，是一种化抽象为具体，以小见大的研究方式。它朴素而真切，富有超强的说服力，是我们小课题开发最值得信赖的研究方式之一。

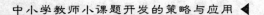

2. 教育叙事研究

教育叙事，即讲有关教育的故事。它是教育主体叙述教育教学中的真实情境的过程，其实质是通过讲述教育故事，体悟教育真谛的一种研究方法。并非为讲故事而讲故事，而是通过教育叙事展开对现象的思索，对问题的研究，是一个将客观的过程、真实的体验、主观的阐释有机融为一体的一种教育经验的发现和揭示过程。

"教师叙事的行动研究"，此方式主要由教师自己实施，也可以在教育研究者指导下进行，它以追求用叙事的方式反思并改进教师的日常生活为目标。

原规则：事实证明，教育叙事研究与行动研究相结合的时间越长成就越大。

教育叙事研究特别适合于教师，因为教师的生活是由事件构成的，这些事件就如同源于教师经验的短篇故事。对教育事件的叙说，能使教师看到平时视而不见的例行事项的意义，并把自己遇到了什么问题、怎样遇到这个问题和怎样解决这个问题的整个过程叙述出来。除了课堂教学的叙事以外，教师还可以叙述课堂以外的生活事件。教师一旦以类似于"自传"的方式叙述自己生活中的教育故事，也就意味着教师开始以自己的生命经历为背景去反观自己和观察世界，内在地承受着对自己的言行给出合理解释的思想压力。这就促使教师进入沉静思考的层面，不得不倾听自己内心深处的声音，不得不站在自己的角度反思和挖掘自我，从而可能激发出许多连自己都意想不到的想法。这意味着他们开始不再依赖别人的思想而生活。这种教育"记叙文"使发生的事件不再随记忆淡忘而成为无意义的东西，它以记述下来的形式保留了"历史"，给看似平凡、普通、单调、重复的活动赋予独特的韵味，从而固守了一份对这个世界和生活创造的意义。它比传统的教育论文更能引起读者的共鸣，更能体现作品的研究价值。

 现象纪实

当下，有研究者总结了教育叙事研究的过程要围绕三个事件展开，现场、现场经验文本和研究文本，这三个事件反映的正是教育叙事研究的现象：现场工作是叙事研究者亲身体验生活和获得现场经验的过程。现场经验文本是指研究者所获得的现场资料，形成现场经验文本有多种方法，如讲述或撰写故事、研究访谈、日记、自传和传记、书信、谈话、现场笔记等。研究文本是指叙事研究的格式，叙事研究文本可以用文学、诗歌、科学等各种不同的风格撰写，可以形成描述的文本、解释的文本、讨论的文本、叙述的文本等多种格式。

而且，教育叙事研究，其实也在司空见惯地进行着。自新课程改革以来，教师教育教学观念发生了转变，教学行为发生了变化……有多少酸甜苦辣，有多少惊喜迷茫，想向他人倾诉，想与同行分享，透过这些鲜活的教育教学故事，我们看到教师平凡朴实而又充满生命活力的教育生活。无疑"叙事研究"已成为教师教学研究的行走方式，成为教师成果推出的一种路径。只不过有些教师叙事研究只是简单记叙一些故事，而少有小课题开发的含金量。

下次你就坐着回答

这是一位教师进行教育叙事研究，而后写下的教育叙事小报告：

公开课在多功能教室有序地进行着。

"小芹，你把表现阮恒动作与表情的句子读读。"

小芹读得不好，不是少读几个字，就是读错几个字，读完时脸通红。

"小芹，你怎么啦？"老师温和地问。

"今天教室里与往常不一样，老师，我心慌，脚有点站不稳。"

"你下次回答问题，就坐着吧，其他同学也可以这样。"

一堂传递着"阅读教学是教师、学生和文本的对话"新课程理念的课，在师生间或站着或坐着的交流中进入高潮与尾声。

【反思】

苏霍姆林斯基说："我建议每一位教师都来写教育日记。教育日记并不是什么对它提出某些格式要求的官方文献，而是一种个人的随笔记录，在日常工作中就可以记。这些记录是思考和创造的源泉。那种连续记了 10 年、20 年甚至 30 年的教师日记，是一笔巨大的财富。每一位勤于思考的教师，都有他自己的体系、自己的教育学修养。"可见教育叙事研究是记录教师教学生涯和成长历程的重要方式。

教师在叙述自己的个人教育生活史的过程中，实际上是在研究、反思自己的教育生活经历，反思自己在教学中到底发生了哪些教育事件。这种叙述使教师开始进入"研究性教学"的境界。

同时，我们还应该明确，教育叙事研究的"叙事"应该有一个主题，从某个或几个教学事件中产生，而不是将某个理论问题作为一顶"帽子"，然后选择几个教学案例作为例证。这其中有对自己某个有意义的教育教学片段的叙事研究；有对自己成长、职场状态、教育经历等密切相关的叙事研究；有自己教学、班主任工作、学习研究以及其他可能对教师个人成长产生重要影响的主要事件的单主题叙事……

我们还要深刻认识到，通过教育叙事所形成的报告是一种"教育记叙文"而不是"教育论文"。这种教育"记叙文"比传统的教育"论文"更能引起读者的"共鸣"，并由此而体现它的研究价值。叙事研究报告以"叙述"为主，但是在自己"反思"的基础上写的，"夹叙夹议"，能够更真实、深入地反映研究的全过程和作者的思考。

值得注意的是教育叙事中的叙事和教育案例中的叙事是不同的。教育叙事强调描写，要求有生动的情节，有矛盾冲突，有鲜明的人物形象。案例也可以用生动的描写，也可以运用白描或说明，采用教学实录也可。叙事研究中叙述的是一个完整的故事，是对客观事件的记录，如果有反思，一般直接表述，仅三言两语，而且更显生活化。教育案例的叙述可以是一个事件，也可以是同一主题的几个事件，对事件的叙述强调局部的完整，重点在于对事件的分析，通过分析归纳出有意义的规律，更具有研究的特征。

教育叙事研究似乎很难找到一个统一的格式、统一的规范和统一的要求。与其它研究方法相比，教育叙事研究更具有弹性、灵活性、多样性等特点，正是由于这些特点，教师在开展教育叙事研究时就更能够体现现实针对性，更能发挥创造性，这种方法也就更能为教师所掌握和运用。

【建议】

教育叙事研究作为一种研究方法，也不是说可以任意妄为、无章可循的，它内含一些基本的要素和要求。为此，我们建议：

一是注意寻找"典型事件"。典型事件既包括那些发生在教育教学改革中的重大事件，也包括那些课堂内外"悄无声息"的点点滴滴的小故事。但叙事所选的事件要有一定的代表性、突发性、可借鉴性，能从教育叙事中获得一定的理性感悟，引发对教育的反思。

二是注意教育"叙事"写作。叙事不是记流水账，而是记述有情节、有意义的相对完整的故事。要详细地介绍教育事件的发生与解决的整个过程，留意一些有意义的具体细节和情境，在叙事研究的报告文本中引入一些"原汁原味"的资料，比如学生的作品、学生的日记、某位学科教师对这位学生的评价等等。

三是注意教育"叙事"的程序。一般讲，教育叙事研究的程序是：确定研究问题——选择研究对象——体验研究现场——收集现场文本——撰写研究文本。

确定研究问题，即教育叙事研究强调的是通过"叙事"来进行"研究"，关注的是微观层面细小的普通的教育事件，强调对教育中特殊现象的描述和体察。所研究的问题中涉及的时间、地点、人物和事件在现实生活中确实存在，是广大教师真正关心的具有普遍实际意义的特定问题。

选择研究对象，即叙事研究在选择研究对象时，除了与其他研究一样考虑研究问题的性质外，还要考虑被研究者的年龄、性别、个性、地位等因素，真正实现研究者与被研究者的互动。

体验研究现场，即体验的方式主要有观察和访谈。

收集现场文本，现场文本是由研究者和参与者共同创造的代表现场经验各个方面的文本，它不是简单的客观记录，因为它不仅要记录观察、访谈的信息，还要记录获得这些信息时的情景、体验。

撰写研究文本，即研究文本既包含研究者对所观察到的"事"的故事性描述，也包含研究者对"事"的论述性分析。所描述的故事要基于经验事实，并具有一定的典型性，并体现细腻的情感氛围和浓郁的叙事风格，在此基础上，根据要阐述的理念需要，可做一定的修改但不能虚构。分析要全面、深刻，力图在具体的偶然的多变的现场中透析种种关系，反映相关的教育教学理念，使教师的生活故事焕发出理性的智慧。

【谨记】

每个教育叙事，都有独特的个性，可以给我们留下许多宝贵的研究资料，犹如小树身上生长的枝杈，通过修剪，他们可以直指蓝天，长成粗壮的树干。

3. 调查研究

调查研究法又称实地调查研究法，它是有目的、有计划、有系统地搜集有关研究对象现实状况或历史状况的材料的方法。具体讲，是指调查者以正确的理论与思想作指导，通过访谈、开座谈会、问卷、测验等手段，有计划地广泛了解（包括口头的或书面的，直接的或间接的）、掌握有关教育实践的历史、现状和发展趋势，或有关的成果和经验、问题和教训，并在大量掌握材料的基础上，进行分析综合，得出科学的结论，以指导今后的教育实践活动。教育调查法一般是在自然的过程中进行的间接的观察，是最适合于教师做的一种"小课题"研究。

原规则：调查研究与调研报告富有针对性才会产生社会效应。

随着我国教育的发展和改革的不断深入，教育调查法显得日趋重要，频繁地被采用。教育作为一种社会现象，要研究它的过去、现在以及预测它的未来，就得进行科学的调查研究。通过调查，一方面可以为教育科学研究搜集事实，另一方面可以为各级教育行政部门制定政策、法令、法规和制订教育发展计划提供依据，再一方面也可以为教育第一线的实际工作者提供经验教训，以更好地改进工作，提高教育质量。

调研报告是对某一情况、某一事件、某一经验或问题，经过在实践中对其客观实际情况调查了解后，将调查了解到的全部情况和材料进行"去粗取精、去伪存真、由此及彼、由表及里"的分析研究，揭示出本质，寻找出规律，总结出经验，最后以书面形式陈述出来，这就是调研报告，是应用写作的重要文种。

调研报告的写作要抓好三个主要环节：调查、研究、报告。这三个环节中，调查是基础，研究是关键，调研报告的写作是把调查获得的材料所形成的观点，通过布局安排、语言调遣组织成文章。这里，调查与研究是辩证统一的关系。它们之间不仅相互作用，相辅相成，而且相互贯通。调查的目的，在于掌握大量、真实、全面的客观事实和具体数据，对基本情况有一个系统的了解；研究的目的是对已经获取的材料进行分析、研究，探索事物的本质和规律；报告则是在调查、研究的基础上，用书面形式说明结果。因此，从某种程度上说，调查是研究的事实基础，研究是报告的理论依据，报告是调查、研究的具体体现。

现象纪实

在现实中，有的教师淡化调查研究，没有通过大量而充分地占有直接或间接的第一手资料、搞清事实真相去做研究。尤其是缺乏对所调查研究的问题刨根究底的精神，缺乏准确、全面地了解、认识问题和矛盾的各个方面，弄清各种现象之间的内在联系，分析其来龙去脉的能力，对调查研究的目的、内容、对象、要求、方法必备的知识了解甚少，往往是为表象所迷惑，做课题研究时"一叶障目"，课题的确立凭空想象，做研究喜欢闭门造车，常被陈规陋习所束缚，终究折断了自己的思维和专业飞翔的翅膀。

小学生数学学习观调查研究

（1）研究目的

对小学生的数学学习观进行调查，试图了解小学生数学学习的态度、数学知识性质观和数学学习过程观的现状、特点以及年级发展差异，以期为小学数学教学改革提供参考。

（2）研究方法

研究对象：北京市两所小学的二、四、六年级的学生190人，其中二年级41人，四年级76人，六年级73人；男生94人，女生96人。

测查工具：编制问卷，问卷由两部分组成，第一部分为4道有关数学观念的开放题：(1) 数学是什么？(2) 学数学是为什么？(3) 你心目中的数学家是什么样的？(4) 怎样才能学好数学？这一部分主要考查学生对数学学科与数学能力的认识。第二部分为19道单项选择题，每道题设有三个选项："说得对"、"说得不对"、"不知道"，分别赋值为"5"、"3"、"1"。该部分分为三个维度，维度1包括2个项目，考查数学学习态度；维度2包括8个项目，考查对数学知识性质的认识；维度3包括9个项目，考查对数学学习过程的性质的认识。

（3）结果

①对数学学科和学习的认识

首先，根据学生的回答，对4道开放性问题进行分析和编码，得出学生对各题回答的类型：一是数学是什么？包括四种类型：A数学知识的操作特征；B数学知识的实用性；C数学的学科类别；D数学的心智功能。二是学数学是为什么？包括四种类型：A未来理想；B心智发展；C数学技能；D实用价值。三是你心目中的数学家是什么样的？包括四种类型：A智能特征；B行为特征；C外貌特征；D品格特征。四是怎样才能学好数学？包括两种类型：A表层上的接受学习；B深层上的主动参与。

然后对上述各种类型的回答人数作统计，结果表明：随着年级的增高，越来越多的学生倾向于认为数学就是计算，数学能锻炼思维；学习数学是为了应用数学；学生更关注数学家的行为特征；学生既喜欢接受学习，也乐于主动参与学习。

②数学学习态度

对测试分数进行检验，表明高年级学生对数学的学习态度比低年级学生更差。

③数学知识观和数学学习过程观

对测试分数进行检验，表明随着年级的增高，学生对数学的认识和对数学学习过程的认识在不断深入。

④讨论建议（略）

（刘儒德，陈红艳。心理科学（J）。2002年第2期）

【反思】

该研究采用问卷调查的方法对小学生的数学学习观作了研究，设计合理、研究规范、数据分析准确，该研究的许多做法是值得我们在研究问题时学习和借鉴的。所谓问卷是设计一组与研究目标有关的问题，通过调查对象的回答来收集人们对教育的意见、态度方面的资料。问卷法具有简便易行、省时、省力、调查面广、信息量大、真实性强的特点。特别是无记名问卷，调查者与调查对象不用面对面地谈论有强刺激性的问题，调查对象消除了心理方面的顾虑和障碍，可得到客观真实的材料。

上述案例只是翔实地介绍问卷调查的方法。问卷调查的质量主要取决于问卷题目的质量，若问卷题目设计不当，则难以收到有效的信息资料。具体地说：一是调查问卷。将整个调查分为两个部分，一部分是非结构性调查，采用开放题测试，另一部分是结构性调查，采用选择题形式，这样就可以较全面地审视问题。二是将结构性调查项目分为三个维度，使得调查的目的非常明确，增强了试题编拟的可操作性。三是采用编码的方法去对开放性问题的回答情况进行分类，这是一种典型的质性研究方法，而不是事先由研究者主观地提出一些分类，然后将学生的回答去对号入座。在研究中形成假设，这样更能客观地反映问题的内核。

在实际课题研究中教师还经常运用访谈、开座谈会、问卷、测验等多种调查研究方法。

【建议】

中小学教师开展调查研究的全过程，一般分为确定调查课题，制订调查计划，收集资料，整理资料，总结、撰写调查报告四个步骤。

第一步，做好调查的准备工作。首先要根据科研课题确定调查的题目是什么，比如对"初一新生语文预习习惯"的研究。事先要确定调查对象，拟定调查研究的提纲，确定调查研究的具体方案，如调查的方式方法，调查的组织安排、人员分工，所需要的经费等等。

第二步，具体实施调查。这是调查研究最关键的环节，小课题研究能否取得成功，在多大程度上取得成功，具有多大的理论和应用价值，往往取决于这一步。所以，最大限度地获得第一手真实的资料，是这一阶段的根本目的。具体实施调查时，一定要讲究智慧，即尽量让被调查者摆出最真实的事实。

第三步，对材料进行研究分析。通过对所搜集到的资料进行科学的整理，用定性和定量相结合的方法进行分析，推断出结论，找出问题的症结所在，思考解决问题的办法。当然，在综合分析中，要有步骤地解决以下三个问题：一是从调查材料中剖析事物的本质，找准主要矛盾，确定所有提出和回答的中心问题；二是用联系和发展的观点，找出带规律的东西，并沿着这个规律研究得出有关的一系列基本观点；三是再按照这些基本观点，从调查材料中找出最有说服力的事实，进一步加以论证，使观点和材料统一起来。同时，尽可能运用团队的力量来参与分析，避免主观臆断。

第四步：总结阶段。根据资料分析研究所得出的结论，撰写调查报告，进行课题总结。

【谨记】

一旦丢弃调查研究，小课题开发就会误入歧途，不是思维上陷入盲目性，就是方式方法上陷入狭隘、片面、极端的泥沼，其结果必然是徒劳无功。

第三讲　课堂教学小课题的开发

> 一个教师上一两堂好的优质课、展示课不难，难的是每堂课都按照优质课、展示课的标准和要求去做；一个教师读几本、几年书不难，难的是一生都坚持阅读；一个教师发表几篇文章也不难，难的是一生都坚持写作。名师与普通教师的区别在于韧性、在于坚持。
>
> ——程红兵

　　小课题开发，目的有三个，即解决教育教学中的问题、为了教师的成长、为了学生的发展。这三个目的相辅相成，在实现其他目的的时候，教师的专业素养也同样得到了提升。

　　德国教育家第斯多惠在《德国教师培养指南》一书中指出："凡是不能自我发展、自我培养和自我教育的人，同样也不能发展、培养和教育别人。"小课题开发，本身就是一种自我学习和发展的过程。作为教师，不仅需要很强的专业知识储备，而且还要养成不断内省、反思、学习、实践、提高的良好品质，而这些恰好又是小课题开发的切入点，如能深入其本质，必然会促使教师专业成长驶上"快车道"。

　　从本章开始，我们将围绕课堂教学、班级管理、学校管理这三个板块，分别对其研究现状、操作策略和研究技巧等展开讨论，望能给以引领，以求实现提升专业素养的初衷。

第一节　课堂教学小课题的分类

　　当前，从大量的文献资料中可以看出，课堂教学小课题开发热度明显高于其他方面的小课题开发，人们将研究的视角主要分散于教学设计、课堂教学、作业辅导、教学评价、学习方法、德育渗透、信息整合等处。这些教学小课题开发，抓住课堂开展，有两个目的：一是切实解决课堂教学中的实际问题，提高教学有效性；二是提高教师将教育科研与日常教学工作进行有机整合的能力，促进教师专业发展。

　　在本小节中，将围绕学科教学、教材运用、教学模式、教学方式，探讨教学小课题开发中的关键问题、热点问题和急需解决的问题。

▶▶▶▶　1. 学科教学研究　◀◀◀◀

　　教师钻研教材、研究教法、分析学情、编写教案、反思教学案例、撰写论文等个体活动，都是学科教学小课题开发的内容。从这个意义上讲，教学小课题开发是中小学教师成长应有的常态。

学科教学小课题开发，解决"某学科课堂教学"的问题，可细化的研究点非常多，如教学特色研究、教学目标研究、教学手段和方法的策略研究、教学过程的策略研究、教学评价的策略研究等等。

原规则：抓住学科的根作小课题研究才不会显现漂浮。

教师课堂小课题开发的"根"在哪里？"魂"在哪里？在学科。因为抓住学科本质开发课堂教学小课题是其课题研究成功的前提，大量课堂教学小课题的事例证实，立足于课堂的小课题开发一旦脱离学科本质，就会陷入"无本之木、无源之水"，抓住学科的根作小课题开发更易站稳课堂，提高学科教学素养。

 现象纪实

当下不少课堂教学小课题开发变得无价值，一个根本原因就在于忘记学科本质，课题开发不是为了达成课堂教学目标而革新，不是为了优化课堂教学内容而创新，不是为了改变学生学习方式而调整教学方法与手段，却把功利目标放在第一位。正如有人总结到：在错位的思维方式中，在错误的价值观主导下，只能是"三费一无"，即"费时"、"费力"、"费钱"与"无效"，研究过程没有给课堂带来新景象，研究结果也让人看不到新曙光。

相反，那些抓住学科本质开发的小课题，却是另一番景象：课堂教学目标设计更科学，每一堂课，都有了培养学生知识能力、学习过程、学习态度的准确要求；实现了课堂教学内容，教学方法与手段，作业设计等方面的最优化；实现了学生知识与技能、方法与过程、情感态度价值观等综合成长的最大化。

 **经典案例**

抓住学科本质，以学案导学模式落实能力目标

北京顺义区某高中地理学科开展了"抓住学科本质，以学案导学模式落实能力目标"的小课题研究。

在小课题研究过程中，研究者首先阐述了课题研究的背景，着重强调了"地理学科本质的认识是解决一切地理课堂教学问题的根本，地理课堂教学只有把握住了地理学科的本质，才能体现地理学的思维和方法，体现其独特学科价值"。

研究者着重从以下方面阐述了"地理学科本质理论"：地理学科基本视角，地理学科基本概念，地理学的基本规律，地理学科基本观念。

抓住地理学科本质的小课题研究，解决了地理课堂教学中教和学的诸多问题，如地理思维价值不明显、地理味道不浓，学生学习兴趣不高，教学活动形式化、假探究等，都与对学科本质问题的理解有偏差或者不深有一定关系，即没有抓住"空间"，区域性特点不明显；没有阐明"联系"，综合性不突出；地理学工具和方法运用不充分，学科能力欠缺；情感态度价值观目标虚化，地理观念教学落实不到位。

研究者对该项小课题总结到，只有深入研究地理学科本质，教师面对繁杂的教学材料确定教学目标和选择教学内容才不会偏离学科轨迹。

【反思】

上述案例，完全能让人感受到其成功在于抓住地理学科的根本。在这项小课题开发

中，研究者从研究背景以及理论依据上时刻紧扣学科的本质，这是一种清醒的学科意识，是每一个研究者都应具备的意识。

小课题开发，需要我们去理清某学科的特性是什么，弄清某学科的本质是什么。如果说"学科本质"是课堂小课题开发的"根"，那么，在小课题开发中，在紧扣学科的"根"的同时，一定要重视学生的主体作用，才能使"学科教育"在学生身上"开花结果"，同时叶茂促使根深，学生通过在学习生活中的"光合作用"实现的繁茂枝叶又反过来促进了课堂学习的根扎得更深，这样，我们的小课题开发才能取得实效。

小课题开发，一定要抓住学科的根本以及学生的实际情况。虽然近年在新课标的实施过程中，存在以下现象：对学科的本质认识不清，对相关学科教学的外延模糊不清，对综合实践活动和现代信息技术的"过犹不及"的理解和实施，这其实也正给小课题开发带来了机会。

学科小课题开发应扎根学科本质，贴近师生实际，立足课堂教学，研究和解决日常教育教学中的真实问题，特别是新课改的热点、难点、疑点等问题，指引一线教师在课堂教学中学会思索、学会研究、学会成长，成为学习者、研究者、自我成长开发者，提高自我发展意识，促成教师专业生命的真正回归。

【建议】

抓住学科开展课题研究，提升学科教学的质量，我们可以从以下几个方面进行。

一是以理论学习为生长点，用学科专业理论引领学科小课题开发。从学校层面来说，管理者积极创设各种机会，以专家讲座、校本研修、外派教师考察学习、参加上级教育部门组织的新课程新教材培训、骨干教师培训、信息技术应用能力培训等活动，丰富学科小课题开发的理论基础。从教师层面来说，不放过每一个可供学习的机会。

二是以问题研究为出发点，开展某一学科教学探索，为小课题开发提供方向。要求教师应"把工夫下在备课上，效益出在课堂完成上，本领显在提高质量上，能力用在促进学生发展上"。将"小课题"与"课例研究"结合起来，将"个体研究"与"团队研究"结合起来，建立自己的小课题开发博客，可以在教学设计、听课、评课、磨课、案例分析的过程中发现要解决的问题。

三是以学科本质为根本点，突破课堂教学中的困惑，提高小课题开发的实效性。我们常常听到"某一节课'种了别人家的田，荒了自己家的园'"之类的话，这其实是告诉我们，这节课没有抓住学科本质。我们要时刻思考，我这门学科的任务是什么？区别于其他学科的根本是什么？比如"信息技术整合"的课题研究，在"信息技术"学科中，根本是"信息技术"，在相关整合学科的课堂上，根本是该学科，信息技术只是手段与方法。再比如，同样的一则史实，在历史课堂上、在思品课堂上和在语文课堂上所承载的功能都是不一样的。只有抓住学科本质的课堂小课题研究，才能寻找解决问题的真正有效的方法，切实提高课堂教学的效率。

【谨记】

有实效的小课题开发，必将就学科之根本加倍地张扬。

2. 运用教材的研究

对教材的运用研究，就是在对教材内容进行科学的分析、研究和论证之后，根据学生的生活实际和学习实际，对教材内容进行灵活处理，如更换教材内容、重组教材主题、整合教材内容等。当下的课堂教学中，一些问题逐渐凸显出来，如处理教材中的主题图、例题、习题，理解编者的意图，处理教材的留白，如何指导学生使用教材，发挥教材的优点和处理教材中存在的缺陷等。

在新课程理念的指引下，运用教材研究的空间非常广阔，主要有：教材内涵的挖掘和延伸，教材内容的整合和拓展，教学策略的选择和优化，文本价值开发和体现等。但是，我们在运用教材小课题开发过程中，必须警惕单纯从主观愿望出发，随意地增添或者舍弃教材内容，也要防止以创造性运用教材为由，丢弃文本，无视教学规律和学情，制造虚假的"繁华"。我们创造性地使用教材，必须根据学生的认识水平、心理特征、学习规律而定。

原规则：不迷信教材的小课题更有实践价值。

立足课堂不尽信教材的教材运用研究，或加或减更易提升教学质量。福建的林永栋、林书留老师把教材在教学中所起的作用归纳为三点："首先，教材作为知识的载体，规定信息的意义，没有教材就不存在课堂教学；其次教材影响教师、学生对信息的编码与教学程序；第三，教材程序影响教学过程。"这三点是我们准确认识教材、创造性使用教材的依据。

创造性使用教材是一名优秀教师应具备的基本素质。课堂教学是否高效很多情况下取决于教师对教材的感受、理解、把握、运用和实施的质量高低。只有创造性地使用教材，对教材进行深入细致地研究推敲，挖掘教材知识内在的联系，对教材的组织、呈现方式进行灵活的调整，才可能实现教学内容和教学方法的完美统一，打造出高效课堂。

现象纪实

在新课改中，有一句最流行的话："用教材教，而不是教教材。"尽管如此，我们的教材运用小课题开发，却几乎还处于原始状态中。通过观察老师们的课堂发现，这其中的原因是我们在运用教材上还存在以下误区。

一是"迷信教材"。这类教师把教材内容原封不动、全面完整地在课堂上呈现。他们丧失许多小课题开发的机缘，往往把教材中存在的问题归结为学生或者教学方法或者自身素质的问题。

二是"静态教材"。就是照本宣科，只是呈现教材的静态结果，而忽略了教材在运用过程中的动态生成。甚至，探究是口头探究，实验是讲解实验，只是照搬、复述教材。此类教师没有注意到教材二次开发的生命，又岂能挖掘出富有生机的课堂教学小课题呢？

三是"丢开教材"。此类教师认为每节课中都要创设鲜活的生活情境，把教材"改头换面"才是创造性使用教材，于是丢开教材，不断向外开掘教学资源。他们单凭主观经验，结果在小课题开发中只求其"形"难得其"神"。

二度开发教材，学有价值的数学

这节课的教学内容是人教版义务教育课程标准试验教科书《数学》第二册"认识元、角、分"。上课前，执教教师发现大多数学生已经认识了元、角、分，就没有按教材内容上课，而是让学生观察他们自己搜集的人民币，然后围绕人民币提出问题，接着老师让学生分组讨论这些问题。问题是多种多样的，讨论是热烈的。有的学生问"人民币为什么既有纸币又有硬币？"有的问"为什么同样的面值图案不一样？""硬币为什么有金黄的、有银白的？""为什么五角的硬币比一角的还小？""人民币的图案代表什么？"等等，还有关于纪念币、盲文、币上文字等许多问题。面对这些问题，老师通过让学生讨论，解决了一些与教材内容有直接联系的问题；有些问题老师说他也不知道，要求学生把这些问题带回去，可以查阅资料找答案，也可以问爸爸、妈妈或银行工作人员，也可以自己去猜测，看谁解答的问题多。老师特别表扬了提问题多的同学，说他们爱动脑筋爱思考，提的问题连老师都回答不上来。

【反思】

这节课中，老师改变了教材规定的内容，并且给学生留下了许多疑问和问题。老师不是以"本"为"本"，只管"教教科书"，而是"用教科书教"，教学的重点在于启发学生思考和探究，通过课堂教学引发更多疑问，让教材为学生发展服务。

小课题开发，有人形象地说是一项"金牌战略"，其实，围绕教材而进行的小课题开发，几乎是所有课堂教学研究里的"顶层设计"，整个课堂便会因为此类课题的开展，对教学过程中的相关要素作出相应的调整，因此，运用教材的小课题开发，更是接近课堂本质的研究。

我们如若开发教材运用的小课题，第一项就应该去认真反思自己的教材观，对教材内容是按部就班、亦步亦趋，还是积极思考、主动整合；整合是否做到从儿童生活中真实的问题切入，把生活场景中遭遇的事情与教材知识内容进行重组。

叶圣陶说："教材只能作为教课的依据，要教得好，使学生受到实益，还靠教师的善于运用。"创造性地使用教材是一个永恒的课题，运用教材的小课题开发，应以学生如何学为着眼点。对教材进行"裁剪"和重组，其目的是让教材更好地服务于教学。当然，对教材进行"二度开发"需要教师有强烈的创新精神，在充分尊重原教材的基础上，挖掘出教材潜在的魅力与价值。只有创造性地使用教材，才能拓宽学生学习的空间；只有开放的教学模式，不拘泥于教材，才能使学生能力的训练落到实处；只有以教材为纽带，才能引导学生真正走进知识的殿堂，让每一个学生都有机会去尝试、去探索、去实践，才能让学生变"被动"为"主动"，变"要我学"为"我要学"，也才能真正地发挥学生学习的主体作用，切实提高学生的学科素养。

所以，我们要吃透教材，这是运用教材小课题开发的前提条件。著名特级教师靳家彦老师说过："教学的成功，85％源于课前的预设。"吃透教材，这是站稳课堂的一项基本功，必需要读懂课标，读透教参，读懂教材的编写思路，读懂教材的导语、练习，读懂教材的结构，读懂本节内容在本单元甚至本册教材中的地位和作用，唯如此，才能学会根据自己的风格对其进行选择、解读，并在教学的双向交流中与学生的情感、态度、价值观碰撞、激活，进行再加工。

【建议】

在"课程标准→教材→教师→学生"的流程中，课程标准是依据，教材根据儿童生活选材，是教师教学的依据，教师带着学生走向教材，引导学生更好地走向未来的生活，这便是我们教学生活的路径。为此，要做好运用教材研究的小课题，建议把握住以下三点。

一是不应仅是形式上的改变，应追求质的改变。创造性使用教材首先是一种观念上的更新，其次是行动的革新，最后才是教材的创新。只有观念更新，才能做到如何更适度地增删教材，灵活使用教材，敢于重组教材。

二是注重经验，但不唯经验。在教学实践中创造性地使用教材，精心设计活动内容，要善于了解、发现学生及家长的情况、特点、变化，及时挖掘与课程内容相关的教育教学资源，还可以请他们一起参与活动，使教学过程成为与学生生活实际密切相关的，甚至是老师、学生、家长和社会各界人士共同创造、建构的过程。

三是创造性使用教材要注重案例的积累。在研究中要把运用教材的研究放进课堂教学中去验证，注重案例的撰写与对自己实践的反思。因为每一次案例分析与反思，都对自己的教育观念与行为进行了一次冲击，为自己下一次创造性地运用教材做好准备。

【谨记】

教材不应该是"教"的"材料"，而应该是教学生"如何学习的材料"。

3. 课堂教学模式的研究

美国学者乔伊斯、韦尔在合著的《教学模式》一书中认为："教学模式是构成课程和作业、选择教材、提示教师活动的一种范式或计划。"将"模式"一词引入教学理论中，是想以此来说明在一定的教学思想或教学理论指导下，建立起来的各种类型的教学活动的基本结构或框架，表现教学过程的程序性的策略体系。它的基本结构要素为教学思想与理论依据、教学目标、教学操作程序、教学实现条件等四个方面。

"世上没有两片完全相同的树叶。"面对不同教材、不同学生、不同教师、不同地域文化背景，教学没有一个放之四海而皆准的模式。所以，教学模式不仅有鲜明的主题、固定的目标、独特的程序，更需要注意的是有一定的适用范围，因此，选择和运用教学模式必须注意其特点和功能，把握教师和学生的实际情况，不能生搬硬套。因此，我们在课堂教学模式的开发中要结合实际探索课堂教学目标、操作程序、教学策略、效果评价等基本问题，考察其理论的或实践的基础，并从中归纳出适合自己教学的独特模式。

原规则：找到适合自己教学的模式，是一个非常重要的小课题。

教学模式即教学理论的具体化，又是教学经验的一种系统概括。课堂教学模式体现教师教育思想，研究并找到适合自己的模式，是教师形成自己教育思想的根基。

审视名师成长轨迹，观其课堂教学，就会发现他们都形成了自己极富特色的教育思想。如邱学华的尝试教学课堂操作模式（"先试后导，先练后讲"），魏书生的"六步自学教学模式"（定向—自学—讨论—答疑—自测—自结），钱梦龙的"三主四式教学模式"（以学生为主体，以教师为主导，以训练为主线；自读式、教读式、练习式、复习式），李吉林的"情境教学模式"（图文并茂，情景交融），由此可见，众多的课堂教学模式无不体现了教师独特的教育思想和个性风范。

现象纪实

课堂教学模式呈现出唯模式现象和无模式现象。唯模式现象，就是由整个学校各年级各学科普遍运用一种模式，而且目前似乎成了"新课改"的代名词，似乎一讲到新课改就必然要提到学校的课堂教学模式，全然不顾不同学科、不同年段、不同课型的特点。这是对教学模式进行线性开发、静态应用的照搬照抄的一种机械主义折射。无模式现象，就是有的学校、有的老师是摸着石头过河，过到哪是哪，今天看见这种教学设计重视学生的活动就用这种，明天看见另一种教学设计具有创新意识就用另一种。还有的老师授课表现出更多的随意性，既不学习借鉴，也不总结反思，这都是无模式的表现。

随着课程改革不断深入，课堂教学逐渐向互动性、多维性和综合性转身，课堂教学模式正在发生根本性的改变，我们应以"学习—研究—评价—创新—构建"的方式，从理论上了解和掌握各种基本的教学模式，然后在实践中有意识地选择、组合、应用教学模式，再运用新的教育价值理念对已有的教学模式功能进行改造和再开发，在此基础上，构建具有新的内涵和功能优势的新教学模式，然后再通过研究进一步确定新的适合自己的教学模式。

经典案例

模式三阶段："无式" —— "有式" —— "无式"

浙江嘉兴一中语文高级教师王晓红认为：模式本是从数以百千、甚至万千计的典型课堂示例中抽象、概括出来的，所以是一种稳定的结构，但这种稳定性是相对的，它顺应了一定历史时期的需要。就像凯洛夫的"讲解—接受"教学模式，适应了当时系统传授科学知识的需要。而今，我们必须运用现代教学理论和教学手段，结合自身教学实践，建立起新型的教学模式，来规范教师的行为，提高教学效率，这不但没有束缚教师的手脚，相反，建立或实践教学模式的过程本身就是一种创新。

王老师还认为：首先，模式不是僵化不变的套路，只是提供一个活动的基本框架。教学活动的复杂性也提示人们不可能有现成不变的套子可以去套你的教学实践。我们需要模式，但不能"模式化"。其次，教学活动是一种创造性的劳动，每一个教师有自身的教学个性，他们有选择和活用各种模式的自由，他们还可以在教学活动中对现有的模式进行修正、补充和再创造，使之适应自身的教学需要，也使模式不断完善和发展。这样的模式就不可能是"阻碍创新的牢笼"。

王老师结合自己的实践谈到：一个好教师对于模式的研究运用，应该有三个阶段："无式" —— "有式" —— "无式"。第一个"无式"，是指不要急于给自己定模式，应当广泛地学习各种先进的教学模式，吸收其精髓，来指导自己的教学实践，在实践中发挥自身的教学优势，发展自己的教学个性，培养自己的创造能力，为建立自己的教学模式作理论和实践的准备。第二个"有式"阶段，是指当自己积累了丰富的教学经验，又能清楚地认识自己鲜明的教学个性，并有多年成功的教学尝试之后，再认真学习教学理论，对自己的多年实践进行总结反思，构建起能反映自身教学特色的"模式"，这就是"有式"，但这绝不是我们追求的终极目标，我们追求的是第三个阶段"无式"，这一阶段才是教学的"自由王国"。真正做到"教学有法、教无定法"，这才是"无式"阶段，也可以形象地说，达到了庖丁的"目无全牛"境地。就拿我来说吧，教语文已有 18 年了，一直在探索一种适合自己，能体现自己教学风格的教学模式，我曾经借鉴过一些名家的教学模式，特别喜欢于漪老师的"情感与启发相结合"的教学模式。但教学过程本身是一个创造过程，我没有刻意去模仿，而是结合自身的教学实践不断地探索出适合自己的教学模式，我把它概括为"以情启智以美引真"，其教学程序：情感导入、创造气氛（美的引导）——激情引智、分析入理（美的发现）——感悟真情、引发真知（美的升华）。具体地说就是：教师披情入文引导学生走进课文，体味真情，学生领悟获得真知，自己走出课文。模式体现了课堂审美活动的三个环节：1. 由"形"到"情"的感受美；2. 由"情"到"理"的鉴赏美；3. 由"悟"到"发"的创造美，为此，我还设计了一系列的课型。但这并不意味着我就一成不变地去套用现有的模式。相反，随着教学研究活动不断深入，我会修正、补充、完善自己的模式，最终融会贯通，突破自身建立的模式，这样，才能达到"无式"阶段。

【反思】

任何一种模式都不是一成不变的，教师要对教学模式进行必要的"应变与创新"。从案例中王老师的成长历程可以看出，"有式"居于中心环节，这个"有式"不是指现成的"模式"，或者是学校规定的"模式"，而是指自己积累经验，学习他人模式，并能结合自己的特色个性以及教学特长，在先进教育教学理论指引下的总结，是具有自身特色的"模式"。

课堂教学模式研究的成效，是决定学生在课堂学习中能否很好地获取知识、形成能力的关键因素。从王老师的成长历程也可以洞察很多优秀教师成长的规律，在学习前人教学模式基础上，有针对性地结合新课改思想，结合教学内容选用恰当模式，并因材制宜地调控和综合运用最优组合模式，从而达到最佳教学效果。

成功的教学模式必须具备三个条件：一是促使学生积极地参与教学过程；二是遵循明晰的教学步骤；三是以关于学习、行为和思维的理论研究为指导。如在现实中，我们能正视当前文言文教学中存在的问题，并积极寻求解决的方法，可探索出"读—译—论—背—练"的文言文课堂教学模式。再如，自读课的教学最易忽视、最难落实、最难坚持，必须有一个既符合自读课的教学规律，又能提高自读课教学效益的教学模式来规范自读课的教学，于是才引发出"引导、自学、练习、小结"的自读教学模式。

"教学有模，但无定模，贵在创模，无模之模，乃为至模"。在大力倡导开放创新的今天，教师的课堂教学要讲模式，但不要唯模式，要从模式中走进去，再从模式中走出来，这是一种视野更开阔、技术更精湛的专业追求。我们只有形成适合自己的、开放的、不断吸收新成果的模式，才能在教学上各领风骚，尽显风采。

【建议】

教学模式的小课题开发，目的是要提高课堂教学质量，在提升教学质量的同时让学生素质得到发展，让学生能够享受到学习的愉悦，同时也能促进自己的专业成长。

一是对模式研究要有准确的定位。在课堂模式小课题开发过程中，始终要把握的是：教学需要构建模式，而且应该构建多种模式，但是无论运用何种模式，根本目的不是模式本身，而在于是否有利于提高教学的效率，因此，进行课堂教学模式的小课题开发必须是扎扎实实地为教学服务，而不是为完善模式做"假动作"。

二是对模式研究要立足实际，凸显个性。"橘生淮南则为橘，生于淮北则为枳。"课堂是动态生成的，充满变化的，教师必须从自己的教学实际条件出发，去开发研究适当的教学模式。无论哪一种教学模式都切忌机械模仿，无论哪一种教学模式都需立足于本学科、本人、本班的具体情况，为了解决本人、本班或本地教学实践中所存在的核心问题而提出来的，带有鲜明的个性化色彩。如根据语文学科的特点、苏教版教材的结构特点及教学实际的具体情况，可以按照"单元教学模式——板块教学模式"构建语文学科教学模式的整体框架。板块教学模式在必要时可根据不同的课型构建不同的子模式，如阅读教学可以有教读课教学模式、自读课教学模式、活动课教学模式等；写作教学可以有以读导写教学模式、作文讲评教学模式等等。

三是对模式研究要按照"学模、建模、创模"的过程进行。

首先是"学模"。在教学模式研究初期，更多的是学习先进教学理论与成功的教学模式，这个阶段就是"学模"。我们要经历"观摩优秀课堂教学、总结优秀课堂教学、总结提炼、应用自己的课堂教学、反思研究、反复实践"这样一个长期的过程。每一位教师都必须学习、掌握数种教学模式，一方面可以打破闭塞、僵化的沉闷局面，展示开放、多元的生动格局；另一方面，更有助于切换、填补、渗透、迁移，取模式之长，避模式之短，并逐步提高自己的模式设计能力。学习某种教学模式，还要学习其产生的背景，那样才能借鉴到于己有用的东西。

其次是"建模"。"建模"就是在学习的基础上结合实际初步尝试的历程，一般要遵循的过程是：确定个性化教学模式研究的方向，明确建立模式所要达到的目的，确定典型案例，概括基本特征，提炼关键词，阐释模式，反复实践、探索，积累典型案例和资料、数据，为创新模式奠定基础。

再次是"创模"。"创模"就是在学习尝试的基础上，并以多种成功的教学模式为参照系，经过自己的实践研究而形成一种新模式。总之，教师实施教学模式研究，使得课堂教学过程在一定程度上变成了小型的"课题研究"过程，带有科学研究的某些性质，带有探索的色彩，无形中自我的知识结构便会随着课题研究的深入而发生变化。

【谨记】

教学模式小课题开发不是做模式的奴仆，而是做模式的主人。

4. 教学方式的研究

当前，在教学实践的课题研究中，专注于对学生学习方式的研究是教改的热点。开展课堂学习方式的研究，改变学生的学习方式、突破学科中心、突出学生的主体地位、培养学生的创新精神与实践能力，是中小学课程改革的方向。

但是，没有教学方式的变革，就没有学生学习方式的革新。探索教学方式的改革，寻求课堂教学创新之路，便成为教师小课题开发所面临的一个重要问题。那么，我们到底追求什么样的教学方式？我们的学生最需要什么样的教学方式？什么样的教学方式才能营造出高效课堂？这就需要我们在研读大量的教学方式研究的理论并进行深入系统分析的基础上，针对目前课堂的教学实际，结合典型案例分析，对教学方式研究的内涵、价值、特征及策略等许多方面加以探讨。

原规则：让学生学会学习是一切小课题研究的目的。

开展教学方式的小课题研究，终极目标是实现学生学习方式的转变，提升学生学习的质量。在课堂教学中，不管是采用"自主探究"的教学方式，还是采用"启发诱导"的教学方式，都要以学生学会学习为核心，让他们学会思考、学会学习、学会交流、学会探索等，所以我们在教学方式的小课题开发中，都要先思考一下，是否符合教学需要、学生实际，是否能真正实现学生学习方式的根本性转变。

曾有人采用问卷法、访谈法对180名教师的教学方式进行了实证调查。调查表明，教师对传统教学方式有过多的依恋，同时认为改变教学方式是必要的。

同样，在甘肃省，有人对部分省级骨干教师进行了问卷调查，结果显示，几乎所有教师认为现实教学方式的最大弊端是教师和学生缺乏主动积极的参与，照本宣科，缺乏创新；97％的教师认为教学方式单一、呆板，基本都是讲授课；65％的教师认为教学手段落后，缺乏现代化的多媒体教学设备，没有实现现代信息技术与教学的有机结合；84％的教师认为教学气氛死板，缺乏激情，较少情感的交流和碰撞，教师教得无生气，学生学得无兴趣。基于此，通过开发课堂教学方式小课题，创设有效的载体，使之成为学生自主性探索实践的重要途径，是非常必要的。

"先学后教，以学定教"的语文教学方式研究

一、课题研究对象：7年级学生

二、课题研究思路：

1. 理论学习：通过查阅资料学习郭思乐先生提出的"生本教育"理念，学习有关"先学后教，以学定教"的教学理念。

2. 撰写教学案例及阶段总结。对采用的各种教学方法的实施情况作出反思、总结、评价、改进。

3. 反复实践——反思——改进——实践——反思——改进——总结

三、具体活动安排：

第一阶段：2011年12——2012年8月

1. 学习课题相关理论，收集有关以生为本的教学模式、策略等方面的实验报告、交流论文、学术论著等资料，及时做好笔记并进行组内交流。通过学习进一步明确课题研究的意义和价值，真正做到用理论来支撑我们的课题研究工作。

2. 继续落实生本课堂的教育理念，结合学生实际精心设计教学，积极开展以生为本的课堂教学设计的模式和操作方法的研究。

（1）开展对学生学情、教师教情的研究；

（2）开展"先学后教，以学定教"的语文教学方式研究；

（3）根据学生的学习情况，研究如何适度地给学生布置语文前置性作业。

第二阶段：2012 年 9 月——10 月

1. 整理、反思这一阶段研究中出现的问题，以及取得的成绩，形成文字性资料，提高老师自身的专业水平，撰写好教学设计案例、写好教育日记（教学后记）、教学案例、教学随笔等等。

2. 进行校际间的信息交流，拓宽视野。

第三阶段：2012 年 11 月

1. 聘请专家及时对课题进行指导，确保课题顺利进行。

2. 上一节有关生本的研讨课。

第四阶段：2012 年 12 月

1. 加强平时研究成果的积累，认真做好阶段性分析、反思与总结。

2. 积极参加各级各类教学设计、课件、优质课的评比活动，力争出好成绩，反映出课题研究的成果。

3. 不断完善生本理念下的教学设计的研究，理论联系实际，积极撰写相关论文。

（银川宝湖中学　张春梅）

【反思】

传统教学是教师讲、学生听，教师问、学生答，教师给、学生收的教学，这种教学确实"多、快、好、省"地获得了一个个结论，学生们也得到了一个个像样的分数。但是，在这种单一、被动的接受式学习模式中，学生的棱角被磨平了，个性被抑制了，当然也缺失了独立思考的意识，变得越来越"本分"，越来越循规蹈矩了。在教学中学生虽有自主、合作学习的现象，但有搞形式，走过场之嫌，没有真正体现学生是学习的主人。而上述课题研究案例中，研究者根据"先学后教，以学定教"的理论，发现这样一个朴素的真理：对学生最近发现的学习问题，或让学生独立思考，或通过同学的帮助、相互的启发，或老师点拨，从而有针对性地解决，使教学达到有效和高效。这正如苏联著名心理学家维果茨基指出："只有当教学走在发展前面的时候，才是好的教学。"

课程改革实施以来，学习方式随着教学方式的改变而变革，"自主"、"探究"、"合作"、"交流"、"对话"等在我们的课堂教学中得以体现，不知教师是否在观察、反省，在实际的教学操作中是求其"形"还是得其"神"？是否依然存在着"虚假自主"、"虚假探究"、"虚假合作"、"虚假对话"？是否"满堂乱动"、"随意地放"、"泛滥地夸"？让学生唱主角，引导学生的自主探究、合作交流是否还在形式上兜圈子？这诸多问题都需要我们通过小课题开发去解决。

我们做教学方式的研究不仅仅是形式的革新，更重要的是内涵与价值的深化。如果一味追求外在形式或忽略其内在的实质和内涵，必将导致改革的"新瓶装旧酒"，那么，这种新的教学方式是被异化了的。例如，合作探究的教学方式，不是简单的集体（全班）教学加小组讨论，合作是一种人生态度、一种价值取向。探究是一种心理、智慧、情感等诸多品质共同发展渐进的过程。探究式教学的指导思想是在教师的指导下，以学生为主体，让学生自觉地、主动地探索，掌握认识和解决问题的方法和步骤，研究客观事物的属性，发现事物发展的起因和事物内部的联系，从中找出规律，形成自己的概念。可见，在探究式教学的过程中，学生的主体地位、自主能力都得到了加强，而不是教师出示问题、学生思考、学生发言、教师总结的机械过程。

【建议】

做好课堂教学方式的小课题研究，要求在研讨过程中一要彻底地、真正地转变教学观念，二要大胆地改进教学方式，建议能坚守以下十条基本原则。

一是民主性。教师不是高高在上的知识统领者，也不存有话语霸权、课堂专制，存在的只是平等的人格，学习的伙伴。以相信学生、发动学生、利用学生、发展学生为宗旨，学会对话、商量、征求甚至请教、道歉，高举尊重大旗，实施感动教育，就会创设出民主、宽松、自主、和谐的良好环境。

二是问题性。问题造就磁力，它具有吸引性、竞争性、探究性、创新性、实践性，是学生学习知识，训练思维，增长智慧，培养能力，造就人格的基本组成部分。教学要引导学生发现问题、提出问题、分析问题、研究问题、讨论问题、解决问题。

三是创新性。在教学中，教师营造一种标新立异、创新超凡的竞争氛围，引发学生求变、求异、求新、求奇的内驱力，培养学生的自主探索精神，尊重他们的奇特思维，从而树立起异曲同工、独具匠心、举一反三、无限风光在险峰的学习风气。

四是拓展性。以教材为例子，要注重知识的源头、过程、联系、结合，以本节知识为核心作好辐射与延伸，引发学生浮想联翩，上接下连，左顾右盼，构建网络，形成综合连体。这样，拓展千丝万缕的联系，必然会呈燎原之势。

五是尝试性。高明的教师引导学生走路，笨拙的教师牵着学生走路，无能的教师代替学生走路。教学中最重要的是放手，让学生亲身感受、体验、分析、总结。懒惰是培养出来的，哪里有事无巨细、越俎代庖的教师，哪里就有快乐的懒汉和庸人。

六是实践性。有语云："我听见了就忘记了，我看见了就记住了，我做了就理解了。"所以，在引导学生学习时，要注重引导学生去动手实践和操作，注意联系实际，运用活生生的事例、学生的生活经历及听到、看到的事件来促进学生的理解、剖析、归纳、总结，把握事物的本质。

七是技巧性。任何事物都有内在的特点、规律，在学习过程中要善于发现、总结知识内在的技巧，分清层次，记住要点，开展好相应的总结。学生的学习不是死记知识，所以，教学要引导学生去找方法、寻规律、抓特征。

八是全员性。教学是为了每一个孩子，因此，不要搞精英教育，要对每一个学生负责，尤其对薄弱生要倍加关爱，尽最大可能提供方便、机会，让其展示自我，树立信心，培养勇敢精神和竞争意识，分层次教学，合理安排不同任务，逐渐缩小优弱差距，力争让最后一名也能成才。

九是主体性。把学习的权利、学习的空间、学习的机会、学习的快乐还给学生，教师扮演的是引导者、组织者、调控者，而不是主讲者、解答者、操作者。学生是课堂的主人，让他们当好竞争者、表达者、展示者。

十是合作性。师生、生生、组生、组组、优弱加强合作，互补共赢，相互点评、指正、借鉴、补充，以达到心灵碰撞、人格感染、智慧启迪的目的。

叶圣陶先生说的"教是为了不教"强调的是什么？是让学生学会学习，主动学习，学得更轻松愉快，激发他们的创造力。这种效果就是我们教学方式小课题开发的最高追求，是促进教师专业发展的重要动力源。

【谨记】

教学方式小课题开发，不仅在于教师自己改变了多少，更在于学生是否学会了学习和主动学习。

第二节　课堂教学小课题的研发策略

阿基米得说："给我一个支点，我就能撬动地球。"抓住课堂展开小课题开发，发现支点，撬动沉睡的教育资源，把课改搞得有声有色，这是所有教师的期盼。

进行小课题开发，要有很强的目的性。这就要求我们应该立足于眼前，解决迫切需要解决的具体问题，有效地改进教育教学工作。立足于长远，促使自我专业素养的提升，从而更好地服务于教育。课堂教学小课题的研发，需要我们建立"科学思维"，长远规划、合理设计，不断改进研究、促进反思，树立"从课堂中来回到课堂中去"的思想，促使改进课堂生命状态。

1. 找亮点

每位教师都有追求"亮点"、追求"新意"的情结。著名特级教师于永正说："一节课没有亮点意味着什么？它虽然不能和失败画等号，至少意味着平庸。这是很可怕的评价。"

在小课题开发过程中，发现并研究亮点，往往比找问题研究更有意义。分析课堂教学小课题开发的现状，便会发现，有价值的小课题开发，基点在于找准最初的亮点，发现了好的研究内容、研究方向，找到好的研究途径。大量的实践表明，教师通过找到亮点，更会快速找到有价值的课题，经过研究，并迅速取得成果。

原规则：亮点并不是随时都有，它瞬间即逝。

叶澜教授说："课堂应是向未知方向挺进的旅行，随时都有可能发现意外的通道和美丽的图景，而不是一切都必须遵循固定线路而没有激情的行程。"这一"动态生成"的过程，是学生与教师、同伴"思维碰撞、心灵沟通、情感融合"的过程，这个过程也自然伴随着许多意外与惊喜。这就是课堂教学的亮点，教师做小课题开发要及时抓住这些稍纵即逝的亮点。

"亮点"，即闪光之点。就课堂教学小课题而言，"亮点"系指教师为解决某学科课堂教学中疑点、难点、重点，而展开的有新意的教学活动。教师能在课题研究中学会研究亮点，就是教师将结合自己个性特点的、新颖的方法，积极应用于课堂教学中，并又积极转化为课堂教学的新的"亮点"，给学生创设充满活力富有诗意的课堂。

　　找到有价值的内容而研究，这几乎是所有研究者的理想。当前，由于在小课题开发中，研究的教师普遍存在着一个定式思维——无问题不研究，结果是新问题没有找到有效的策略，却忽视了课堂中亮点的存在。

　　小课题开发要发现亮点，总结形成的原因，而后放大亮点，全面推行好的经验与做法。但在研究中还存在以下现象：有的教师片面追求"亮点"，刻意制造"亮点"，结果违背教育规律，"剑走偏锋"。有的教师追风赶时尚，贴标签，不是为了解决课堂教学的难点、重点、疑点，不是为了学生的发展与幸福，而是脱离实际贪新求洋，热衷于标新立异，搞轰动效应。

一位校长写给教师们的信

老师们：

　　教师"找亮点"行动已经过半，我的感受也非常深刻。这次大型的教学研究活动确实发现了老师们的大量亮点，发现了不少备课组的教研亮点，确实可圈可点，可佩可敬。这充分说明，我们的教师队伍是一支完全可以使家长和学生信赖的队伍。

　　高一年级教师课堂教学亮相结束后，课下的亮点还要找，譬如：备课本的检查和作业本的检查。年级组必须在期中考试前16日晚收回所有备课本和全部作业本，作业本不管以什么样的形式呈现都行，可以是作业本、日记本、学案、练习册、作文本，反正我们要看的是教师的课下工夫，而且要评出等级，发放奖金。

　　高一年级教师要踊跃交回自己增加教后记的优秀学案、教案、课件，踊跃参加学校组织的课堂教学录像。只要你准备好了，就可以报教务处，我们请市教育局电教馆的同志进行录制，以光盘的形式呈现，以硬盘的形式保存，展示我校教师的教学风采，总标题就叫《吕中教师风采录》。

　　这次课堂亮相成功背后的原因是什么，值得我们每位教师去思考，也值得高二教师借鉴。我想有这么几条：

　　第一，一旦确定讲题题目，就要大量地寻找相关的信息、素材、图像，然后经过去粗取精，去伪存真，逻辑链接，有效提取，作为讲课丰富材料的源泉。

　　第二，结合课本实际，结合学生实际，反复修改教案和学案，征求组内老师们的意见，寻求指点和帮助，形成集体智慧的结晶。

　　第三，课前反复预演，精确计算时间，精确安排呈现方式。

　　第四，有效地组织学生进行预习，有效增加课堂容量。

　　第五，构建良好的师生关系，平时要培养学生合作学习、探究学习的良好习惯。

　　第六，平时要培养学生自主学习、主动学习的习惯，激励学生敢于发表自己见解的行为，创造生动活泼的课堂教学氛围。

　　第七，培养学生良好的读书习惯，积累知识和储备相关信息。足够的知识、信息储备量是课堂活跃、生动、条理、有效的前提。

第八，培养学生的观察能力、分析能力、操作能力、创新能力、逻辑推断能力、准确表达能力，是构建优质课堂教学的保障。

我们的老师们素质都比较高，不要再出现文人相轻，拿自己的长处去比别人的短处等旧有的陋习，而要豁然大度、诚实谦逊，不断挖掘自己的亮点，使其发扬光大，不断地寻找别人的亮点，汲取丰富的营养，使自己羽翼变得丰满，不断地寻找自己的短板，加以修补，提升自己的教学水平。

高二年级减去假期，高考还不到一年了。一种紧迫感、使命感油然而生，这个学校还没有高考的历史，第一炮能不能打响，全靠高二的各位同仁。高二的找亮点行动不同于高一，因为不是课改的年级，老百姓就盯着你的教学质量。明年高考考得怎么样，这决定着学校的命运和前途，也决定着大家的个人生计、前途和命运。

高二年级的课堂教学展示要认真地吸取高一年级的八点经验外，还必须注意以下几点。

第一，围绕高考三维目标展示亮点。

击中高考的考点，体现知识的形成过程和方法，注意学生的良好学习态度的培养，引领正确的人生价值取向，树立科学的人生观和世界观。

第二，围绕高考必考内容找亮点。

体现考纲，科学地运用考纲中的题型示例，科学地运用近年各地的高考试题，训练学生把握做题要点。做题要找准切入点和突破口，要找到思维的捷径，要找准文眼和关键词，切入中心，防止打擦边球。

第三，围绕科学利用多媒体找亮点。

多媒体利用必须适度，坚决反对华而不实。要评价多媒体课堂运用的信度（知识的科学性）和效度（能否提高高考成绩）。

第四，围绕教案和学案找亮点。

看教案的含金量（知识水平、知识结构、板书设计、课堂小结、教后记等）多高，要看学案是否在课前、课中得到有效地运用，其价值如何。

第五，围绕课堂教学的有效组织找亮点。

看师生的良好关系是否建立，看师生互动合作学习、探究性学习能否有效展开，看老师的引领作用怎样。

第六，围绕学生的评价、反馈找亮点。

听课教师要观察学生的面部表情、发言质量、互动合作状态，学案运用情况，思维跟进情况，来找老师的亮点。

各位老师，上好每一节课，获得学生的崇拜，获得家长的好评，是我们的立身之本，是我们的责任所在，是我们的人生追求，让我们一起努力吧。（宋应川）

【反思】

宋校长的建议书，从教师与学生、课内与课外等角度，对亮点产生的作用，以及产生过程进行了指引，虽然没有从课题的角度作阐释，但每一位研究者，应该能从中感悟关注亮点是一件多么有意义的事情。这些老师创造了精彩的课堂，每堂课亮点纷呈，他们的学生得到了享受。可是，仅仅是学生得到了享受还不够，还应该进行小课题开发，把这些思想方法记录下来，保留下来，这将是我们教育事业里最宝贵的财富。

在课堂教学中，抓住亮点进行小课题开发，我们应该思考两个策略：一是通过课堂发现亮点，而后围绕课堂的一些相关要求，将此变成小课题。二是进一步深入研讨亮点产生的前提条件、生成原理以及相关的注意事项，并进一步扩大实验范围，通过实践再去论证和完善课题，让其产生积极的正面效应，从而提升小课题的价值。

善于发现亮点，关键还在于能围绕亮点开展相关的研究。如，贴近生活的教学内容与"生动"课堂创设的相关性研究；和谐师生关系与"主动"课堂创设的相关性研究；"心动"课堂与教师幸福指数的相关性研究；创设有效情景促成"生动"课堂创设的实验研究；如何把握"互动"课堂中"互动"度的研究；如何促成"主动"课堂形成的研究……

在教师的潜意识里是否把"亮点"与"追风"、"潮流"简单地画等号呢？我们是不是喜欢用"新名词"来标新立异，喜欢用"新理论"来装点自己的课题，喜欢用"新模式"来粉饰自己的研究过程，如此做法岂能得到真正的亮点，如此的研究又怎么能有深度与广度呢？如此的行走行为只能导致我们心浮气躁，急功近利，我们的专业成长也无异于"缘木求鱼"。

【建议】

课堂中的"亮点"绝对不是无缘无故生成的，它来自于教师深厚的教育素养和学科素养，来自于对教学规律和教学原则的深刻把握和理解，来自于对学生的深入了解和关爱，来自于对教育理想的追求和高度的教育热情。

一是教师必须明白怎么找"亮点"。可以在学科研究的空白或边缘地带当中找亮点。对于这样的小课题选题要敢为人先，对某学科作深入的理解和阐释，并研究精要。可以在相互矛盾与对立的结论分析中找亮点，选题时要善于思考、勤于发掘、敢破盲点，并在此基础上开展小课题开发。可以在继承与扬弃的过程中总结提炼寻找亮点。对此我们要勤积累、多学习、细辨析，找寻可供进一步研究的亮点。课堂中出现的"亮点"，或者在听评他人的课中，或者在集体磨课中，它源于备课中的"软设计"，成于课堂中的"活动性"。一旦出现"亮点"，就要记载分析，分析生成原因和探究其可能的发展方向。要善于对小课题开发中新的思想，新的方法，新的内容，新的阶段成果，新的困惑等等学会分析、提炼、总结。

二是用亮点做课题。"亮点"建立在教师个人深厚的学养基础上，源于对教学的"软设计"。它不仅是课堂中的"亮点"，更是教师个人的"特长点"，教师专业发展的"延伸点"，教师小课题开发的"生长点"。因此，教师要乐于用"亮点"来做小课题开发，使课题研究和自己的特长相得益彰。

【谨记】

"亮点"是一粒蕴涵生命活力的种子，用它发芽成长的小课题必定枝繁叶茂。

2. 抓住薄弱环节

前面小节里，我们论述了通过找亮点的办法，加大实践力度从而提高课题研究的有效性。其实，在整个研究中，从自身课堂实际出发，仔细分析前一段的工作情况，在辩证认识、准确把握关键问题的基础上，切实找准抓住当前研究工作中的薄弱环节和突出问题，并认真分析原因、总结经验，有针对性地采取措施，这样的课题研究往往更能取得立竿见影的突破。

原规则：从弱点着手改进更易做得完美。

从改进薄弱环节入手进行小课题开发，有效提升课堂教学能力。薄弱环节，其实就是"木桶理论"中的"短板"。薄弱环节是工作中的弱项，是发展过程中的难题，是取得成效的"制约点"和"关键点"。只有控制"制约点"，把握"关键点"，深入进行研究和分析，才能有针对性地抓重点、抓要害、抓根本、抓主要矛盾，投入力量、制定对策，用关键环节的突破和主要问题的解决推进整体工作。

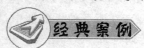

薄弱环节，客观存在，但事实上在小课题研究中要么被漠视不见，要么被"穷追不舍"。

小课题研究对薄弱环节漠视不见者，大多为理念落后的传统型授课教师。传统教师习惯于传授式教学设计，把自己定位于"传声筒"，经常使用的教学方法也是讲授式。很少在课题研究中分析自己是否具备上课的能力，也不考虑通过小课题研究解决自己教学过程中的薄弱环节，往往一节课有很多弱点，但是，却充耳不闻，漠然视之。

小课题研究中对薄弱环节"穷追不舍"者，大多为追求上进的课改型青年教师。这些青年教师授课理念先进、课堂开放，以学生为主体，课堂就呈现出一种多元的开放状态，所以课堂生成不断，更挑战老师的课堂驾驭能力，也更容易暴露老师的弱点，所以这些老师在课题研究中马不停蹄地寻找薄弱环节，把解决薄弱环节作为自己课堂小课题开发的内容，并取得了较理想的研究成效。

经典案例

小课题：站起来说

顾老师任教语文，最近为班上的学生不愿发言而大伤脑筋，的确，那样的课堂常常如入"无人之境"。经过一番思考，顾老师认为这可能是因为课堂时间紧，发言机会少，导致一部分学生的积极性被挫伤。于是，顾老师根据《中国青年报》文章的启示，尝试"站起来就说"。他对本班学生做了一个征求意见调查，54%的支持率让他颇感欣慰。然而真正实施起来，竟无一人主动站起来回答问题。在征求部分学生意见的基础上，顾老师感到光凭"激励"还不行，还得"强迫"，于是他又公布了一项新规定"每周每个学生语文课上主动发言不少于两次；凡少于两次的学生必须当众唱歌，必要时还得'请家长'……逐周累计发言次数，奖励前三名"。此举见效显著，课堂气氛随即"活跃"。然而，顾老师很快发现：少数同学是前半周看热闹，后半周胡乱找几个问题提提、答答，完全应付了事。针对这种情况，顾老师采取了"要点提问法"、"即时提问法"，对那些一堂课上一次都没主动发言以及心不在焉的学生突然提问。通过这样的"软硬兼施"，学生们的强迫感日渐消失，慢慢习惯了"站起来就说"的发言形式。

【反思】

读完以上案例，我们不难感受到，课堂教学中类似的薄弱环节非常多，并有很多共性。在改进薄弱环节上下工夫，它是一个带有普遍意义的工作方法，是一个易出成绩的方法，只要下了真工夫，一定就能见到立竿见影的效果。虽然小课题开发不是为了建构某种宏大的理论，也不是为了发现某种普遍规律，但却是教师自身发展的需要，这种需要既包括圆满完成教育教学任务的美好愿望，又包括教师提高自身专业素养的成长动机。抓住教学的薄弱环节进行坚持不懈的研究，能充分提升解决教育教学中遇到的实际问题的能力，这是教师应对"专业困境"所表现出来的问题的积极姿态。诸如上课时，学生不愿举手发言怎么办？学生抄袭作业怎么办？作文评讲课怎样更有实效？等等。也许这些问题有些小家子气，但它们恰恰又是众多一线教师在日常教学活动中遭遇的最为真实的难题，是影响着教师顺利组织教学活动的现实问题。

在教学过程中，要善于对这些薄弱环节进行反思。长期坚持反思，就一定能从自己的教学中发现更多的薄弱环节，再把薄弱环节在课堂教学中呈现的形态作为一个课堂小课题开发，这样不仅能使小课题研究更加实在，更具典型意义，还使教师自己在解决一个个薄弱环节中，专业素养得到螺旋式提升。

【建议】

开展课堂教学小课题开发，很有必要在改进薄弱环节上下工夫。这好比一个木桶，木桶容积的大小，不是由最长的桶帮木决定，而是由最短的桶帮木决定。在抓薄弱环节的小课题开发上，建议走好"三步"。

第一步，找到薄弱环节中的制约点，加强对其控制力度。在研究中找准主要问题，才能发现薄弱环节。用学生这面镜子找到教学的薄弱环节，用理论这面镜子分析教学的薄弱环节。如果一个教师只是根据学生的建议，没有认认真真地去学习，提高自己的理论能力，则很难发现自己教学中的问题。还要用同伴这面镜子找到课堂教学的薄弱环节。教师不是一个相对孤立的个体，他处在一个群体的环境之中，在这个群体中，容易出现一个开放的假象，实则将自己封闭起来，抓住薄弱环节的小课题开发需要教师主动走出自己的课堂，或主动邀请他人进入自己的课堂，通过同伴互助的办法，往往更易发现课堂教学中的薄弱环节。

第二步，挖掘自身潜能，选准突破口。我们要善于认识、挖掘、发挥自己的潜在优势，根据其优势以及现有条件，选准突破口，在教育、教学的某个方面（或几方面）逐步做到"人无我有，人有我优"，进而带动课堂教学工作的全面进展和整体优化。

第三步，利用所有资源，突破制约点。首先，可以通过学习、咨询、借助合作伙伴等途径获得思想、方法、技术等支持，为突破制约点奠定基础。其次，在面对薄弱环节时，树立信心，增强勇气，善于利用所有资源，切实提高解决薄弱环节的能力。最后，开启智慧之门，融入行动，开创改进薄弱环节小课题开发的新局面，实现新发展。

【谨记】

"抓薄弱环节研究"，是正视"弱点"，为小课题开发拓展出一条宽广途径的有效方式。

3. 注重整合

开展课堂教学的小课题开发，找亮点、抓住薄弱环节、注重整合，可称为最有效的三大策略。前面小节里，我们谈到开展小课题开发有很强的目的性，在找亮点与抓住薄弱环节而研究的两大策略的阐述中，指出了当前小课题开展中研讨策略无力而导致低效的原因，同时也指明课堂教学中的小课题开发必须注重有效性，即倡导研究有价值的课题，而注重整合就是有效的研究策略。

课堂教学中的整合，具体讲就是对不同来源、不同层次、不同结构、不同内容的课堂教学资源进行识别与选择、汲取与配置、激活和有机融合。在课堂教学中优化资源配置，开发出新的有效的课堂教学资源，获得整体的最优化，这是一个复杂的动态过程。

原规则：现代整合是一种创新趋势。

研究者具有整合的思想，是其具有开放意识的折射。在课堂教学小课题的研究过程中，注重课堂的合理整合非常重要。因为课程是教师、学生、教材、环境的整合，而且教材不是教学内容的全部，课本只是教学内容的代表与示范，而不是教学内容的唯一载体。课堂更不是学生获取知识和能力的唯一场所，教师也不是学生获取知识的唯一指导者。

 现象纪实

从宏观层面看我们的课堂改革，整合已经成为现代教育发展的大趋势。课堂整合大体有这样几种形式，一种是学科本身各教学内容之间的整合，如小学语文识字教学和阅读教学的整合，数学学科的建模活动与应用题整合等等；另一种是新课程教材中很多学科设计了综合性活动，这部分学习内容的关键就是整合；还有一种就是学科与学科之间的整合，这种整合着眼点更多地表现为在某一教学时间里，打破原有学科之间的界限，通过巧妙强化学科之间的联系，呈现一种更开放的课堂教学。例如数学学科的学科整合，是立足于数学学科，并向音乐、美术、信息技术等学科进行辐射，利用其他学科的知识和技术，帮助理解数学学科的教学重点、难点，达到更直观、形象、便捷的效果。这种形式目前较多地体现为信息技术与其他学科的整合，而且注重整合的小课题研究策略大都体现在"信息技术与某某课程的整合研究"上。

在注重整合的课题研究中，也有一些明显的误区，有的老师只是把相关内容变成技术与教学的简单"叠加"。有的教师认为只要引进多媒体、挂图以及开展一些有趣的活动就证明自己充分整合了课程资源，结果使得大量形式化资源充满课堂，而把课堂上"灵魂"的东西丢失了，造成"肥人田而荒己园"的局面。

 经典案例

数学活动课上的题画诗

在一次数学活动课上，正在开展学科整合研究的某教师，首先让学生欣赏宋朝大文豪苏东坡《百鸟归巢图》中的题画诗：归来一只复一只，三四五六七八只。凤凰何少鸟何多，啄尽人间千钟粟。在理解诗的大意后，引导欣赏前两句与"百鸟归巢图"的内在联

系，把诗中的数字写成一行。接着，引导学生仔细观察并思考："在这些数字之间加上运算符号，结果如何？"学生发现：$1+1+3×4+5×6+7×8＝100$。这样，含而不露地落实了图中的"百"字。学生感叹着说："苏东坡不仅诗写得好，还是一个妙用数字运算的数学大师。"而后教师又出示一幅生日寿联：花甲重开再增三七岁月，古稀双庆又添一个春秋。学生十分投入地算出老寿星的岁数后，无不称赞对联中运用数学的精湛艺术。

【反思】

这节活动课，表面看是对诗歌、对联的欣赏，实则是精彩的数学讲座！这个案例让我们认识到课堂教学研究中，只有落实科学的整合，才可能真正达到设定的研究目标。这就要求教师在进行学科整合的过程中，必须结合学生的实际情况，根据教学的需要，在该整合时才进行整合，即使能整合，也要注意不能喧宾夺主，要合理取舍，在不同的教法和内容之间做出恰当选择，在不同的教具之间捕捉教学灵感，优化教学过程，这样才能在单位时间内获取最大的教学效率。

在研究中，我们必须认清整合的本质是在先进的教育科学理论的指导下，对传统的教与学方式的转变，在整合中体现学生的主体地位，拓展学习的空间，培养学生的综合素质。教师要把握准课堂教学四个重要元素（教学内容、教学手段、教师、学生）的地位与作用，想一想自己要怎样进行科学合理的"整合"，才能使各个元素的地位与作用和传统教学过程相比发生某些改变。还要反思目前改变的程度有多大，哪些元素得到了改变，哪些还没有，原因在哪里？只有紧紧围绕这些问题进行分析，并做出相应的调整，才能通过小课题研究最终改变陈旧的课堂教学结构，促使课堂教学焕发出生命的气息。

开展课堂教学小课题开发，采用整合的策略加强课程资源整合理念的认识是非常重要的。课程资源是课程实施的重要保证，没有课程资源的支持，再美好的改革设想也不能变成实际的教育效果。按照课程资源的功能特点，可以把课程资源分为素材性课程资源和条件性课程资源。素材性课程资源指能进入课程、成为课程素材或来源的资源，比如教科书、网络信息、社区提供的信息等；条件性课程资源指有助于课程的进行，但只是提供有助于课程进行的条件，并不形成课程本身，比如教学大楼、电脑设备等。

教师在做小课题开发时，所筛选的课程资源不在于多么前沿，多么花哨，而在于必须接近学生生活、接近学生认知水平，能够使学生更有效地开展学习活动，促进他们良性发展。基于这点，教师就必须充分重视学生这一重要的资源，一切从学生出发。教师要善于抓住自己身边的资源以及一些重要的隐性资源进行整合，而不必刻意追求新颖、独特。

【建议】

课程资源整合的基点是学生，资源整合要避免形式化，在实际操作中，要实现教学资源的优化整合，以取得 $1+1$ 大于 2 的效果。

一是在整合思维的层面上要注意"三个有利于"。整合研究要有利于课堂教学的扩展。要切实掌握学生的心理和行为特点，了解他们的生活习惯、学习方式、个性特点等详细情况，以及他们的家庭背景，社会、自然环境等，据此来把握学生真正的学习需求，用以开发合适的教育教学资源为其所用。教师在整合教材时，要把书本内容与生活紧密相连，挖掘身边的鲜活材料，让他们在生活中学以致用，使老师和学生一同走进生活。对于学生资源，要注重对学生的鼓励和引导，充分发挥学生的积极主动性，激活学生的整体思维，将课堂教学引入纵深、引向高潮，培养学生自主的思维习惯和良好的学习能力。

整合研究要有利于课堂教学的深入。课堂教学的整合要突破教材、整合教材，就必须先吃透教材。如果我们认为教材的某一部分安排不合理，我们首先要思考教材为什么这样安排，要知其所以然，防止出现因为对教材精神没有吃透而制造的"冤案"。

整合研究要有利于学生思维状态的激活和提升。了解课堂教学某学科发展前景，熟悉某学科的特点，了解学生学习情感的状况。通过课堂整合研究让学生沉浸在课堂教学的深厚氛围中，乐而忘返，留恋不已。

二是在整合策略选择的层面上，要做到"三个善于"。善于重组。在研究过程中要敢于尝试、大胆创新，结合学情适时调整教学内容，重新编排教材，科学统筹，使得整套教材具有完整性、条理性，实现知识与能力水平的螺旋式上升；打破模块的框框，使得模块与模块之间、课时与课时之间的内容连贯、过渡自然、节奏得当。

善于集成。努力将各种分散的资源集成和集中起来，着眼长远，突出重点，以便将有限的资源投入到在实现战略意图过程中能发挥最大效用的领域。

善于借力。通过适度借用外部资源，有效弥补传统教育资源的不足，缩小教学目标与资源条件的差距。

【谨记】

小课题开发中，整合研究要突出主体，灵活机智，杜绝生搬硬套。

第三节　课堂教学小课题的设计

课题研究要重设计，唯有设计，方能出成果，也才能出课题。什么是设计，是指在进行某件事之前所做的有系统的计划或为了解决某个问题而实施的计划，它可以从精确性、细致性、系统性等方面去判断其效果的好坏。

课堂教学小课题开发的设计如同一份打通成功之路的蓝图，能够帮助我们在研究时明确正确的航向，凸显研究的重点，提供科学、系统性理论构思与科学方法，引领我们顺利、经济地达到研究的预期目的。同时，研究设计本身是否科学、合理和完善，直接关系到研究的进展过程，研究结论的可靠性、科学性。本小节就是试图通过探讨研究方案的设计、开题报告的撰写、结题报告需要注意的问题及策略，帮助更多的教师在课堂教学小课题开发中学会发现问题、研究问题、解决问题，避免小课题开发"流于形式"和"盲目跟风"，实现教师专业素养的稳步提升。

1. 研究方案的设计和撰写

教育科研在学校发展中起着先导作用，这已经逐渐成为教育工作者的共识。但不可否认的是，当今学校教育科研也面临着不少困难，存在着不少问题，主要表现为"三多三少"，即：课题多，精品少；论文多，成果少；人员多，人才少。其原因是多方面的，具体到一线教师，其中之一就是缺乏这方面的有效培训，特别是年轻教师，对如何开展教育科研还比较陌生，有的甚至连一个像样的课题研究方案都不知如何撰写。

原规则：研究方案设计的科学性，往往决定后期研究达到的高度。

教师的教育科研意识和教育科研能力是在研究中得到提升的，而一个合理的方案设计，更有助于教师高效地开展研究，在此，我们围绕最基础的"如何撰写小课题方案"这个话题，作进一步的探讨。

在实际的小课题开发中，虽然我们都能意识到研究方案撰写的重要性，并且能查阅有关的文献，但是尚有一部分课题研究方案，制订不够规范科学，这将直接影响今后有效地开展研究。其中主要问题在于研究课题名称的表述不准确、不规范，问题的提出没有针对性，研究指导的理论依据表述不清，研究对象的分析模糊，研究步骤与方法欠详细等，这些都是阻碍小课题开发进一步发展的障碍性因素。

"农村小学生课堂沉默的现状调查和对策研究"方案

一、问题的提出

1. 问题提出的背景

课堂上教师们都喜欢那些爱动脑筋，口齿清楚，声音响亮，积极发言，敢于交流的学生。然而老师们会发现，课堂上这样的学生只有一小部分，大部分学生都是"观众"和"听众"，特别是农村小学的孩子。沉默的学生往往表现各有不同。一是没有发言的愿望，心不在焉，对于老师提出的问题，漠不关心。二是……

2. 问题研究的必要性

许多学生课堂沉默已经是一个不争的事实，而且，情况还是相当严重的。首先，课堂沉默的学生人数众多。据观察，这些沉默的学生大约占本班学生的60％，几近三分之二，比例之重，令人惊讶，而且，似乎还有继续增加的趋势。其次……

二、课题的界定和依据

1. 课题界定

（1）关键词之一："农村小学生"。是指在农村小学就读的生在农村、长在农村的小学年段的学生。这些学生年龄小，并且由于地域的文化局限、家长文化水平的局限、教育条件的局限，呈现胆量小、见识少、能力弱、陌生感强等特点。

（2）关键词之二："课堂沉默"。"沉默"即不爱说笑（《现代汉语词典》）。这里的"课堂沉默"是指不爱说话、不会说话和不想说话现象，即不发言，不参与。课堂沉默有主观原因，也有客观原因；有知识储备不足的原因，也有发言能力欠缺的原因，还有信心不足、胆量不足的原因。

……

2. 政策、理论依据

（1）新课标的能力要求……

（2）新课程的指导思想……

（3）主体教育理论……

（4）人本教育理论……

（5）多元智能理论……

三、研究的内容

1. 农村小学生课堂发言的情况调查。……

2. 农村小学生课堂沉默的原因调查与分析。……

3. 制订"课堂沉默"的应对措施并付诸实践。……

4. 引导学生积极发言的个案研究。……

四、研究的过程与方法

1. 研究的过程

（1）申报阶段（2007年7月—8月）：认真选题，制订研究方案，申报课题。

（2）准备阶段（2007年9月—10月）：制订研究计划，进行文献研究，进行相关问卷调查、个别访谈、召开座谈会。

（3）实施阶段：（2007年11月—2008年3月）：分析原因，制订对策，并付诸实践。先进行个案研究，总结经验，然后推广至全班。同时，可以撰写相关研究论文。

（4）总结阶段：（2008年4月—5月）：收集整理课题研究的过程性资料，进行分析、归纳、提炼、总结，撰写研究报告，申请成果鉴定。

2. 方法的选择

（1）观察研究法。通过此方法了解课堂沉默的学生数量、学习习惯以及研究前后的变化。

（2）调查研究法。通过此方法去了解沉默学生的家庭、社会背景，进而了解他们沉默的原因。

（3）个案研究法。通过了解班级个别沉默严重的学生现状，制订措施，实施研究，观察结果，探索规律。

（4）文献研究法。通过对《教育学》、《心理学》等相关文献的研究，为此课题奠定理论基础；同时，了解同类课题研究的现状，为本课题研究提供借鉴，为创新性研究奠定基础。

（5）行动研究法。针对课堂沉默形成的原因，制订相应对策，在课堂上运用，观察效果，并根据反馈的问题，调整对策，继续深入研究。

五、研究的条件及研究成果

1. 研究者是一个积极进取、要求严格的一线教师，并热爱教育科研，关注学生的变化，善于反思。在校级教科研中积极主动研究，并获得学校好评。

2. 研究者一直奋战在一线，语文老师兼班主任，几乎每时每刻和学生在一起，有着足够的时间和空间观察学生、与学生交流，并深入实施课题研究。

3. 研究者教育教学改革的意识比较强，经常尝试进行教育教学改革实践，有相当的实践经验，并经常反思，因此每年都有案例获奖。

4. 预期研究成果：课题研究报告一份（理论与实践相结合，行动研究与个人研究相结合，调查结果明确和研究对策具有操作性）；相关论文一篇。

【反思】

课堂教学小课题开发方案设计是一个系统的过程，它需要考虑系统与因素、结构与功能、过程与状态之间的关系；课堂教学小课题开发方案设计有一种解决问题的价值取向，它需要对引发教学的活动进行估计，而这种估计同时又是评价的标准。从上述《农村小学生课堂沉默的现状调查和对策研究》（有删节）的方案设计中我们看到，课题设计方案撰写的质量，主要不在于文词的华美，研究目标的宏大，而是看课题研究的意义是否表述得充分、清晰，研究的目标是否明确、具体，研究的内容是否充实，研究的方法是否科学，研究的做法步骤是否切实可行。

一项研究工作不是空穴来风，而是针对具体的课堂教学问题，进行科学合理的预先设计。一般来说，制订研究方案前要思考三个问题：一是为什么而研究，研究的内容是什么。二是如何去研究，研究的方法是什么。三是研究的预期结果是什么，拿什么去保障研究的质量。

教师做课堂教学小课题方案设计，首先必须以高度精确和谨慎的态度，考虑许多可能影响小课题实施计划或受计划实施所影响的因素，如对教什么（课程和内容等）与怎么教（组织、方法、策略、手段及其他传媒工具的使用）等影响教学成功的因素都要考虑进去。否则，会导致时间的误用、资源的浪费甚至无效。其次，要理清课堂教学小课题开发方案主要包括哪些内容？第一，课堂教学小课题的目标是什么？第二，课堂教学小课题开发的策略有哪些？第三，我们如何检验小课题开发所达到的结果？如何收集分析课堂教学的原始材料？

【建议】

在撰写研究方案时，建议应对以下七个方面的内容准确把握。

一是课题名称（课题的表述）。一个好的课题名，要符合准确、规范、简洁、醒目的要求。准确，就是课题名称要把课题研究的问题（研究内容）是什么，研究的对象是什么交待清楚。规范，就是所用的词语、句型规范、科学，特别是结论式的句型不能用。简洁，就是名称不能太长，能不要的字尽量不要，一般不要超过 20 个字。

二是课题含义（课题的界定即研究对象与范围）。教育研究总是指向一定的对象，进行研究时必须先对之明确界定，以避免不同人从不同的视角来理解而带来混乱。说得通俗一些，就是要对课题名称中所涉及的重要概念、名词下一个比较明确的定义。

三是课题提出背景（研究的目的和意义）。作为课题方案，首先应对课题研究的背景和要达到的研究目的进行阐述，回答"为什么要进行研究"这样一个问题，研究它有什么价值。这一般可以先从现实需要方面去论述，指出现实当中存在的这个问题需要去研究，去解决，以及本课题的研究有什么实际的作用；然后，再写课题的理论和学术价值。这些都要写得具体一点，有针对性一点，不能漫无边际地空喊口号。

四是研究的目标。研究目标与研究目的是不同的。研究目的回答的是"为什么要进行这样的研究"，而研究目标阐述的是通过这样的研究，要达成哪些预期的效果。如"参与式合作备课的研究"，这个课题的研究目标是：有效落实课改理念；提高教育教学效率；促进教师专业成长；有效凝聚集体智慧；有效促进研究氛围；促进学校全面发展等。

五是研究的方法。研究方法主要是指教育研究方法；它回答如何研究的问题。教育研究的方法多种多样，主要有文献研究法、调查研究法、实验研究法、比较研究法、行动研究法、经验总结法等。有的研究可能采用单一的研究方法，有的研究则可能是多种方法综合运用。

六是研究的步骤。课题研究的步骤，也就是课题研究在时间和顺序上的安排。一般情况下，步骤基本上包括方案准备阶段，方案实施阶段，专家论证评价、总结验收和结题三个阶段。

七是成果形式。成果形式指最后的研究结果以什么形式出现。教育研究成果的主要形式有两类：一类是文本形式，如研究报告、论文、专著、个案集、研究日志、教学课例等。另一类是非文本形式，如音像制品、教具、学具等。研究成果究竟用哪种形式来呈现，必须要考虑与成果的内容相适应。

【谨记】

研究方案的设计直接折射出研究教师的研究水平，应融入智慧周到考虑。

2. 开题报告的撰写

开题报告就是课题方向确定之后，课题负责人或课题组主研人员在调查研究的基础上撰写的报请上级（或学校相应的科室）批准的选题、研究计划。它主要说明这个课题应该进行研究，自己有条件进行研究，准备如何开展研究等问题，是对课题的再论证和再设计。一般来讲，我们在做课堂教学小课题时，需要对课题研究方案进行设计、规划和制定。

对于课题研究，开题报告如同建筑师的蓝图。有了好的开题报告，才能使研究工作者有计划、有系统、有组织地开展研究工作，以保证课题研究任务的顺利完成。因此，制订开题报告是课题由设想转化为实际行动的关键步骤。本小节结合小课题开发实际，从开题报告的内涵、作用、结构等方面来谈谈应该如何规范撰写开题报告。当然，我们做小课题开发不同于完全意义上的科学研究，不必非常严格与规范，每位教师都可以有自己的程序与框架，不可千篇一律。

原规则：开题论证的完整性和可操作性，是后续研究强有力的支撑。

撰写课题开题报告是完善选题和有效研究的重要环节。正如学者文翁说过，"搞好开题报告的主要目的是促使大家理清研究思路，完善研究设计"。制订课题研究计划和安排，是为解决自己提出的问题提供探索的途径。课题开题报告，它初步规定了课题研究各方面的具体内容和步骤，对整个研究工作的顺利开展起着关键作用。对于研究经验较少的人来讲，一个好的开题报告，可以使他们明确课题研究的方向，避免发生进行一段时间后不知道下一步干什么的情况，保证整个研究工作有条不紊地进行。可以说，课题开题报告水平的高低，是一个课题质量与水平的重要反映。没有高质量的开题报告，就没有有价值的课题成果。

 现象纪实

当前许多一线教师由于过去从未接触过小课题开发，身边又缺乏专家指导，现在要申

报课题，撰写课题开题报告不知从何入手。

撰写小课题开发的开题报告是指为阐述、审核和确定小课题研究而做的专题书面报告，是做课题研究最重要的一环，它是课题研究实施的前瞻性计划和依据，是保障与监督课题质量的重要措施，同时也是训练我们提升科研能力与学术水平的重要途径。无数实践证明，大凡完成情况和质量都比较理想的小课题开发，开题报告都是做得一丝不苟的。相反，开题报告做得稀里糊涂的，研究过程也会稀里糊涂。

 经典案例

"小学数学'数的认识'典型教学案例研究"课题开题报告

一、课题的提出

随着课程改革的进一步深入，教学案例分析研究为人们越来越关注，它已成为教师成长中不可或缺的中介。通过对案例的分析可让教师把新的教学理念落实到教学实践中，有利于实现有效课堂教学。

……

为此，在"备好课，上好课"的大教研氛围下，为更好地开展校本研究，推动教研组的教研工作，我们想根据数学学科的内容，分板块研究，这样从下到上所有年级段的数学老师就可以围绕一个内容，有目的针对性地进行深入研究，教师之间也有了更多相互交流研讨的内容，教研活动将更为实效。

现集中优势兵力，依据教材的内容体系，以小板块"数的认识"切入，从一年级至六年级开展典型案例的研究，以提高我校教师的教研能力，特申请"小学数学'数的认识'典型教学案例研究"课题。

二、课题研究的目的意义

本课题研究的目的：申请此课题的研究旨在通过对"数的认识"这一内容教学案例的分析和研究，培训教师撰写教学案例，逐步提高教师对教学案例的剖析能力……

本课题研究的意义：1.发挥学校各数学教研组的功能，以促进学校数学教研。2.积累教研经验，提高数学教师的教学自省能力。

三、课题的界定

典型即具有代表性的教学内容或案例分析。

案例研究的中心词是案例。教学案例研究是教育理论与教育实践相结合的一种有效研究方法。

教学案例是以叙事的形式来描述富有深刻道理的教学事件。它具有叙事的一般特征……本课题是在"数的认识"这部分教学内容里，对一些具有代表性的教学案例进行分析比较，对其共性的内容开展相关研讨，以获取有价值的教学经验。

四、课题研究的主要内容

1.调查分析本校数学教师对有关"数的认识"这一部分相关数学知识的掌握以及对教材理解把握水平的现状。

……

五、课题研究预计有哪些突破

1. 对小学阶段的"数的认识"教学内容进行系统梳理，有利于教师构建一个较为完整的"数的认识"内容体系和教学框架。

2. 通过对教学案例的分析研究，提高教师对教学案例的撰写水平，整理出相关教学内容的教案集或案例分析集。

……

六、课题研究的基本思路和主要方法

本课题研究的基本思路是：

借鉴现有的教学案例研究成果，边实践边研究，在不断总结实践中探索该内容框架下的教与学的策略和方法，并在实践中检验。

本课题研究的方法有：

文献综述法：用文献综述法对各年级段的有关"数的认识"教学案例现状进行文献综述后在全校数学教师中开展理论学习。

课例研究法：通过课堂教学跟踪，对实践活动的教学案例，对教与学中的问题和成效进行共性和非共性分析。

量表调查法：对课堂教学进行前测和后测，并对其效果进行检测分析。

七、完成本课题的条件及可能存在的问题

人员结构：从业务角度看，有市骨干教师2人（含市教坛新星1人），校骨干教师6人，省教坛新星1人。从年龄结构看，既有一定教学经验的中年教师，又有精力充沛的青年教师，有利于课题的顺利实施。

资料准备：校图书室的藏书、教学报纸杂志都比较丰富，课题组成员都能熟练使用计算机网络，可以在网上下载资料。

经费保障：学校提供课题所需一切费用。

八、可能存在的困难和解决对策

1. 运用量表的分析需要理论的支持，在科学性的把握上有一定的困难，一方面加强理论学习，另一方面需要取得各方面的支持，加强沟通交流。

2. 对系列案例的剖析诊断，进行理论的提升，特别需要专家的引领和指导。

……

九、课题研究计划

人员分工：

课题研究方案的制定：吴学军……

分年级段进行文献综述：夏敏……

分年级段进行研究方案的制订：夏敏……

分年级段进行研究方案的实施：翟萍……

本课题研究资料搜集整理：何德云……

课题研究报告撰写：吴学军……

本教学内容按年级段划分：（人教社新课程标准实验教材）见附表一

研究步骤：

准备阶段：（2009.10－2010.2）

制定研究方案，进行开题论证，对"数的认识"教学内容进行系统梳理，对本校数学教师有关"数的认识"这一部分相关数学知识以及教材的理解把握水平现状，进行调查分析。

　　实施阶段：（2010.2—2011.2）

　　分年级段进行案例分析和课堂教学跟踪及教与学中的问题和成效分析。

　　总结阶段：（2011.2—2011.7）

　　课题研究报告的撰写。

　　十、成果形式：

　　典型教学案例集　研究论文集　研究报告

　　十一、参考文献：

　　1.《新课程小学数学评课的理论与实践》ISBN 7—80602—904—4 陈亚明编 宁波出版社 2005 年 9 月

　　2.《小学数学新课程课堂教学案例》ISBN 7—5361—2894—0 陈清容主编 广东高等教育出版社 2003 年 9 月

　　……

（安徽马鞍山市实验小学　吴学军　裴振年）

【反思】

　　首先我们必须看到，这份开题报告和上份研究方案何其相似，雷同地方有很多，同时我们必须明晰地看到，在开题报告开始部分中有这样的表述：特申请"小学数学'数的认识'典型教学案例研究"课题，在准备阶段也有表述：制订研究方案，进行开题论证。这些地方实际上就已经告诉我们研究方案和开题报告是不同的。开题报告，就是当课题方向确定之后，课题负责人在调查研究的基础上撰写的报请上级批准的选题计划。而研究方案，就是课题确定之后，研究人员在正式进行研究之前制订的整个课题研究的工作计划，它初步规定了课题研究各方面的具体内容和步骤。

　　写开题报告的目的，是要请上级主管部门和专家帮我们判断一下：这个问题有没有研究价值，这个研究方法有没有可能奏效，这个论证逻辑有没有明显缺陷。这是我们要把小课题做实做大做强的寻求外援的一种形式，所以我们必须要以一个严谨规范的学术研究态度，不断寻求严谨规范的方法为支撑，为自己的成长夯实根基。

　　实际上，写开题报告是自我成长的一种方式，是打开教科研大门的一把"金钥匙"。我们可以从中进行如何学习文献，如何设计、确定方案，如何设定目标、实现目标，如何预估困难、制订计划，如何调查研究，如何分析问题、归纳问题、提出问题。"汝果欲学诗，功夫在诗外"。我们进行课题研究，重要的还是要做好基础性工作，要多方面地收集资料，要加强理论学习，在熟悉了别人在这方面的研究的基础上，选择更高层次、更有价值的东西去研究，只有这样制订出的开题报告才能更科学、更完善。

【建议】

　　课题开题报告的写法根据课题研究的类别不同而略有不同。但一般地说，小课题开题报告主要包括以下几个方面：

　　一是课题名称。课题名称不能太长，要简明扼要，通俗易懂，能不要的文字就尽量不用，但要尽可能表明三点：研究对象、研究问题和研究方法。

二是课题研究的目的、意义。要阐明课题研究的背景，即根据什么、受什么启发而进行这项研究的。要阐明为什么要研究这个课题，研究它有什么价值，能解决什么问题。要认真、仔细查阅与本课题有关的文献资料，了解前人或他人对本课题或有关问题所做的研究及研究的指导思想、研究范围、方法、成果等。把已有的研究成果作为自己的研究起点，并从中发现以往的不足，确认自己的创意，从而确定自己研究的特色或突破点。

三是课题研究的目标。目标决定着课题研究的方向与走向。一方面要考虑课题本身的要求，另一方面要考虑课题组实际的工作条件与工作水平。

四是课题研究的基本内容。目前在这方面存在的主要问题是：只有课题而无具体研究内容；研究内容与课题不吻合；课题很大而研究内容却很少；把研究的目的、意义当做研究内容。这对我们整个课题研究十分不利。因此，我们要学会把课题进行分解，一点一点地去做。

五是课题研究的方法。任何科学研究除了要应用哲学方法和一般科学方法之外，还要有具体的研究方法、技术手段。"研究方法"这部分，主要反映一项课题的研究通过什么方法来验证我们的假设，为什么要用这个方法？以及要"做什么"、"怎么做"。一个大的课题往往需要多种方法，小的课题可能主要是一种方法，但也要利用其他方法。我们在应用各种方法时，一定要严格按照每一具体研究方法的要求，不能凭经验、常识去做。比如，我们要通过对实际情况的调查制订调查表，然后再进行真实而准确的调查，再根据调查的结果进行广泛而真切地分析。这是小课题开发中必须注意的问题。

六是课题研究的步骤和计划。课题研究的步骤，就是在时间和顺序上的安排。研究的步骤要充分考虑研究内容的相互关系和难易程度，一般情况下，都是从基础性问题开始，分阶段进行。每一阶段从什么时间开始，至什么时间结束都要有规定。各阶段的工作任务和要求，不仅要胸中有数，还要落实到书面计划中。

七是课题预期的成果与表现形式。课题研究成果预测即研究过程可能出现哪些情况、问题？研究会带来什么成果？有什么对策？其中，课题研究的成果形式包括研究报告、教育论文、专著、软件、课件等。课题不同，研究成果的内容、形式也不一样，但不管如何，是必须要在开题报告显示预期成果的。

八是课题研究的组织机构和人员分工。在开题报告中，要确定课题组长、副组长、课题组成员以及分工的情况。课题组组长就是本课题的负责人。一个课题组应该包括三方面的人，一是有权之士，二是有识之士，三是有志之士。课题组的分工必须明确合理，让每个人了解自己的工作和责任。当然在分工的基础上，也要注意全体人员的合作，大家共同研究，共同商讨，克服研究过程中的各种困难和问题。

九是课题研究的经费及设备条件需要。对课题研究有价值的资料，如有关测验题和问卷题等与研究工作有关的材料、经费预算及需要的设备，都必须写清楚。但要实事求是，不能胡写乱要。

【谨记】

如果能将小课题开题报告做成功，其小课题开发便已取得一半的成功。

3. 结题报告的撰写

撰写结题报告标志着小课题开发进入总结阶段，该阶段的主要任务有：检测最终的教育效果；总结经验，发现规律，收获研究成果，撰写结题报告；鉴定研究成果；研究和部署成果的传播与推广；申报有关部门的评优评奖工作等。其中的重中之重是撰写《课题结题报告》。它是一项课题研究的成果报告，是该课题研究成果的最高表现形式，是上级主管部门和专家为课题研究成果做鉴定的主要依据，通过鉴定后又是参与评优评奖的成果主件。

结题报告由课题研究人员撰写，旨在反映课题研究过程和结果的书面材料。是课题实验研究的最后环节，是课题实验研究工作全过程的缩影，是实验研究结果的文字记载。是针对某种教育现象，某一教育课题或某种教育理论进行调查研究、实验或论证后所得出的新的教育观点、新的教育思想、新的教育方法或新的教育理论。课题结题报告不同于上小节的课题开题报告，课题开题报告侧重于研究成果的预测性表述，而结题报告则侧重于回顾过程和研究成果的终结性阐释。

原规则：完美的炼研过程，决定着小课题研究的成败。

评判一个课题的研究质量如何，能不能通过验收，值不值得推广，就看他在结题报告中对问题背景、研究策略、研究过程、数据分析、研究成果等等的表述，所取得的成果是不是达到了预期的研究目标。在撰写结题报告时，认真回顾研究过程，真实提炼研究成果，往往会让小课题研究因有效的结题报告而更精彩，更完美。在总结提炼时，一定不能忽略研究目标与研究成果之间这一内在的联系，一定不能忽视对实验过程的二度反思。

小课题的结题报告既是对研究结果的说明，又是研究的直接成果。俗话说："编筐编篓，重在收口。"从应用写作的角度考察，课题结题报告可以分为标题、前言、正文、结尾和附件等五个部分。结题报告承担着向上级汇报开展研究工作的情况和成果，取得上级的承认、支持和理解；结题报告便于在同行之间进行交流，扩大影响自己的研究成果；结题报告可以培养自己归纳、总结、概括、推理和论述能力，可以学会展示自己的工作和成果，总结和反思自己的研究工作，不断提高自己的科研水平。纵观当前大部分小课题的结题报告发现，虽然我们付出了努力，也有很多收获，但是由于小课题在目前还是新生事物，在实际操作中还是不断有新问题出现，往往不能很好地陈述研究过程、呈现研究成果，给课题的综合评估和推广带来困难。

"在数学教学中加强口算能力培养"小课题结题报告

一、课题提出的背景

《新课程标准》指出："义务教育阶段应突出体现教学的基础性和发展性。"作为口算能力，它是学习数学的基础，而且口算能力的高低，对学生基本的运算能力有着极其重要的影响；口算能力的训练，有助于培养学生敏锐的观察力，有助于培养学生综合的思维能力，有助于培养学生的快速反应能力，有助于增强学生的创新意识。二年级上册教材有一多半是表内乘除法的计算教学，因此加强口算教学显得尤为重要。

二、课题界定与理论依据

计算能力是每个人必须具备的一项基本能力，培养学生的计算能力是小学数学的一项重要任务，是学生今后学习数学的重要基础。学生的口算，是从 10 以内数的认识及口算开始的，20 以内数的学习和口算能力的培养，是基本运算的关键时期，无论是将来的加、减、乘、除，还是开方、乘方等复杂的计算，都离不开 20 以内数的口算这个基础。"学习的迁移又叫训练迁移，是指一种学习对另一种学习的影响。"学生的笔算离不开口算做基础，口算能力的高低也影响着学生的计算能力。因此，学生的口算能力，对笔算的计算速度，将起着至关重要的作用。实践证明，四则混合运算出错率的高低，究其原因也主要取决于口算的熟练程度。

三、研究目标、内容和方法

研究目标：

（1）激发学生学习兴趣。

（2）教给学生口算方法。

（3）培养学生养成良好的口算习惯。

①审题习惯。帮助学生克服不审题，提笔就算的毛病。

②思考习惯。引导学生形成一种勤于思考，寻找最简算法的习惯。

③检验习惯。要培养学生认真负责的学习态度，养成自觉检验的习惯。同时，教师要注意让学生掌握基本的检验方法，如估算等。

④改错习惯。要培养学生主动分析自己的错误，并加以改正的良好习惯。

研究对象：镇江市解放路小学二（2）（3）班学生。

在研究内容上，本课题的研究主要确立了以下几个方面：

一是小学二年级学生数学口算能力现状。

二是小学二年级学生数学口算能力培养的途径有哪些？

方法主要采用（1）行动研究法。（2）调查研究法。（3）经验总结法等。

具体过程如下：

（一）对学生口算情况调查

对班级学生口算情况调查，共发放调查问卷 82 份，回收调查问卷 82 份。

通过对班级全部学生的综合调查，其基本结果为：（1）喜欢做计算题的学生占 51.61%，不喜欢做计算题的学生占 48.39%；

（二）剖析影响口算能力的因素

（三）探索提高学生数学口算能力的对策

四、课题研究的结果

1. 初步找到了影响低年级学生口算能力的原因，并探索出提高低年级学生数学口算能力的措施，它们主要包括五个方面：（1）培养学生口算的兴趣。（2）培养学生良好的口算习惯。（3）培养认真演算的习惯。（4）培养坚强的意志。（5）重视口算训练。（6）安排专门的改错课。

2. 经过近三年的课题研究，运用以上措施对学生数学口算能力的提高产生的效果：

（1）学生对于口算题的兴趣正逐步增强。在课题研究的实践探索中，逐步改善了数学教学的模式，坚持口算天天练，充分利用挂图、教具和教学光盘来激发学生口算的欲望。

（2）……

（以下略）

五、课题研究的反思

通过对本课题的研究，让我正视长期以来在数学教育教学中存在的问题，并逐步改正。同时，也使我对小学的数学教学有了更新更全面的认识，对学生在数学学习中出现的某些问题有了更深入的思考，也进一步增强了自己对教育、教学的责任心。

（一）算法建模，形成技能。（略）

（二）多管齐下，训练技能。（略）

【反思】

上述案例所呈现的是结题报告的一般结构、主要内容和写作方法。其实我们细细分析就会发现，主要包括两大项：一是研究概况，一是研究成果。研究概况，简述该课题的研究设计，回答"为什么要研究这个课题"和"计划怎样进行研究"。该课题的实际运行情况，回答"实际是怎样进行研究的"。研究概况是结题报告的略写部分。在教育科研中，用什么来证明我们的教育理念是科学的、先进的？用什么来证明我们的教育方法是科学的、有效的？那就是反映在研究对象身心上的变化，就是实实在在的教育效果。因此，研究成果是结题报告非常重要的组成部分。写研究成果要用事实说话，事实可以用"统计数据"和"典型事例（人和事）"来表述，并通过"分析"这些事实来评估研究的成果，这样就把定量分析、定性分析和典型分析三者结合起来了。

在撰写小课题的结题报告时，当思的两个问题是数据统计和选择典型事例。

关于数据统计，数据是通过调查、观察、测验、评定、作品分析等方法获得的，数据要真实可靠、准确无误，要有一定的量。最好有前测数据和后测数据，以便进行对比分析。有条件的还应该有阶段数据（如中期数据），以便进行发展过程（前测、中测、后测）的分析。

数据最好用表或图来呈现，如表格、饼形图（呈现整体中部分的百分比）、柱形图（呈现前测与后测、试验组与对照组的比较）、折线图（呈现团体或个体的发展过程和趋势）。图表前一定要有说明，说明数据的来源（检测的时间、人数、内容、方法）。图表后一定要有分析，分析数据和事例的意义，评估教育效果的程度；分析有效、少效或无效的原因等。

图表中的数据，还可以再分解，获得一些"新数据"，以便进行深入的分析。

关于典型事例。在教育科研中，有些研究成果是无法量化的，很难用数据呈现。经验表明，用典型人物的变化和发生的典型事例（典型事件、学生作品、家长来信等）来说明教育效果，是一种好办法。这个办法直观形象，具体生动，有说服力，而且是对数据的必要印证和补充。所以在撰写小课题的结题报告时注意遴选"典型"，抓住能直接反映教育效果的人和事。那么在小课题开发中怎么去发现那些真实、具体、鲜活、生动的人和事呢？我们在课题研究中被确定的"个案研究对象"、"重点观察对象"，以及有一定代表性的人和事等都是，这就要求我们在研究过程中多关注和培养他们（研究前的状况、研究过程中的个别辅导、研究后的状况），以高度的敏锐性，及时发现和记录发生的典型事例，以备写结题报告时使用。

【建议】

小课题的结题报告不是课题论证，也不是研究方案，只要把课题研究的来龙去脉、研究思路、研究过程和研究成果讲清楚就可以了，不必长篇大论地展开叙述。当然，也不能过于简单，把应该交代的问题漏掉。如写清研究目的、研究假说、研究对象等；其余问题如研究的背景、理论基础、研究内容和方法等，则可以简要地叙述。在此建议：

一要能再次阅读小课题立项时所引的理论资料和近年来学科教研、课堂教学等有关的新信息。撰写时要重新熟悉课题研究领域内的相关情况，他人研究的理论观点、成果、动态和方法，以及应用于实际后的问题和建议等。

二要能详尽收集各阶段的过程性探索、研究资料。这些资料包括：课题研究的实施材料、效果材料、参考材料以及原来撰写的课题研究的文件材料等。能否全面地占有材料，关系到课题研究报告在多大程度上能反映出课题研究的深度和广度，以及课题的理论价值和实践价值。

三要能重新审视整个实验研究过程，尤其是认真审视实验研究论文里的观点。要做好数据分析，如把项目并列的数据排序，看看哪个项目的效果最好，哪个项目的效果最差，并分析其原因，反思研究中哪些有效哪些无效。把总体数据按性别进行再统计，生成新的数据，看看在效果上有无性别差异，并分析其原因，反思教育行动是否既适合男生又适合女生。把总体数据按年级进行再统计，生成新的数据，看看在效果上有无年级差异，并分析其原因，反思教育行动的年级适应性。把总体数据按不同家庭背景进行再统计，生成新的数据，看看在效果上有无家庭背景的差异，并分析其原因，反思教育行动对不同家庭背景的针对性。

四要能在数据统计和典型人和事的基础上，提炼出该课题的创新观点。通过分析、综合、比较、抽象和概括，进行去粗取精、去伪存真、由此及彼、由表及里的分析，对教育效果做出由部分到整体的比较科学、比较客观的评估。围绕课题研究中的教育行动来写，如在教育行动中哪些最有效哪些无效，从中可以提炼出哪些经验观点，其观点内涵和操作要领是什么，是否发现了带规律性的问题；围绕课题研究的科研方法来写，如在规范地运用科研方法上有什么经验，有什么创新和特色。需要注意的是，课题的教育效果评估要实事求是，既不能夸大成绩，也不能回避和掩盖问题，更不能弄虚作假，自欺欺人。

小课题开发是一项系统工程，它具有过程性和有序性。一线教师由于受到个体时间、人力、物力、财力等方面主客观条件局限，自己历经千辛万苦研究的课题成果往往有可能被深埋"地下"；那么，如何得到专家指导，同行认可，如何提升自己的研究素质，这就要准确地撰写好结题报告。因此，我们必须高度重视结题报告的写作，高质量地去呈现一个真实、全面、客观的研究过程。

【谨记】

小课题开发的结题报告不等于小论文的写作。

第四讲 班级管理小课题的开发

> 作为一位班级管理者，做不了大事，就做小事；做不了事实，做虚事。总之，只要在做事，就不会恶虚度时光的感觉。
>
> ——题记

班级管理的目标，指向人的发展。而人的发展，应当是和谐的、可持续的。我们的班级管理，永远处于动态的发展变化之中，不但如此，有时甚至会有始料不及的事情发生。而班级管理中这些不断变化着的事情，却是一个个值得研究的课题。在这些问题的研究解决过程中，班级管理会更加人文化、人性化，更好地促进班级文化建设。

班级管理是十分复杂的，而要取得班级管理的成功，就必须精选小课题。我们在选择班级小课题时，必须抓住那些关键的，牵一发而动全身的问题来开发和研究。面对班级管理问题，必须讲究策略，而研究也是如此。所以，班级管理小课题的开发，从一定程度上来说，就是对管理策略的开发和研究。留心教育生活中的每一个问题，不放过每一个可以研究的问题，是班主任工作的责任，也是班主任必须具备的科研意识。

班级管理小课题的开发重在过程。坚守过程，彰显过程，亲历过程，我们的班级管理小课题的开发才能真正源于班级、植根班级、发展班级。在本章节中，我们力求通过典型案例的讲述，感悟班级管理小课题开发的实际意义，探讨班级小课题的分类、开发的策略与方法以及班级管理小课题的设计，从而提升班级管理文化品质。

第一节 班级管理小课题的分类

自从教育制度上有了"班级"，便出现了班级管理。人们比较一致地认为 17 世纪捷克教育家阿姆斯·夸美纽斯是"班级"的真正奠基者，而现代中国学制一经产生，就有班级以及班主任的存在。因此，班级管理是一个永恒的课题，不论是过去还是现在，不论是国内还是国外，人们一直在研究班级管理的有效性。

小课题开发，择其工作重点内容进行研究，是其成功的关键。在班级管理中，班干部的培养、学生的个性发展以及班级文化的形成等，是班主任工作的重中之重。在这一小节，我们将针对这三个重点展开论述，给开发班级管理小课题选择研究对象提供方向性的思考。

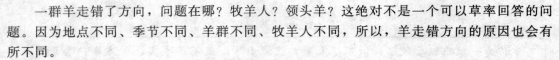

1. 班干部培养研究

一群羊走错了方向，问题在哪？牧羊人？领头羊？这绝对不是一个可以草率回答的问题。因为地点不同、季节不同、羊群不同、牧羊人不同，所以，羊走错方向的原因也会有所不同。

在班级管理中，抓好班干部的选拔和培养是基础，而选拔和培养又是相辅相成的。虽然这不像其他领域那样有培养持续发展人才的观念，也不像企业那样培养金字塔式管理人才的方法，但也有相通的地方，比如替手第一的观点。

原规则：围绕班干部自主管理能力培养能找到无穷的小课题。

教师变得优秀，全因为他能从班级管理中摸索出一套教育人的方法。班干部是班主任的得力助手，是全班同学学习、生活的带头人。实践证明，有良好的班干部团队，班主任的工作意图很快就能贯彻和落实，班级各方面工作就能顺利开展。可以说，班干部的素养及其工作能力，直接影响到班级管理目标的实现，直接影响到班风学风的状况。

 **现象纪实**

传统班干部的选拔方式，对班风学风的形成已产生了诸多负面影响。一般情况下，班干部产生的情况有两种，一种是成绩优异者，一种是能力突出者。成绩优异者，即使管理能力差点、自己也有各种弱点，但由于成绩优异，其威信也能由班主任老师在学生中间树立起来，所以，绝大多数是"终身制"。目前很多班主任单凭一己之见，对能力突出者采取"任命制"。即使学习比较弱，但是由于某项能力突出，组织班级活动得力，一旦被任命，也在班里成为独一无二的角色，这两种方法，只能导致"少数制"。长此以往，占班上大多数的那些成绩不优异者、能力不突出者则被永远冷落，成了"被老师遗忘的角落"，成为"一棵无人知道的小草"，独自成长、独自枯萎。更可怕的是，他们成为班级管理的看客，没有班级主人翁心态，怎能形成活泼积极的班风、合作互助的学风？

经典案例

长春明德小学设立轮换班干部

在明德小学，学校班级干部胸前都佩戴着一张卡，常务班干部上面是红色的字，而轮换班干部则是绿色的字。校长初颖说："学校采用这种方法，就是希望孩子们从小能有责任感。"

初校长说，以前在人们的观念中，传统的班级工作就是班主任"一统天下"，学生干部和学生只是执行者。实施班级干部轮换制后，提倡"把班级还给学生"，让全体学生真正成为班级的主人，与班主任一起来管理和经营班级。班级共设有班长、学习委员、生活委员、体育委员、纪律委员、宣传委员、文艺委员等职务，每种职务分为常务和轮换两种岗位。而竞选班干部也是通过竞职演说、民主投票来确定常务班干部。常务班干部负责本学期的班级管理工作，其他同学可根据自己的特长自由申报轮换岗位，在常务班干部指导下负责当天的工作。轮换班干部的工作期限也跟他们的工作成效有关系，工作成效好的还有机会当选常务班干部。

【反思】

长春明德小学的班干部轮换制，给了每个孩子尝试的机会。现在的孩子大多都是独生子女，上学前与其他小朋友接触特别少，很容易形成一种自私心理。明德小学实行的常务班干部和轮流班干部的教育方式，可以让每个学生都得到锻炼的机会。在每个学生当班干部时，他们会生发出一种集体荣誉感，从而会更努力学习，并做好各方面的班级工作。学生们会有一种相互比较的心理，比谁当班干部时做得更好，有利于学生形成一种竞争的精神。这种教育管理方式会增强学生的责任心，培养学生的合作、共处、探究等方面的能力，全方位地促进了学生的发展。这为孩子在未来融入社会，成为社会的好公民做好了铺垫。

班干部的培养要讲究学生平等原则，要回归教育的本真。北京师范大学进行的一项国内《初中生的班干部角色认知调查研究》很能说明这个问题，这项调查显示大多数学生认可班干部的任务分配权、决策权，不认可班干部的人员调动权、惩罚权、优先获得荣誉权，但无论是班干部还是非班干部都认为这种隐性权力确实存在。教育学者熊丙奇对记者表示，中国的教育管理制度没有定位好学生的角色，滋长了学生的权力意识，与平等原则相违背，"异化了教育的本质"。童话大王郑渊洁一条微博也说明了作家对这种现象的自我思考，微博称小学班干部制度是在培养"汉奸"，并列举三个特点：一是为强权效力；二是告密；三是奴役同胞。微博还称，发达国家小学没有该制度，建议取消，让孩子平等成长。

做班干部培养的小课题开发，需要以身边的某些班级案例为基础，分析该班级在班干部培养中的特色创举和存在的问题，进而展开研究和培养，并在此过程中，发扬优点，弥补不足，提高和完善班干部培养的新型理论，为本班班干部培养开辟出一条符合教育本真的闪光之路。

【建议】

班干部培养研究作为班级管理小课题开发的一个重点，建议研究者做好以下几个方面：

一是多注意一些案例研究。教师对班干部培养中已经发生的具有问题性、故事性和典型性的教育案例进行理性分析，进而选择有研究价值的课题。

二是要在自己的班级管理实践中研究。从班干部的身上不仅能看出班级的凝聚力，更能检测出班主任的班级管理理念新旧以及管理的成效。通常班干部的培养采取的途径，首先是要做好班干部的物色。通过自荐、同学推荐、老师引荐的方法，让每位学生都来参与竞选。其次是培训。研究培训的方式方法，通过培训学习，让他们掌握一些基本的管理方法，而后再在管理中提升管理能力。再次坚持在使用中培养，在管理中学会管理，在实践中得到成长。

三是以全体学生的全面发展为其研究的最终目标。培养班干部，最终目标是培养好班集体中的每一个人。一方面，班干部作为联系老师和学生之间的纽带，作为学生的代言人，应协调好师生之间的关系，促使班里的每一个同学都得到属于他们自己的发展。另一

方面，要通过轮流班干部制、一日班干部制等措施，使每一位学生在班干部的岗位上得到锻炼与培养，使班干部成为全体学生成长的平台。

【谨记】

班干部培养课题研究，只有面向全体学生，找到激发每个学生潜力的最佳方法，方才会推动班级管理上新台阶。

2. 学生个性发展研究

蔡元培先生曾坦言："知教育者，与其守成法，毋宁尚自然；与其求划一，毋宁展个性。"在班级管理中，全面提高学生素质，挖掘学生特长，张扬学生个性，让每一位学生成为独一无二的"花朵"，学校才能变成一座异彩纷呈的百花园。

原规则：只要真正地对学生尊重和关注，就能找到班级管理研究的基石。

当前，国内外有很多人把个性、特长、素质教育三者有机地联系在一起进行研究，这为我们深入研究学生的个性发展提供了广阔的空间。比如小课题开发时，寻找学生个性中值得张扬的地方，要探究激励的方式方法，使之健康成长，惠及社会及他人；对需要"修枝剪叶"的地方，要探究使用温和的教育方法，使之自我反省并进而收敛自己的言行，涵养自己的道德。

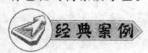
现象纪实

目前，在班级管理中，班主任一般采取"一刀切"的方式开展教育教学活动，班规、班约对每一位学生都以"一视同仁"为理由要求严格遵守。如此做法，很难全面关注每一个学生的个体差异和个性发展，无法适应思想个性不同、学习方法不同等学生的不同需求。

纵观无数的班级管理小课题开发，围绕学生个性发展进行研究的目的多为以下三个方面：一是形成个性化、特色化的班级文化，寻找个性、特长、素质教育培养的原则与结合契机。二是依托校本课程体系，构建合理的管理结构，以课程意识规范班级管理，使其成为一种常态的、自然的、有保障的个性化教育。三是丰富多彩的文化活动，培养个性化、特色化的高素质学生。

经典案例

"中国印象"和"弘扬学生个性"

故事一：7月15日，"汉语桥"德国中学生夏令营的64名德国师生来到山东济宁，在为期10天的活动中，他们在济宁学院附属高级中学师生的陪同下，体验到了原汁原味的中国文化。谈及中国学生与德国学生的差别，19岁的德国学生Tobias说，"我来中国的时间不长，了解并不是太多。首先，我感觉，德国学生很有个性，中国学生比较温和，有些中国学生个性不强，批判意识不强。"Tobias还阐述了"教育"与"知道"的差别，教育需要有批判精神，知道却不用深究。在德国绝大多数学生对书本上的知识，并非持笃信的态度，而是力求从中寻找到一些新观点。

故事二：清华大学建校百年，中共中央总书记、国家主席、中央军委主席胡锦涛同志对清华大学学生和全国青年学生提出三点希望，强调在德才兼备、全面发展基准之上，要保持个性，彰显本色。个性，仿佛是一个很遥远的词，胡锦涛总书记在清华百年校庆这个特殊场合，强调学生应"保持个性、彰显本色"，耐人寻味。个性，是指一个人在思想、性格、品质、意志、情感、态度等方面不同于其他人的特质。这个特质表现于外就是他的言行和情感方式等。应该说，人上一百，形形色色，每人原本都应具有鲜明个性。

【反思】

以上案例，展现了个性的含义、东西方教育的差异和目前我国弘扬个性教育的新思潮。做班级管理小课题开发，研究每个学生的个性，寻找其可以成长的合适环境，以及制定适宜的制度，鼓励学生淋漓尽致地发挥个性，才是真正的研究。

古今中外教育大家总结了丰富的"个性化"教育理论、原则和方法，提出了很多有价值的思想见解，如孔子的"因材施教"和杜威的"儿童中心主义"。"魏书生"、"杜郎口"被我们誉为教育史上的神话，其中的真谛是，以人为本，进行合乎人性的个性化教育是他们成功的前提。教师做"学生个性发展"小课题开发本质就是欣赏学生个性、尊重学生差异，是从人的个性出发进行改进教育教学的一种思想。"学生个性发展"的深入研究，是探索如何根据每个学生个性差异以不同途径、方式、内容、时间等科学合理地按照教育教学本质规律进行的教育教学活动，是探索符合学生个性发展的班级管理模式，是张扬学生个性，培养学生初步具有创新精神和创造能力的研究过程。这一课题研究能够探索如何切实"解放"学生，真正减轻学生课业负担，让每一位学生都能健康快乐成长。

"个性"是多维度、多层次的心理结构，包括结构心理系统：气质、性格、意志、智力、情感；动力系统：需要、动机、兴趣、信念；调节系统：自我认识、自我评价、自我控制等等。三个系统的和谐、统一构成了个性的全面性。因此，做"学生个性发展"小课题开发，要关注人性化、人道化、个人化或个别化，并进行主要问题、成因剖析、潜能预测、应对策略、预期效果等方面的详细分析，而且在平日的班级管理中进行有针对性地验证与运用。当然，管理好一个班级没有一个固定的模式，照搬照抄某个成功经验是不能取得实效的。每一个班级有每一个班级的特点，每个孩子也都有自己不同的个性，教师只有了解这个班级，关爱每一个孩子，研究每一个学生，做学生个性发展的研究者与实践者，才能找到科学的管理方法，才能管理好这个班级，形成自己的班级特色。

【建议】

每个学生身上的独特个性，犹如小树生长的枝杈。只要教师学会智慧地修剪，保其始终昂扬向上，他们一样能直指蓝天，长成粗壮的树干。以面对学生的个性差异为内容的小课题开发，开展"尊重学生个性、促进全面发展"的研究时要关注以下几点：

一是加强对学生性格尊重的研究。或许他孤僻，或许他张扬，或许他内向……不管他的性格如何，都应该尊重。不是将其改变，而是顺应他的性格，将其当做一个小课题进行开发，用我们的实际行动给他们一个公平成长的机会。

二是加强对学生爱好尊重的研究。古人说"知之者不如好知者，好之者不如乐之者"，因为爱好，他才会倾注自己的心力，循着爱好一直发展下去，从而创造出无限广阔的天地。所以，抓住他们的爱好进行研究，创造爱好发展的机会，也是小课题开发的重要内容。

三是加强对学生思维尊重的研究。可能某个学生明明是个单纯幼稚的女生，可她开口谈的是叙利亚形势，闭口谈的是人性的堕落，于是师生觉得她是一个"怪物"。其实每个人都有自己的思维方式，而我们课题研究要做的就是尊重和引导学生，使其健康成长。

四是加强对学生言行尊重的研究。每个学生都有与众不同的表现形态，面对他们的种种表现，我们不是心生厌恶，而是理解他们、尊重他们、帮助他们，给予他们同样的学习起跑线，并对此进行可行性的研究。

【谨记】

只有真正热爱每一个学生，关注学生个性发展的研究才会具有真正的意义。

▶▶▶ 3. 班级文化环境研究 ◀◀◀

现代教育正在由单纯的学科教学向学科教学人文熏陶相互渗透的综合化方向发展。文化影响力的大小已成为学校、班级是否具有现代性的重要标志，是现代学校、班级管理的迫切任务和最高境界。

杜威指出："学校是一种特别的环境，它用专门的设备来教育孩子。"苏霍姆林斯基也说："只有创造一个教育人的环境，教育才能收到预期的效果。"作为学校教育教学最基本的活动单位——班级，它既是一种教育制度，又是一种教育文化，其核心内容就是班级文化。越来越多的教育工作者意识到班级文化建设的重要性，许多人也在这一领域进行了有益的尝试。对"班级文化"的功能进行深入挖掘，更会认识到班级文化建设的必要性。事实证明，在班级管理中抓住班级文化开展小课题开发，就如找到了一座富矿。

原规则：关注班级文化的小课题研究，永远应有全新的话题作支撑。

素质教育具有全面性、主体性、发展性三个特点，其核心是育人。丰富多彩的班级文化不仅包含了极为丰富的素质教育内容，而且影响方式的无痕性、浸润性又可以潜移默化并最大限度地激发潜能、彰显个性、陶冶情操、净化心灵，从而使每一个学生都能主动发展。班级文化建设是一个动态的过程，教师在研究中要充分调动学生参与的热情，引发学生不断有新的见解、新的观点出现。让班级文化呈现新时代的气息，展示学生的精神风貌，凸显小课题研究的内涵，使其都得到全面、健康的发展。无疑，班级文化研究本身就是一种巨大的教育力量，有益于推进素质教育的进程。

 现象纪实

现实中，有些班级文化几乎是千篇一律，千"班"一面，无法达到预期的教育效果。有些班级文化建设更是注重班级内看得见的物质环境的配置上，忽视了班级文化的内涵。对"班级文化建设"的内涵进行深入研究，必须走出"环境建设等于文化建设"的误区。班级文化是指班级成员在班主任引导下，朝着班级目标迈进过程中所创造的物质财富和精神财富的总和，班级文化建设应统筹兼顾，各个层面缺一不可。整个研究主要体现在以下三个方面：

物质文化建设。这属于班级文化的硬件，是看得见、摸得着的东西。教室这个环境的优劣对学生会产生潜移默化的影响。班级物质文化包含教室内的环境布置以及师生的仪表等，具有"桃李不言"的隐性教育功能与教育效果。班主任应把教育意向、教育目标等内容通过具体物化的环境设计和布置充分表现出来，从而达到在班级文化建设中教育人、培养人和熏陶人的目的。

制度文化建设。班级制度文化，是指党和国家的有关方针、政策、法规、条例、指令等和社会主义道德观念、行为规范、是非标准等在班级日常工作、学习和生活中的具体体现，是班级全体成员共同认可并自觉遵循的行为准则。

精神文化建设。这是班级文化的核心内容，主要指在实践过程中被班级大多数成员认可的共同的文化观念、价值观念、生活信念等意识形态。具体讲就是班风、学风、集体荣誉感、主人翁感等内容。抓住班级精神文化，就是抓住了班级文化建设的主要矛盾。

化建中学班级文化建设见闻

走进化建中学，发现那些普通的吹塑纸、粘贴画，经过孩子们的精心裁剪、细心描绘，变得多姿多彩。"荣誉榜"上记录了每一个班级成员点点滴滴的进步和成绩，"教师寄语"栏里张贴着班主任老师对孩子们的期望和要求，"愿望墙"上写出了每一个学生对自己人生的追求和向往。即使在"卫生角"也有温馨的提醒和善意的提示，要求同学们把教室里的每一个细节都做得完美无缺……走进教室，仿佛走进了孩子们精心设计的美好家园，走进了他们用真善美创造出来的温馨世界。同学们告诉记者："我们的教室真美！"

化建中学校长韩冠宇说："优美的教室环境能给学生增添生活和学习的乐趣，消除学习后的疲劳。更重要的是它有助于培养学生正确的审美观，陶冶学生的情操，促进学生奋发向上的进取心。而且，优美的教室环境还可以增强班级的向心力、凝聚力。"

【反思】

上面这段材料，为我们展现了华建中学搞班级文化建设的某些成功经验，其中涉及的"荣誉榜"、"教师寄语"、"愿望墙"、"卫生角"等栏目的设置，就是一种创意。班级文化建设是一个外延比较大、注重细节、体现独创性的小课题研究。

平日里，我们的班级文化建设，是注重创建有利于学生全面发展的班级物质文化、制度文化以及精神文化，还是仅仅停留在物质或制度文化上，而忽视了精神文化？教师理应从研究自己的班级个性化文化建设的内涵、特征、类型开始，探究适合本班的个性化班级文化建设的途径、方法和规律。

"班级文化建设"应以"校园文化＋学生特性"为依据，求同存异，更好地体现其独特性。班级文化是班级内师生共同创造的精神财富，更是学校文化的重要组成部分。在实践过程中，我们发现有的班主任很有想法，也很有能力，最大限度地开发自身与学生的潜能，制订出符合班级发展的班级文化建设目标及方法，但其过度强调了本班个性，未能结合学校在长期发展过程中所形成的校园文化，使班级文化建设与学校文化的适应性产生一定的不协调性，在某种程度上阻碍了班级的发展。班级文化建设是一门隐形课程，有一种无形的教育力量,在班级管理中起着重要的作用。教师要结合本校班级文化建设的实际而展开研究,以促进自己班级文化建设观念的转变,营造一个优美、和谐的班级个性化文化氛围,促进学生健全人格的形成。

用马克思主义的观点来看,人们的思想总是要受到社会环境的影响和改造的,而同时,人们也在改造着社会环境。班级环境怎样改造人,人也怎样改造着班级环境。因此,一方面,加强班级文化建设,将其渗透至学生成长的方方面面,随时给学生以细致入微的熏陶;另一方面,关注每一个学生的全面发展,以学生的素质提升来推动班级文化建设,这样班级文化建设就与学生的成长相辅相成、和谐共振、相得益彰。

【建议】

我们在开发班级管理文化建设的小课题时,不妨采取以下策略:

一是在班级文化建设研究中遵循"四性"。班级文化建设研究的"系统性"。也就是一个班级从教师接手开始,应在班主任班委的带领下开展同一主题下的一系列文化活动,而不是随意开展。如果今日以感恩文化为主题,明日以古诗文诵读为专题,那么每一个活动都会浮光掠影,实效性不强。班级文化建设研究的"创新性"。每个班级建设自己的班级文化不可千篇一律,应该结合本班学生个性发展情况突出班级特色。班级文化建设研究的"简约性"。这里说的简约不是简化,而是每个班级应结合自己的实际情况,在不耽误正常学习生活的情况下,易于操作,便于实现,而不应让班级文化建设成为班级同学的负担。班级文化建设研究的"实效性"。搞班级文化建设不是做出来给别人看的,更重要的是能促使自己班级形成良好的班风学风,给每位学生以积极向上的精神引领。

二是研究内容要"三化"。开展班级文化建设小课题开发,要以建设班级文化、优化育人环境为目标,研究内容要注意"三化"。教室环境布置要体现"诗化",既要富有诗情画意又要隐含一定的教育内涵;班级活动开展要体现"教化",达到润物细无声的目的;班风营造要体现"强化",促进学生达到自我教育的目标。

三是研究策略上要实现"行动研究法"。课题研究中,对班级文化建设中的"硬文化"和"软文化"要不断实践、不断反思总结,及时形成成功经验,在研究与行动中探索出建设班级文化、优化育人环境的新策略和新体系,丰富研究成果。

【谨记】

班级文化建设研究,外在的激励只是手段,内化为学生的自我教育行为才是目的。

第二节　班级管理小课题的开发策略

"策略"之定义:在网络上搜索,策略有如下之解释,可以实现目标的方案集合;根据形势发展而制定的行动方针和斗争方法;有斗争艺术,能注意方式方法;计谋,谋略;在作当前决策时即将未来的决策考虑在内的一种计划。本章节中所取的定义是指最后一种。很显然,班级管理小课题的开发策略,指的是通过开发课题,提高自己的班级管理水平以求达到培育更多优秀人才的一种计划。

进行班级管理方法小课题的研究,是教师走向优秀最重要的一环。如大家所熟悉的李镇西、郑学志等一大批名师,他们的专业成长离不开班级管理,他们拥有一套成熟的班级管理之策，没有他们，成功的班级管理就没有他们日后的跨越式发展。我们只有学习知名教师的班级管理经验，方可成就自己的班级管理特色。

有人说，"解决无效管理，首先要在思想观念上树立以几何级数去提高工作效果的信心；其次，要有创新是无止境的观念，创新的空间存在于每个地方、每个人、每件事上。"大师们最舍得下工夫的地方就在于他们擅长于开展班级小课题开发，哪怕他们已经拥有不少成熟的经验，他们依旧会针对不同的班级、不同的学生、不同的时间而因材施教。班级管理更多的是涉及人的管理，真还没有一个先验的方法可对所有的孩子适用。学习大师们的管理方法，不如像大师们一样富有探索班级管理的精神。

1. 明确研究目标

目标是方向，是研究的指路明灯。班级管理研究的最终目标是什么呢？生命化教育理念告诉我们：要懂得去尊重学生，发现学生生命中潜在的能量，教育管理艺术伴随着学生的成长才会有成长。

原规则：目标即研究愿景，贵在为下一代的一生幸福提前预设。

"方向比努力重要"。拿破仑说："希望成功，就必须确立一个明确的目标。"在班级管理的过程中，我们首先要明确：班级管理要达到一个什么样的目标？为了这个目标，应该开发什么样的小课题来进行研究？又如何去研究？目标明确了，随后的研究便有了准星，有了方向。

在平日中，我们常常会看到这样的班主任，他们对班级管理缺少观察、研究。每一年的班级管理工作，都按照既定思维模式去做，都在重复着昨日的故事，年年如此，结果，班级管理越来越没有生机。一系列的问题便会频频发生。当班主任发现治班无方之后，要想扭转班级管理中的混乱局面已经没有可能了。这是一种失败的班级管理，失败的原因在于班主任对整个班级的发展方向缺少一个明确的目标定位。

领着学生唱着歌儿向未来

一直有着"青春万岁情结"的李镇西，在刚刚踏上讲台的时候，面对着20世纪80年代的中学生，他希望这些孩子能像50年代的中学生一样"纯洁"，像青春之歌里的学生们一样朝气蓬勃，一样地相亲相爱。

"未来班"是李镇西教育诗篇的第一行美丽文字。在四川省乐山一中担任初八四届一班班主任的两年半里，李镇西老师在学生教育和班级管理上进行了一系列的探索与改革。通过班会课，启发学生们为自己的班集体提出一个奋斗目标。经过反复讨论，学生们一致认为，他们希望的班级应该是：洋溢着集体主义温暖又充满着进取创新精神的富有鲜明个性的班集体。

通过"方志敏班"、"海迪班"、"希望班"、"奋飞班"、"雄鹰班"等几十个班名的反复比较后，"未来班"脱颖而出！这是同学们经过反复比较讨论后选定的。班训："正直、团结、勤奋、创造"。班徽：由红日、大海和中间的"V"形构成的图案。班旗：印有红日海燕图案的红旗。

班歌：《唱着歌儿向未来》的歌词由全班同学集体创作后，寄往北京中央歌舞团，请著名作曲家谷建芬同志谱曲。谷建芬同志收到歌词后再请她的老搭档、著名词作家王健同志修改，最后为"未来班"谱写了班歌《唱着歌儿向未来》。

这一切的完成，曾令李镇西非常"得意"，不仅仅是有意识地引导学生确立共同的奋斗目标，并为这个目标而努力，更在于这一过程充满了少年儿童的情趣，甚至有些浪漫的色彩。

在李镇西和学生们的共同努力下，"未来班"渐渐形成了自己独特的一些基本模式——轮流"执政"的干部制度。"未来班"的班委都是自愿报名，通过竞选产生的。班委一般成员半学期更换一次，班长一学年更换一次，不得连任。到了毕业时，全班绝大多数同学都已担任过班干部。

适于竞赛的小组结构。"未来班"的每一个学生小组都是由五六位学生组成的有利于全面竞赛的综合性小组。他们既是学习小组，也是劳动小组，又是体育小组，还是文娱小组，等等。

多元交流的友谊班级。"未来班"先后与乐山市五通桥中学、成都市第十二中学和北京外国语学院的学生班级结成友谊班，把班级建设置于一个更广阔的天地，变思想教育的封闭性为开放性，利用班外的一些积极因素增强班级教育效果；同时，让学生在与友谊班的交往中增长社会知识，扩展胸襟视野，培养社交能力。

共同享用的集体财物。"未来班"的很多服务性工作都是学生们自愿承担的。每天早晨，教室保温桶里的开水总是同学们抢着灌满的；课间休息时间，小书柜里几百本书，同学们随看随取，看完后放回书柜，从来没有丢过一本书；讲桌上、窗台上的盆花，不时有同学松土浇水，一年四季，鲜艳芬芳。

记录班史的班级日记。从进校的第一天起，便由值日生写每天的班级日记。班级日记有两个基本要求：（1）认真按时完成，不得有缺漏。（2）忠实记下班上的各项成绩、存在的问题以及班内当日发生的各种大事或变化。

以上这些做法，今天看来也许算不上什么，但在20多年前，他们却显得很有新意，甚至可以说富有创造性。

现在回头来看，"未来班"的确是非常"纯洁"的，在一定程度上实现了李镇西的愿望——让《青春万岁》里的中学生风采得以重现。

第一个"未来班"毕业以后，总结经验，李镇西又开始了在初八七届一班建设第二个"未来班"。

事隔多年，今天，反观"未来班"，李镇西的自我评价是"稚嫩而有意义的探索"。这个探索的成功，对于刚刚走上讲坛的李镇西是一个巨大的鼓舞。与教学上的探索不同的是，班级管理更加需要教师的"个性"与"自我"。李镇西的个性教育与教学就此开始，喷薄而出！

【反思】

"未来班"是李镇西教育诗篇的第一行美丽文字。是他初入职场第一个有愿景的小课题开发之路，他的"未来班"的小课题开发不是一个外在的标语口号，而是一种师生的精神理想，是心灵的追求，是他成为教育家前的实践、反思、读书、研究的起跑线，是给我们隽永的启示，时时提醒我们，深入班级管理，走进学生，调整好自己成长的轴心，始终如一地向着既定的目标前行。

身为班主任的教师，是否存在只关注学科教学而忽视班级管理的现象？是否仅是局限纪律卫生学生那些浅表层的管理而忽略班级管理的远景目标？是否把在班级管理中遇到的问题、困惑来当做小课题进行开发？是否也有一个近期、中期、远期目标？如果班主任老师还在班级管理中茫然不知所措，或者被繁重的工作奴化而沦落时，不妨选择班级管理中涉及学生的学习习惯，或品行励志，或班级文化等方面，来开展班级管理小课题开发，增强"目标意识"，调整好自我成长的轴心。

在开发过程中，目标宜小，全力瞄准一个点来解决所遇到的问题。目标太大，会不着边际。例如有这样一个课题——《班级管理的问题与对策》，课题中制订的一项研究目标为：探索学生养成自主管理班级的策略与规律。这是一个需要研究三年至五年的大课题，所以课题所制订的目标比较大。如果在小课题开发中，制订这样的目标，那么这个课题从起点上就预示会失败。如果把这个课题改为班级管理小课题，我们首先来改题目，将研究内容具体化，研究点小一些，可改为《班级管理中班干部自主管理意识的培养》，如此，把研究目标仅仅指向于班干部自主管理意识的培养。这样，在研究过程中，由于目标小，所以容易操作。课题还可以再具体，如改为《班干部自主管理班级纪律的能力培养策略》，这样，把研究目标进一步缩小为：班干部管理班级纪律的能力。目标越小，越容易操作，越容易形成特色成果。

目标，即所期望取得的成果。班级管理研究目标制定还应充分考虑到班情学情、主客观条件，估计到应有的困难，能达到的预期目标。在研究目标的制订时，还要注意以下六"性"：

思想性，要有明确的教育目标与要求，要与学校的教育目标相一致，要围绕学生的成长来确定教育内容。针对性，是指目标要切合班级和学生的思想实际，做到有的放矢。全员性，是指师生全员参与，不要在班里出现被遗忘的角落，让每个学生既是观众又是演员，要注意发挥那些性格内向而不善言辞同学的积极性。知识性，是指以人类丰富的知识为载体，文道统一、文道相长。趣味性，是指在实施时能体现意趣盎然，每个学生都乐于参加，其乐无穷。

艺术性，是指能充分运用多种艺术形式来突出主题、增强感染力，以取得最佳的教育效果。

【建议】

进行班级管理研究，制订研究目标时，通常应注意以下四点：

一是明白课题就是目标。不难发现，我们的课题本身就体现目标。因此，我们必须广泛调研、搜集资料、确立切实的课题，让研究目标和课题成果融为一个整体。如《班干部培养的研究策略》，这个课题的主要目标就是培养班干部。

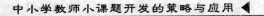

但是，切记目标要提前确立，有了目标之后，再确立具体的课题。也就是说，课题的确立，要根据目标来制订。如，在最近的班级管理中，如果发现学生的自我约束能力需要培养，于是将学生自我约束能力的培养作为研究目标。有了这个目标之后，便将研究的课题定为《班级管理中，学生自我约束能力培养的研究》。

二是明确研究要瞄准目标。研究是为了目标而服务的，研究的目的就是达到预定的目标。如一位初中班主任，把初中三年班级管理的研究目标确定为：

一年学规范——学生日常行为规范的养成需要一个过程，必须经历从"习"到"惯"的过程。对于刚进入新环境的学生，需要在教师指导下去适应环境，认知学校的规章制度，使"规范"入心入脑。在学规范的同时，制订阶段性的子目标，如每天行为规范的落实要求和寝室纪律的保持标准等。同时，让班委会成员也明确工作目标，这样管理才能到位，才能真正做到行之有令，有令必行，让每一位学生在较短时间内规范自己的言行。

二年成示范——要求学生在班团干部的带领下，围绕学校和班级工作要求制订经常化、系列化、规范化的子目标。班主任的主要工作是指导班团干部开展工作，让学生在自我学习、自我管理、自我教育中增长才干，人人可以为其他同学做示范。

三年当模范——全体学生树立"勤学、慎思、务实、志远"的班风，自觉地完成班级的常规工作，积极主动学习，同时参与班级的管理工作，为班级的发展作出贡献，使本班成为全体班级的模范。

这一个循序渐进的过程，每一个阶段的目标都需要结合一定的实际行动来实现。同时，也必须将阶段目标在我们的课题研究方案中体现出来，使研究过程有根据、有方向。

三是明白特色源于目标。在以人为本的管理理念下，班主任应逐步完善现代班级管理方法，创建现代班级管理特色，如赏识文化之"行为赏识"、"心理赏识"；无为文化之"班级干事制度"；活动文化之"活动德育"；书香文化之"名言书香"等，这些特色研究能促进学生素质全面发展，使学生成为"勤奋学习、快乐生活、全面发展"的好少年。

四是构建激励评价目标。建立科学的激励评价机制，在班集体的共同目标下，引导每个学生制订个人的奋斗目标，让他们在成长中感受到"我能行，我快乐"，从而鼓励他们向新的目标进取，不断获取成功。

【谨记】

把目标装进教师智慧的背囊，用小课题开发的一个个小目标，引领着我们步步向前，达到专业成长的大目标。

2. 瞄准困惑与问题

能自我发现班级管理中的"困惑与问题"，才能有针对性地实施管理。班级管理小课题开发，主要内容要瞄准班级中那些较难解决和关键的困惑与问题。因为这些困惑与问题，往往是制约班级文化健康发展的瓶颈。

原规则：过程即解决问题，全程督导才会彰显有效性。

班级管理小课题要研究的困惑与问题，往往存在于班级管理的日常琐事中。我们要善于通过这些琐事去发现问题、解决问题。这就是研究的过程。也许很多教师并不明白"困惑与问题来自研究过程"的真正含义，只在顺其自然中管理着自己的班级。殊不知，解决班级中的一个小问题，班级管理就迈出了一大步。

目前班级管理主要存在以下一些问题：

一是随意化。在当前的班级管理中，许多班主任缺少一套系统的管理方法，完全凭借已有的经验、主观判断来管理班级。很多班主任更是围绕成绩来管理班级，重视智育，把学生当成考试的机器，忽视了学生的全面发展和心理健康。这最终导致了学生的思想修养低俗，心理素质不强，法制观念薄弱。据调查，目前35％的中学生具有心理异常表现，其中5.3％的中学生存在抑郁症、恐怖症、强迫症等心理疾病。

二是片面化。片面追求常规化管理。班主任忽视对学生能力的培养，仅仅重视学生的日常规范管理，如考勤、清洁、纪律、学习、行为规范的管理，从而导致我们所培养出来的学生过于老实规矩而缺乏能力活力。

无论是"随意化"还是"片面化"结果都会导致班主任的权威化。当前班级管理中，班主任被视为班级的绝对权威，在管理中事无巨细都要过问，绝大多数学生只会唯唯诺诺、循规蹈矩，而创造性与自我管理能力却很差。班主任自己也会陷入日常的班级杂务中不能自拔，疲惫不堪。

班级管理中的这一系列问题，正是班级管理小课题的选题方向，我们可以从这几方面的问题入手，抓住一点，确立为近期研究的小课题，开始立项研究。

一部"兵法"闯"江湖"

因为写了一本《班主任兵法》，6年前，名不见经传的上海市平和双语学校教师万玮一鸣惊人，在全国基础教育界获得广泛关注，被网友形容为"红遍全国班主任圈这个'江湖'"。从初出茅庐的迷茫与挣扎，到理性反思后的初尝胜果，再到深刻反省后的重新出发，6年中，万玮始终没有放弃对班主任工作的探索。就像从未想过自己会因班主任工作走红全国一样，14年前的万玮也未想过自己会成为一名教师，更令万玮措手不及的是随后接手的班主任工作。学生进入初中后逐渐表现出心理上的叛逆，特别是一些男生。全班40名学生，有30个小霸王似的"大金刚"，班里"烽烟不断"，万玮手忙脚乱。一天，校长在全校教师大会上点名批评了万玮带的班，羞愧无比的他事后几乎是含着泪向全班学生倾诉自己对他们的友好和奉献。本想以情动人，但有两个男生的表现却让万玮至今难忘。他们斜坐在座位上，脸上一副毫不在乎的表情，一名男生还嬉笑着说："万老师，你就别再说了，我们知道你是为我们好，但我们就是要和你对着干！"这句话像惊雷般震得万玮愣在那里，嘴巴张了又张，一句话也说不出来。结果可想而知，由于所带班级成绩差、纪律差，还经常出事，万玮被学校撤去了班主任的职务。

撤职，这对一贯自我要求甚高的万玮而言无疑是晴空霹雳，他甚至一度怀疑天生性格内向又缺乏管理经验的自己能否胜任教师职业。

值得庆幸的是，在感到极度耻辱的情况下，万玮选择了坚持，选择了自我剖析和自我反思。

"那一两年时间，我是在反思中度过的。我苦苦思索失败的原因，不断分析为什么学生明知我对他们好还要和我作对。我回忆自己和学生交往的每一个细节，然后再假设如果从头开始我究竟应该怎么做、怎么说。"万玮说。

在经历了痛苦的反思和总结后，他像闭关修炼后的武士一样，期望"出山"。正好一届学生带完，校领导感动于他的积极态度与反思精神，让他回到六年级重新做班主任。令万玮欣喜的是，这个班级他带得很轻松也很成功。在与学生的交往中，他不再有失控的感觉，而是逐渐体会到了带班的快乐。在此基础上，他继续不断思考如何对待问题学生、如何处理困难情境等。回首那段日子，万玮笑着说："学数学的人，通常都会一题多解，我就是这样的，总想在几种做法中选择最佳的一种。"

因此，他思考解决问题的一切可能性，分析总结导致学生转变的一切原因，开始了班主任工作与"兵法"相结合的小课题开发，并将这些想法和经验以网络日记的形式，发表在班主任圈内很有名的"k12班主任论坛"上，起名"平和秘籍"。该系列文章在论坛上一经贴出，就引起强烈反响，许多网友都表现出极大的兴趣，很多老师用赞赏的、崇敬的、好奇的回帖表示着他们对万玮的支持。万玮最终出版了《班主任兵法》一书。

【反思】

《班主任兵法》产生的根源在哪里？就在万玮老师的自我分析中："不断分析为什么学生明知我对他们好还要和我作对。我回忆自己和学生交往的每一个细节，然后再假设如果从头开始我究竟应该怎么做、怎么说。"这就是困惑与问题。

在现实教育生活中，不乏一些教师整日忙于应付工作，懒于思考，不善于提出问题，对身边有价值的问题熟视无睹，司空见惯。也有些教师遇到很多问题和困惑，比如：为什么现在的孩子这么难以管理？为什么自己五次三番地强调要轻声慢步过走廊，还是不能根治？其实很多人都是这样，只知道有问题，却不善于梳理，不善于调查分析，不能抓住问题的核心和根本。所以问题还是问题，自己是迷茫复迷茫。因而，在确立小课题之初，教师一定首先要找准问题的源点来确立课题研究的方向和目标。

培根有一句名言：跛足而不迷路的人能够超过虽健步如飞却误入歧途的人。班主任的专业成长不仅需要努力工作，更需要理性的思考与智慧的抉择。因此，在班级管理中，要学会瞄准主要问题和困惑，做出恰当正确的分析，进而确立研究的小课题，找准专业发展的突破口。

瞄准问题和困惑后，还需要对问题进行思考、分析，进行提炼、筛选，才能形成课题。在形成课题的过程中必然要思考课题研究的策略、方案，研究的方法、途径。所以，别人的课题（或者是课题指南上的题目）只能作参考，不能直接拿过来成为自己的课题。要想形成自己的课题，首先要有问题意识，也就是能针对自己班级管理中的困惑点，矛盾冲突点，提炼出有价值的问题，然后思考解决的方案，最后形成自己要研究的课题。

【建议】

如何把班级管理中的困惑和问题转化为小课题，现提出如下建议：

一是学会比较。比较就是寻找并确定解决问题的不同方案之间的异同，结合班级学生成长的实际，对研究思路、研究设计、研究实践、研究结果进行合理的对比分析，进而提炼出解决问题的基本对策。

二是全面反思。反思就是对自己的管理思路、方法与实践进行自我剖析，反思自己的管理行为，特别是批判性反思自己解决问题的策略，往往能从中发现新问题，从而找到解决新问题的思路、办法、策略。

三是力求验证。验证即通过具体的实践活动证实解决问题的方案是否可行、有效。从解决问题的角度来看，问题的提出仅仅是研究的起点，提出策略是解决问题的一种假设，实践才是解决问题的途径。所以，策略能否真正解决问题，需要回到班级管理中去检验其是否有效、正确，从而在实践中不断丰富和完善。

【谨记】

教师对待问题的态度，将直接导致小课题开发所达成的高度和厚度。

3. 坚持适度原则

适度是指事物保持其质和量的限度，是质和量的统一。任何事物都是质和量的统一体，认识事物的度才能准确认识事物的质，才能在实践中掌握适度的原则。只有在一定的范围内，事物才能保持它自身的存在，超过了特定的范围，就会向对立面转化。简单来讲，"适度"就是要把握分寸。

很多时候我们在班级管理小课题的研究过程中败下阵来，其中一个主要原因是没有把握好适度。班级管理小课题开发的对象是富有灵性的孩子，但他们的成长有很多不确定性，如果在此问题上没有进行"适度"的科学合理控制，那么我们研究课题的广度和深度都将失去可控性，从而导致失败。

原规则：切入口适度，数量不贪多，方称"适度"。

爱因斯坦说："你能不能观察到眼前的现象取决于你运用什么样的理论，理论决定着你到底能够观察到什么。"课题内容适度超前，相伴"适度"的理论储备，才可称不打无准备之仗。班级管理小课题的选择把握适度原则，需要教师在课题研究的过程中加强理论储备。

在小课题开发中，"度"的基本含义是程度、限度。在班级管理小课题开发中如何才能准确把握"适度"呢？要根据班级学生情况、自身实际和课题内容而定。一般而言，在小课题开发中要把握研究的梯度，做到由易到难；把握研究的密度，如果密度过大，超过学生的承受能力，就会影响课题的质量；把握研究的速度，要快慢缓急适中得体，适合学生的年龄特点和个体差异。

现象纪实

当前，有的教师在班级管理小课题开发中，慌不择路，目的不纯，错误理解课题的研究目的，或置学生特点于不顾或以捞取证书为目的，没有调节好专业成长的各种矛盾关系。有的教师对课题研究中"度"的把握不均衡，偏离了课题研究的正确轨道。如在研究

"班主任如何与学生交往"这个小课题时，一味地凭着自己的感觉，或者按相关文献的指南去做，而不考虑学生性别的差异，不分析每个学生的个性特点，不善于反思，不会营造师生融洽感情的氛围，结果事倍功半。

 **经典案例**

给班级来一场华丽的转身

郑学志，被媒体誉为"教育痴人"和"班主任的民间领袖"。

初当班主任的他不仅在班上推行了当时很时髦的干部值周制，还进行全员自动化管理。当时管理效果很不错，每次班级评估，他的班不是全校第一，就是全校第二。但是，评估优秀的表象下却隐藏着危机。第一是学生跟他很隔膜。终于有一天，在身体即将被拖垮的时候，他到教室里去检查早自习，黑板上写着几个粗黑大字："我们不要法西斯班主任！""我们要换班主任！"于是，他开始在班级管理中求索，为转身打下基础。那段时间他大量地阅读国内外的教育名著，也广泛涉猎国内发行的各种教育报刊杂志，凡引起他注意的文章或观点，他都把它们一一摘抄（或剪贴）下来。广泛阅读开阔了他的眼界，启迪了他的思维，更纯洁了他对教育的情感。他越来越自觉地感受到工作方式需要转变。他逐渐舍弃专制、权威的教育方法，遇事和学生多商量；他开始从骨子里相信他们能够做好，他需要做的就是剥开顽皮的表象，寻找他们内心的动力；他开始从一个正儿八经的教师变成一个和学生一起长大的人……越来越多的学生开始告诉他，他们越来越喜欢他做班主任，越来越喜欢班级生活。思想转变之后，他给班级工作来了一场华丽的转身，开始了他适合学生年段特点、民主自动化适度管理的小课题开发。如：他每次接班，都要和学生开一个"我和班级共成长"的主题班会，他分段向孩子们提出三年个人成长和班级成长规划。比如说高一，他要求班级是"民主启蒙管理"，孩子们做一个"在民主生活环境中学会民主管理的人"；到高二，他的班级是"民主自动化管理"，学生是"一个有高尚情操的公民"；到高三，他的班级是"自主化民主管理"，学生则是"做一个敢于担当的社会公民"。每个阶段，他都把自己当做学生中的一员，一起感受班级成长的过程。正因为如此，每一届学生毕业，他都好像经历了一次生命的轮回；他对每一个班级，都充满了感情。好多次，他这个三四十岁的大男人，和毕业生一起哭得一塌糊涂。很多学生毕业后给他写信，都提到忘不了分别时郑老师那红红的眼圈。

【反思】

郑学志老师善于结合学生年段特点，开发民主自动化适度管理的小课题研究。针对高一、高二、高三不同年段学生的年龄特点展开螺旋上升式的研究。他的一个不可或缺的智慧是"适度"。这个故事告诉我们做任何事都要把握一个"度"，把握好这个度，一切就会向良性发展。在确立班级管理小课题时，教师一定要从那些看似平常却一直难以解决的小问题中寻找切入点，把握好"量"和"质"之间的矛盾关系，注意切近学生和自己的实际，注意速度、效度、广度和深度，不可无限度地放大，也不可一味地拔高，去做缘木求鱼的傻事。

在小课题立项的过程中，同样要把握住一个"度"，不要贪功求利，把课题的范围整得太大，把研究目标定得太高，否则，便难以在以后的研究中，高效操作并进行质量监控和有深度拓展的余地。有的教师认为课题研究的范围过小，就没有研究价值。其实一个小课题解决了别人一直没有办法解决的小问题，那么这个课题反而小得有价值。

【建议】

孔子说："过犹不及。"就是说，过头和不及同样不好。用现代语说，就是左和右都不好。很明显，"过"与"不及"都向着相反的方向发展。所以我们建议在班级管理小课题开发中应走"中庸"之道，遵循"适度"的原则。

一是选取课题的范围要遵循"适度"原则。班级管理课题指向学生的健康而和谐地成长，涉及方方面面的内容，所以，我们选取小课题的范围要适度。如我们通常会在班级管理中遇到青春期中学生的早恋问题、差生的教育问题等等，但这些问题做选题显得范围太大，所以可以细化出很多问题。"青春期中学生的早恋"问题可以细化为怎样看待青春期中学生的早恋？怎样对青春期的中学生进行早恋教育、怎样引导青春期的中学生进行交友等等问题。以此细化下去，会发现面临的问题越来越多，从而手忙脚乱。因此，选题之初就要适度筛选，选择目前课题中的小问题，将大课题一步步变小，再进一步确立适度的小课题。在完成这些小课题的研究之后，大问题就能找到解决的办法，可以说，在无形中把大课题的研究完成了。

二是选择课题要考虑自身的能力。教育研究是一项高度个性化的精神劳动，研究者的能力差异往往会带来研究质量的差异。选择有能力完成的课题，是保证课题研究取得成功的首要前提。进行同一项课题研究，面对同样的资料，有的人看它仅是废纸；有的人只是把它诸存起来，补充已有的知识结构；有的人则可能受到思维碰撞，产生联想，迅速调动头脑中各种知识要素，联系自己实际，引发新思想、新思路、新方法。显然，后一种人的能力特点更适合于这个课题的研究。所以，在选择课题时，要充分考虑自己的知识结构、科研能力。只有课题对路子，合口味，同自己的能力特点相适应，才能得心应手、高效率地完成研究任务。

三是要选取自己感兴趣的课题。课题研究是一项异常艰苦的劳动，研究者对自己所研究的问题感兴趣，就会对某一个课题保持始终如一、坚持不懈、锲而不舍的探求精神。会不计个人得失，执著地研究下去，直到取得成功。同时，兴趣还可以使研究者的思维处于异常活跃的状态，从而使自己的研究能力达到一个较高的水平。

四是把握课题研究"度"的最关键点和最佳结合点。在课题研究中注意分析相关的因素，如果过分强调或轻视了一个相关因素都会导致走向极端。如在研究"如何应对班级中出现的小团伙"课题，必须理清小团伙的类型是"先进型"（如为了某些积极向上的活动组成），是"后进型"（如班级内的部分差生组成），还是"破坏型"（类似班级内品行不端、搞恶作剧的一些学生组成），教师要调查了解小团伙产生的原因、成员结构、核心人物、情感心理、活动内容，还有他们的家庭背景等等，而后采取应有的措施，否则，其效果只能是适得其反。

【谨记】

运用"适度"原则，在于应有的范围内进行优化，并坚持不懈，才能使小课题开发事半功倍。

第三节 班级管理小课题设计

班级管理小课题开发，实质是一项涉及对学生教育和教师专业素养提升的系统工程，科学的设计是整个课题顺利研究的关键。

班级管理小课题的设计，本质就是一种"有目的的教育管理创新行为"。纵观班级管理小课题开发，几乎整个过程都带有浓重的设计色彩，有很强的期望、需要和动机，同时也受到教师思想观念、理论素养、教育技术、能力水平的限制。在设计中，要将这些期望、需要和动机转化为一个小的项目，使得研究形式、内容和行为变得有用、能用，令人向往。

1. 班级管理小课题的设计意识

教育本是一项创新性很强的活动，进行班级管理小课题的研究活动，无创新便无研究价值。特别是在当前班级授课制的大环境下，通过班级小课题开发培养出合格的人才越来越被重视，可以说，努力通过研究找到一条育人的本真途径无不是教师们所追求的终极目标。

担任教书与育人的双重身份，拥有很强的班级管理能力，已成为考核教师是否优秀的一条重要标准。班级管理能力强的教师，他们在管理班级时，几乎都会部署一系列的教育活动，通过让学生有意识地参与，从而影响着学生的心智与行动。其实，这一系列教育活动的安排，便带有很多朦胧的浅层次的设计意识。班级管理小课题的设计，是一种教育审美活动，设计的目标和任务主要是实现教育者的意图，而后通过实践研究，营造和谐温馨的班级文化，提升班级管理的品质。

（1）特意的班级管理小课题

特意进行班级管理小课题的设计是提升班级管理能力最直接的措施。设计班级管理小课题时，我们必须掌握关于班级管理的一些要素，如目标、组织、合力、制度、班风、活动等。在整个设计中，必须了解各要素的作用，考虑各要素的综合运用，让研究者能通过渐变、重复、近似等现象，把握小课题开发的本质。

原规则：任何培养人的方法都不能原原本本地再被复制第二次。

在班级管理小课题的设计中，特别是班级的标志设计无不是重中之重。标志设计的要点主要有：一是设计的简洁性，即标志设计要一目了然，简练明确。二是设计的准确性，也就是设计要准确反映出小课题的内容。三是设计的信息量，就是设计需反映出研究内容的广度和深度。特意进行班级管理小课题的设计，无论班级管理愿景还是管理的路径都不等同于简简单单的"复制"，显然独具创新性。

当前，好多学校几乎都存在着给班级打上标志的现象。诸如普通班、实验班、南开班、火箭班等。只要进一步对比就会发现，不同班级间最大的不同就在于组织班级之初，教师便给不同的班级有意识地增添进了一些导向性的元素，最终导致普通班的学生与拥有特殊标志的班级的学生在心理、行为上存在不小的差距。

深入研究就会发现，班级管理是否成功，教师的管理设计意识无形中发挥着巨大的作用——那些任其自然发展的班级管理，总会落后于提前给予设计策划的班级管理。

罗森塔尔效应

美国心理学家罗森塔尔考察某校，随意从每班抽 3 名学生共 18 人写在一张表格上，交给校长，并极为认真地说："这 18 名学生经过科学测定全都是智商型人才。"事过半年，罗森又来到该校，发现这 18 名学生的确超过一般，长进很大，再后来这 18 人全都在不同的岗位上干出了非凡的成绩。这一效应就是期望心理中的共鸣现象。

【反思】

人人都是可以培养的人才。在班级管理中，首先班主任要有人人能成才的意识，要相信每一个学生都是可塑之材，都能得到属于他们自己的成长。但每个人的个性特长、发展方向是不相同的，我们在管理中，要尽可能地发现他们的可造之处。这是对他们开展教育的出发点，也是我们进行小课题开发的根本。

班级标志设计是教师班级管理中的一大亮色，班主任每接一个新的班级，便要立足实际积极开发班级学生和任课教师比如美术、信息教师的教育资源，开展小课题研究，为自己的班级设计标志，成为独一无二的一张班级"名片"，这不仅能体现班级学生的精神风貌，同时也能看出班主任管理的力度与成效。在小课题开发之初，给班级进行标志设计，可以设想一个设计关系到班级里很多学生的个体成长，其实就是对班级进行充分认识的过程。这个过程，是一个从班级中来，又回到班级中去的过程，是对学生的个性、年龄、心理、学习特点等都必须很清楚地了解和跟踪，这是再把握过程。只有进行了充分了解，标志设计才有根基，才能贴近研究的地面，与学生的发展同行、同步。设计出好的班级管理小课题标志，同时还需教师具备两大精神：一是教师的主张精神。设计时必须将自己所追求的理想主张明确并融入其中，再转化为易懂的标志，并以最合适的题材来作为创意的表现，最后形成班级管理中独有的价值与文化。二是团队精神。通过团队合作和资源的共享，可以最大限度地提高设计效率。三是挑战精神。或许我们面对的研究新任务很艰难，但我们都理应主动、积极地进行，给自己在小课题研究征途上提供一个坚实的"立足点"。

【建议】

在班级管理小课题开发中，增强设计意识，我们应把握以下几个要点：

一是标志的识别性。进行一项班级管理小课题的标志设计，须有独特的个性，这样更容易使其他人认识及记忆，留下良好而深刻的印象。

二是设计的原创性。设计贵乎具有原创的意念与造型，班级管理小课题标志设计亦如是。原创的标志必能在公众心中留下独特的印象，也能经得起时间的考验。原创可以是无中生有，也可以在传统与日常生活中加入设计创意，推陈出新。

三是设计的时代性。标志设计不可与时代脱节，特别需要将与时代迫切需要的人才目标统一起来，注入时代品味，才不会有陈旧落后的印象，才能使人认同。

【谨记】

班级管理小课题标志的设计在突出时代性和创新性的同时，不能脱离学生成长的实际。

（2）班级管理小课题的确立

教师作为班级管理的设计者，找到适合自我、适合班级的小课题而研究，通过研究让自己有所获，让学生得到成长，并不是一件容易的事。要使小课题开发真正有价值，就要善于发现学生成长过程中的问题，并将问题提炼为课题；就要根据研究目标确定研究内容，并借助理论的观照，使课题内容更具针对性和科学性，同时，要遵循适度的原则，实现课题内容的最优化。

原规则：班级被确立为小课题开发的对象，想不先进都不可能；学生被确立为小课题开发的对象，想不进步都不可能。

在班级管理中，小课题开发，可以让我们对教育增加几分思考，在实践中思考，在思考中实践，班级管理视野将会因为我们的不断思考而走向开阔，使我们的小课题研究走向深入；小课题开发，可以让我们从教育中增添一些智慧，再用智慧的研究带领着孩子们智慧地成长，这是教育的大境界。

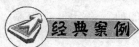**现象纪实**

在班级管理中，确立小课题开发的内容很广泛，诸如善于把握学生心理的变化；善于对班级情境信息描述，培养合格的学生，提升班主任的影响力等。但人们在确定班级管理小课题过程中，存在两大误区，为此削弱了课题研究的意义。

误区一：确立的课题过大。一些教师在确立课题的过程中对大课题与小课题的概念理解混淆。不清楚两者从组织形式到研究任务的确立，从研究过程的监控到成果的展示等，有什么本质的不同。

误区二：确立的课题过于重视形式。现实中，很多班级小课题开发依旧"重形式轻实效"，至于究竟解决了什么问题、取得了何种实效，就不是所要关心的事情了。

经典案例

培养"小老师"小课题开发

某科任老师发现，学生参差不齐的素质影响着班风学风，这位老师就思考，该如何让学生互帮互学，兼收并蓄，博采众长，优化方法，提高课堂效率，形成良好的班风学风。

于是这位老师就学习陶行知的"小先生制"，确立了"培养'小老师'"的小课题开发。这位老师首先成立了学习小组，分组时充分考虑到学生的性格特点、是否有偏科现象、是否善于合作，同时听取了各科任老师的意见。然后选好小组长并进行培养，帮助小组长扎扎实实打好思想基础和学习基础，尤其是培养了小组长的组织能力，采取先"扶着走"，后"半扶着走"的方法，使小组长们成为了"小老师"，在"小老师"的组织带动下，使每个组的后进生都没有掉队，形成了良好的班风与学风。

【反思】

上述这个班级管理小课题开发，对教师来说，体现了六个字，"想做、可做、能做。"

一是想做。就是指从自己身边选择当前自己最想解决同时也是最需要解决的问题，作为小课题进行研究。该课题就是选择"学生参差不齐的素质影响良好班风学风的形成"来研究的。

二是可做。是针对教师自身的条件而言，指进行班级管理小课题开发，必须将教师的经验、素养、时间、精力等因素考虑在内。这些因素往往决定着教师能不能进行研究或能不能将研究进行到底。因此，必须从实际出发，在充分了解自己的基础上，做自己力所能及的事。上述这个课题就是一些"可做"的教育实践。

三是能做。对小课题本身而言，指选择的小课题是个小而明确的问题，有具体明确的切入点，在实践中操作起来相对容易。选题太大、笼统模糊往往只是在表面上兜圈子，解决不了实际问题。而这个课题中，培养"小老师"就是一个很明确的问题，而且是个能解决实际问题的课题。

走出班级管理小课题开发的误区，就要求人们在研究中关注研究的过程。诸如研讨能实一点，能从实际出发实事求是，让课题实实在在，研究实实在在，结论实实在在；来自实践，又指导实践，少一些大而空的全局描述性预测，多一点实在的关注，不搞假大空。能新一点，坚持教育创新，发现新问题，提出新观点，研究新领域，老题新作，新题深作，力求从某一点上给人以新的启迪。能近一点，更贴近班级、贴近教师、贴近学生，研究的预期目的就在研究者的最近发展区内，"跳一跳就能摘得到桃子"。

【建议】

班级小课题研究，使班主任的研究成为工作，使班级工作成为研究，为此建议：

一是必须明白如何入手去做课题。虽然大家都在做班主任工作，都有自己的责任田，但首次做班级管理小课题开发的教师，几乎不知道从何入手去做课题。通常，第一次做小课题开发的教师，可以将"大课题"分解为若干小课题，而后从最容易入手的地方做起，还可以通过在文献中寻觅，或在实践中积累，或者对班级管理进行反思，由此找到需要解决的问题，从而确立研究的课题。

二是用理论素养提升研究内涵。班级管理小课题开发，具备一定的理论素养是十分有必要的。因为在班级管理中，方方面面的事情可能会搅得班主任心绪不宁。但学生的成长是大事，如何从纷繁复杂的事情中理出头绪，抓住关键的问题开展研究，这就需要一双理论的眼睛去发现，去提炼。拥有理论素养，也才能用批判的眼光去发现正在研究的小课题的真与伪，从而使自己的研究更加有成效，让学生更充满人性地成长，让班级管理多些实质性的内涵。

三是需要自觉进行课题反思。研究过程中，我们该反思什么呢？一是通过反思发现自己的理念同先进理念的差距，从而用先进理念纠正自己的认识偏差。二是通过反思发现自己行动效果和目标之间的差距，从而调整策略，优化研究的方式方法。

在研究中，我们如何围绕困境进行科学的反思呢？

通常采用六步追问法：

第一，我遇到了什么事。（抓事情的关键）

第二，我是怎样解决这件事的。（过程、步骤、方法）

第三，我当时为什么要这样做。（动机）

第四，我采取的策略解决问题了吗？（问题解决的结果、程度、带来的影响）

第五，我这样做是否符合教育的基本原理，是否符合学生的发展需要，是否符合新课程的标准。（理论观照）

第六，我从中得到什么启发。（结论、感想、收获）

进行小课题开发，找到有价值的点进行研究，才不至于走弯路。找到值得反思的地方着手研究，才能达成教育的目标。

四是要及时积累过程性材料。班级管理小课题虽然简单，但是，注重搜集与保全资料还是很重要的。在积累过程性资料中就会发现，小课题虽然是"小学问"，但是需要细心来"大"做，需要从细微处着眼，从教育学生的小处着手，关注研究过程中的新现象、新矛盾、新情况，并研究出解决问题的新举措。

五是要有呈现研究成果的意识。拥有成果意识，才能在研究时有意识地去累积成果。不过，相关的成果可以是多种多样的。如文本成果，包括论文、研究报告、调查报告等，也可以是编著类资料、活动资料集锦等。印象成果，包括班级健康发展、学生成长的案例材料，以及相关的影像制品。内隐成果，小课题的研究成果特别体现在人本成果方面，如班干部班级管理素质的提高，涌现出的先进班干部、十佳学生、优秀少年等。

当然，中小学教师应有自身独特的成果表达方式，用自己的语言阐述课题成果。"草根式"小课题开发倡导的成果表达方式很多，例如教育叙事、论坛帖子、论文、日志、案例分析、课例报告、经验总结等。同时，在讲述成果的过程中，教师还能产生新体会、新发现、新认识，激活新思考。

【谨记】

确定合理的小课题开发，才能解决班级管理中的实际问题，助推师生共同成长。

2. 班级管理案例分析

班级管理案例总是与小课题研究的方向与研究质量相关联，它涉及教师做小课题是否规范和科学。案例分析旨在通过对班级管理小课题研究中大量个案进行剖析，依据一定的理论知识，从不同的侧面和角度，或概括出某些共同的规律性的东西，或作出自我评价，或提出具体的解决问题的方法或意见等，以总结小课题研究经验、吸取教训，形成新思想、新观点、新模式、新方法。

　　案例分析是教师做小课题研究自我培训的一种方式，是高层次的行动目标。它不仅能考察验证教师的科研素质，更重要的是它能磨砺教师综合、分析、评价等方面的班级管理能力。

　　班级管理小课题研究案例分析应当遵守的一般步骤和方法有：

　　先分析：即对案例所提供的资料进行定量和定性分析，找出问题及原因，注意分析的理论依据和小课题研究的实例凭借。

　　判断：分析后提出你的判断，即关键问题所在。

　　决策：先分析后从几种可行方案或者方法、策略中选出最佳的，找寻到支撑小课题研究高效的最直接或主要的实例，从而校正小课题研究的主要发展趋向。

　　结论：在分析、判断、决策的基础上，用简明扼要的语言对最终所需要调整的研究决策用充分的理由加以论证。

　　验证：在分析、判断、决策的基础上，还需要进一步验证，如案例的描述是否完整，案例的选择是否典型，案例分析思路与结论是否吻合，是否运用了相关的新课改和当前新的教育思想。

　　班级管理小课题研究案例分析的形式，主要有以下几种划分：

　　从描写的手法上来分，可以分为描述性案例和分析性案例。描述性案例是把一个案例的整体面貌或一个方面或几个方面的问题，以记叙故事的方式描述出来，这种案例能呈现案例的原貌，明确问题所在，弄懂研究的依据。分析性案例，除具体描述案例特点外，在描述中还应包含着可供分析讨论的问题。从案例描写的内容多少来分，又可以分为综合性案例和专题性案例。综合性案例是对教育整体上的问题进行描述，列出课题研究现存的一些事关教育教学全局的问题。我们在这里所述主要是专题性案例分析，即从选题方向、立项报告、结题报告三个层面的案例进行分析。

　　（1）涉及选题方向的案例

（一）两份不同的班级管理选题方向指南

选题一：

1. 认识班主任的影响力

2. 维持良好的声誉

3. 每个学生都是一个独特的个体

4. 反馈要积极

5. 点燃学生心灵的火花

6. 搭建成功的舞台

7. 熟悉每一个学生

8. 良好的开端是成功的一半

9. 惩罚要适当

10. 关注学生的优点

11. 不要吝啬你的赞美

12. 学会随机应变

13. 时刻保持镇定

14. 不求完美，只求进步

15. 与学生一起欢笑

选题二：

1. 小学班队会主题教育活动系列建设研究

2. 青少年自我表现心理及教育实践研究

3. 小（中）学生养成教育的内容和形式研究

4. 贴近小（中）学生学习和生活实际的德育方法创新研究

5. 运用综合素质评价提高小（中）学生道德品质的实践研究

6. 小（中）学生诚信教育实践研究

7. 青少年法制教育与预防犯罪问题研究

8. 小学生的礼仪教育实践研究

9. 学科教学渗透德育的实践研究

10. 青少年校外教育实践研究

11. 学校德育活动课程建设研究

12. 思想品德文化与课堂教学文化的构建研究

13. 中（小）学生攻击性行为研究

14. 道德高尚学生的基本素质和行为特征分析

15. 初（高）一新生过渡性教育研究

16. 学校德育队伍建设研究

17. 书香班级建设与研究

18. 新课程背景下班集体建设的实践研究

19. 新时期共青团、少先队工作的实践探索

20. 班主任工作现状调查及工作创新研究

【分析】

在班级管理中开发小课题，进行有意识地设计与策划，无不是促成小研究大收成的重要保证。班级管理中的小课题开发，仍然具有"小、活、实、快"四个特点，即切口较小、内容单一，自由选择、自主性强，从实践中来、为实践服务，周期短、成果快。

对比以上我们不难发现，两者都是开展班级管理的小课题设计。选题一，所提供的选题多涉及班级管理中的一些细节问题，注重感性研究。选题二，提供的选题针对班级管理中的理论构建，注重突出理性二字。如果我们再进行深度思索，也许还会发现，小课题的研究已经是最末端的研究，几乎不可能为他们再细划分成若干的子课题，而选题二中的这

些课题不少还会有若干个子课题，参与研究者可能是更多的人，甚至是一个小团队，而且依旧按照大课题的要求推进每一个环节，课题实验时间短则一学期，长则一年或更长……从这些就可感受到，选题二的课题研究形式，虽然是将课题下放给教师，但它依旧是大课题研究的范式，这其实是没将小课题与大课题研究方式弄清楚所致。所以教师在做小课题研究时，对自己的选题方向要从理论与实际操作的层面上做好理性科学的分析，以便减少研究的弯路。

（2）涉及立项报告的案例

（二）农村小学生"周末闲暇时间"合理支配策略研究的立项报告

课题名称	农村小学生"周末闲暇时间"合理支配的策略研究
课题研究人员	……
教育教学中存在的问题及简要分析	随着社会经济的发展，节假日的增多，人们闲暇的时间也多了，自由调节的方式也不断地多元化。而小学生的周末闲暇生活该如何安排？如何有效利用？特别在教育"减负"这样一个社会大背景下，如何利用假期和周末闲暇时间就成为一个值得关注的问题？有人认为孩子的闲暇时间如何利用是家长的事，但是作为教育工作者，我们必须看到，处于成长阶段的孩子除睡眠外的一切时间，实际上都是在有形和无形地学习，都是在接受着潜移默化的教育。孩子在闲暇时，父母和家庭其他成员以及伙伴的思想观念、意识行为、道德情操都在影响着他们。孩子的闲暇时间也需要有人指导。固然，有一些孩子会安排自己的休闲生活，但大部分的孩子还是不知如何合理安排。"学"与"玩"的关系还不会正确处理！要么无限制地游玩，出没于游戏机房，要么"苦战"，马不停蹄地学习！难道我们教育工作者就看着孩子们在"松"与"紧"的两个极端恶性循环吗？身为"父母"的家长该如何做？学校又该为他们提供些什么？特别是学生的周末闲暇时间的教育值得我们去关注、研究！
课题期望的目标（解决哪些问题）	了解学生周末休闲时间的活动安排情况，把校内外教育有机联系起来。给学生家长提供一些正确的方法、经验，使家长明白正确指导孩子周末休闲生活的重要性，给他们提供各种类型家庭休闲生活方式，提高小学生周末闲暇生活质量和品位，有利于开拓孩子视野、丰富人生体验、培养兴趣与创新精神，促进孩子的社会化及人格的健康。
研究对象与研究方法	研究对象： 本研究采用整群抽样调查法 抽取三年级学生共66人，进行调查研究。因为三年级学生有了一定的知识积累和理解能力，学习生活趋于稳定，基本能代表中年级的情况。 研究方法： 主要是问卷法，辅之以观察法和个别访谈法。利用晨会，要求学生如实填写。

研究过程的设想（包括开展的研究活动安排、研究措施等）	1. 开发校本课程，指导孩子合理闲暇，快乐成长。 在闲暇生活教育的推动上，学校扮演着极重要的角色。在我国现行的学校课程设置中，无论是大学还是中小学，还未将闲暇教育课程列入议事日程，为此，我们将教给学生一些有关的闲暇知识，让学生形成正确的闲暇态度和闲暇价值观。 2. 开展主题探索活动，让学生在"自主体验"中健康成长。 (1) 开展周末主题探索活动。充分利用周末时间，组织一个主题探索活动，如：观察一种典型动植物随季节变化而变化的情况，观察天气并验证天气谚语的准确性、环境污染状况调查实践活动、种植饲养活动，看有教育意义的电影片等。让每个学生在自主探究过程中激发已有的知识储存，学习并掌握一些研究的科学方法和技能，形成获取解决问题的能力。 (2) 开展"五个一"社会实践活动，丰富学生的双休日生活。即开展一项社会调查；参加一项社区服务；学会干一样家务；以"好书我推荐，亲子共读书"为主题，阅读一本好书，写出读后感；设计一项包含一定科技含量的小发明、小创造。活动内容丰富多彩，让学生充分的选择。 3. 创新作业设计，丰富教育内容，增加学生体验。 为了解决学生体验少、直接感悟少、理论与实践脱节的问题，我们决定利用周末闲暇时间引导学生进行学科实践作业和实践活动：制作手抄小报、写调查报告、写日记、收集对联、讲故事、课本剧表演、古诗文诵读、练书法、做手工、搞发明等，密切教育与学生生活、社会实践的联系，拓宽教育途径，丰富教育内容，增加学生体验。
预期研究成果及效果	围绕周末闲暇时间的特点，和小学生的生理、心理特点，以及从社会、家庭各个渠道进行研究，培养学生自我管理周末闲暇时间的意识和习惯，指导他们合理地有计划地安排闲暇时间，真正让学生树立正确的周末闲暇时间价值观，做时间的主人，促进学生良好习惯的养成，提高学生的闲暇技能，培养特长。增强学生的自我意识和自我监控能力。
注意事项	

【分析】

这是一份完整的小课题开发立项报告，包括了课题名称、研究人员、教育教学中存在的问题及简要分析、课题期望的目标、研究对象与研究方法、研究过程的设想、预期研究成果及效果等。但是这份立项报告依旧还存在不足，可从以下两个方面去加以完善。

一是名称中的"农村小学生"在课题中界定不清晰。在一系列的内容中，看不出"农村小学生"的特性，反而和"城市小学生"没有多大的区别，比如"课题期望的目标"：了解学生周末休闲时间的活动安排情况，把校内外教育有机联系起来。给学生家长提供一些正确的方法、经验，使家长明白正确指导孩子学会过实在的周末休闲生活的重要性，给他们提供各种类型家庭休闲生活方式，提高小学生周末闲暇生活的质量和品位，有利于开拓孩子视野，丰富人生体验，培养兴趣与创新精神，促进孩子的社会化及人格的健康。这个问题在研究过程中同样也存在。

虽然，不同地域的农村孩子生活状态不同，但是事实上，农村孩子周末更多的是帮父母干农活，而不是休闲生活，因此这个课题的期望目标不切合学生实际。如果期望目标是准确的，那么课题研究立项报告中就要对所研究的对象"农村小学生"有科学的分析和准确的定位。

二是研究方法有局限性。立项报告的"研究对象与研究方法"中，研究方法是整群抽样调查法、问卷法，辅之以观察法和个别访谈法。这只能是课题研究的前期情况分析，而不是研究过程中的研究方法，该课题最重要的是行动研究法在立项报告中没有涉及。

（3）涉及结题报告的案例

（三）"日记与班级管理研究"结题报告

一、研究的缘由

我是一名班主任，也是一名语文教师。我常常为作文练笔的效果发愁，于是我决定进行尝试研究：日记在班级管理方面有哪些作用呢？如何利用日记促进班级管理？

二、课题的实施

（一）对传统的日记进行变通

从这学期开学，我对传统的日记练笔方式进行变通。为了紧随时代，我不断更新充实日记这一范畴，使孩子们爱上它。

1. 分享本和悄悄话本

2. 手写日记和网络日记

3. 日记不是非得天天记

4. 多层次的激励措施

为了带动孩子们写日记的积极性，我用了三个层次的激励措施。一是打五角星。一星、二星、三星根据写日记的篇幅长短、认真程度、文句是否通顺、情感是否真实而定。二星是评出每日的优秀日记。根据内容是否新颖、是否有自己独特的想法、是否有自己的佳句、是否有明显的进步而定。三星是每2次优秀日记，就能得到一颗星（我们班级实施的争星制度）。

（二）从日记的内容、写法、批改三方面入手利用日记更好地促进班级管理。这一点在下面将详细地讲到。

三、研究成效

（一）日记在班级管理中的作用

通过两个月的尝试研究，我发觉日记对班级管理有着很独特的作用。

1. 日记是班级动态的一面反光镜，让我们看得更广

日记能够及时地反映班级中发生的事件，是一面有更多更广观察面的反光镜，使班主任对班级事件的看法更加完整、更全面、更客观。班级中的事，很多时候不能找更多的人了解情况。通过日记我们可以更多了解到不同学生甚至全班所有孩子的观点和看法，避免偏听偏信的现象，从而使事件的处理更加客观、公正。

日记使班主任对班级动态的把握更加全面。平时，很多事情学生往往不敢或者不方便直接找班主任老师反映，有了日记这座桥梁，孩子们平常不敢说或者不方便说的事，都能

说给班主任听。班主任老师就能看到平时看不到的情况，从而更加准确地把握学生的思想动态，及时处理解决，从而更加有效地促进班级管理。

2. 日记是班级动态的一台显微镜，让我们看得更细

日记似乎是一台"显微镜"。同学间、师生间、家庭间各种情况，都会在这里清晰地反映出来。每天批改日记，虽然花了我大量时间，但这些工夫换来了把握班级脉搏的原始凭证。有了这第一手资料，该表扬的表扬，该谈话的谈话，该开展活动的也能及时地进行，班级工作可以做到有的放矢。

3. 日记是深入学生内心的"胃镜"，日记让我们看得更远

日记使班主任工作的效果得以延续和提升。随时可以观察孩子们的内心变化。由于不同的因素，有时某些事我也会出现处理得不够细致的地方。比如有些事处理得不当，或者孩子受教育后心结还没有解开，孩子们会在日记中进行申述和辩解，把自己心中的真实想法告诉我，我就可以进行再教育和再疏导，这样就减少对孩子们的伤害和工作中的一些失误。

总之，日记使班主任对班级动态了若指掌，对班级的管理更有头绪，也使班主任和孩子之间的关系更加融洽。

（二）如何利用日记促进班级管理

那么，如何利用日记更好地促进班级管理，我在这个学期进行了如下尝试：

1. 从日记的内容入手

一开始，很多同学都说日记没有内容可写。这时，我就引导孩子们从学校、班级、自己身边的事着眼，写"生活日记"。提出"我是班级小主人，班级事情我知道"活动，鼓励孩子们把白天发生在班级中的事情，写在日记中告诉老师。孩子们有了写日记的内容，我这个做班主任的也能从中了解很多的班级动态。

当班级中发生一些比较典型的事，有较多的同学写到某个话题时，我还会组织孩子们以日记的形式进行讨论。有时，我也会出一些话题让孩子们写日记。

2. 从日记的写法入手

起初孩子们只是把事情写下来，以叙述为主，没有自己的想法、也不能很好地分辨是非，分析不良现象的危害。这时，我又通过读日记的方式告诉他们，除了把事情原原本本写在日记里之外，还可以把自己的想法、看法写进去，并试着分析这件事的是非对错和其中的理由，思考并写出纠正不良现象的方法等。时间长了之后，日记不仅成了自我教育的场所，而且在潜移默化中提高了他们辨别是非的能力，更重要的是学生从中常获得前进的动力，也提高了班级管理的效率。

3. 从日记的批改入手

在日记批改中，很多时候能潜移默化地解决班级中的矛盾，促进班级管理。

当班级事务不能处理得恰到好处，不适合当面处理或当面处理效果不理想时，利用日记批改可以更好解决。比如，我们五年级的学生有几个已经到了青春期，他们中有一些问题有个性，但还不是班级中普遍的情况，在班级中当全体学生的面讨论也不合适，单个叫出来，也比较难说。但是在日记的批改中就能避免这些不适合的因素，把老师的想法悄悄地跟他们说。他们很乐于接受，而且能反复看，起到长期受教育的效果。

除此之外，利用日记批改进行心理疏导也是十分有利的。如小楼同学是一个很内向的

女孩，在班级中我从未听她大声说过话。她的日记常常述说她和爷爷奶奶与爸爸、后妈之间的种种矛盾，我通过日记批改的方式对她加以疏导，使她开心了许多。

师生感情也正是通过日记这个桥梁越来越浓，班级工作也就在这样的基础上越做越顺。我想通过日记促进班级管理，会使班主任工作更为科学，更为省时省力。日记的确是班主任做好工作的"法宝"。

（三）要处理好的几个问题

1. 及时遏止打小报告、互相攻击报复的行为。

孩子们在日记中反映违纪事情的时候，有些学生往往会打小报告或利用日记的形式对同学变相的打击、报复。出现这样的情况，班主任老师要注意及时调适。

2. 防止日记成为单纯的班级管理工具。

动态小课题的研究让我每天都有一个明确的目标，每天都有新的感受，每天都有新的收获，让我的每一天都过得轻松、踏实、满足、快乐！

【分析】

这份结题报告比较完整翔实，从中可以看出研究者的研究过程和所取得的实效，是一项可行性强的班级小课题开发。其实，此小课题开发，还可进行多方面的思考、剖析、规范，进而去完善，比如：

一是从课题名称上来审视。课题名称大而空泛，可修改为"变通日记形式，促进班级管理的实践与研究"，这样的课题名称揭示了研究切入点和研究的过程（"变通日记形式"），也指明了研究目标（"促进班级管理"）。比原课题名称"日记与班级管理研究"更清晰，切入点更小，更容易操作。

二是从结题报告的本真来剖析。结题报告要完整地体现研究过程，所以还要有研究过程中遇到困惑、困难以及解决的办法。

三是从语言的表述上来观照。结题报告中各部分的表述要完整规范，以免发生歧义，比如，本报告开始部分"研究的缘由"这样写道："我是一名班主任，也是一名语文教师。我常常为作文练笔的效果发愁，于是我决定进行尝试研究：日记在班级管理方面有哪些作用呢？如何利用日记促进班级管理？"这个表述含糊不清，到底是作文练笔的效果问题，还是班级管理的问题，应作修改。

四是从深入的角度来思考。按照小课题开发系列化原则，在结题报告的结尾部分还应该有与之相关的下一步的研究设想与目标，使整个小课题开发在系列中促进班级管理。

【反思】

总揽上述三个案例，其实在实际操作中，通常还会存在一些不足与局限，主要有以下几方面。

一是受教师知识贮备的影响，缺乏案例分析的理论支撑与技术支持。中小学教师只有掌握了一定的科研知识技术，以及小课题研究的第一手资料后，才能做好案例分析。

二是受所选案例的局限，直接导致案例分析失效。搞好案例分析与案例选择的质量优劣有关，班级管理案例的内容必须是真实、可靠和客观的。

三是受主观因素的左右，从而使分析失真。案例分析中常常不得进行大量的假设，这样就不可避免地掺杂进主观的因素，从而使分析失真，所以我们要立足研究的实例、数据进行客观理性科学的分析，注意分析的方式方法，学会从不同角度分析。

四是案例分析有时是没有固定标准的，对分析的优劣不易检验。班级管理中的小课题开发成果重在实践中检验。

当前，无数小课题开发因为零零碎碎，并没有引起人们的重视，而真当某一小课题开发最终修成正果时，便会给整个研究领域一次震撼。如吉林大学出版社出版的名为《插班生林可树》的班级管理小课题开发著作，在2011年的"中国教育报"读书栏目，有长达几个月的重点推荐，这实属难得。其实，作者的成功，就在于他将班级管理置入了当前新课程改革的大背景中去深入研究后进生，并且能坚持一个学期对插班生林可树的成长过程进行跟踪研究，将师生间交往的故事用教育叙事的方式作了记录。这种研究方式，可以洞察科学有效的案例分析是做好小课题研究的一把"金钥匙"。

【建议】

班级管理小课题开发，如果只有行动而无成果，往往挫伤研究者的积极性；如果只是注目成果而无理性的行动剖析，必然导致小课题研究的向度与应有的高度缩水。打破此项研究的瓶颈，课题案例分析必须实现三个突破。

首先是提升小课题研究的境界。行动小意义大，虽然研究中只涉及到了班级管理中的哪怕一位学生、一个小集体、一个相对的时间等，都必须把握住整个小课题开发的本质，从新课改的高度，从学生的实际中去做好案例分析。

其次是冲破狭隘的研究樊篱。必须打破独立的片断式研究，以合理的研究形式凸显长期性，注重目的性和计划性，形成序列，将小课题开发长期坚持下去。当完成一个阶段任务以后，便顺利地进入下一个阶段的研究。

再次是突破无子课题而聚集更多研究成果的现象。虽然一项研究往往会在短时间内便已经结束，如果真正做到了前面两项突破，只要坚持整理每一过程中的研究成果，便会发现整个研究不但会有量变给小课题源于实践厚度的支撑，而且质变会促进小课题开发价值的提升。

因此，要求教师学会对小课题研究案例的"把脉"，诊断出"病因"，在比较各种小课题研究课题、方案、方法等优劣的基础上做出科学合理的决策，开出优良的"处方"，提高小课题研究质量。

第五讲　教育管理小课题的开发

> "水之积也不厚，则其负大舟也无力；风之积也不厚，则其负大翼也无力。"
>
> ——庄子

对于教师来说，职场涉足主要集中在三个点，一是课堂，二是班级，三是学校管理。在这三个场中，无不见证着每位教师的价值。教师不可能是独立于教育管理之外的成员，但是，在管理的框架内，其专业成长主动权在自我。那么在成长过程中，如果发挥成长主动权，使自己的成长和管理者的管理和谐共振，教师就会真正自我强大，就会发现教育管理给教师提升自我提供了广阔的空间。

前面两个章节中，我们倡导教师在课堂教学与班级管理中，积极地开展小课题研究，从而打开自我发展的瓶颈。在这一章节里，除了与教师朋友探讨如何在教育管理这一场域里开展小课题开发外，还将引导更多教师突破留存心中的偏见——被奴化的习惯。希望能通过倡导教师积极参与学校管理场域里的小课题开发，一方面让教师的教育人生变得更加幸福，同步兼顾增长教育管理知识、提升教育能力。

第一节　涉足教育管理小课题的意义

管理是近年来工商界比较前沿的话题，对管理内涵的困惑、关注和探讨一直就没有停止过。但在教育界，却很少有人研究学校管理的内涵。教育管理者仅仅是上级政策的"司号员"和"勤务兵"，很难自主地进行校本管理的研究，更别说教育人力资源的开发与利用了。因此，教师涉足教育管理领域做小课题开发，便显得意义非凡。

在学校这个大环境中，由于教育本身的特殊性，教育和管理原本是不分家的，只不过因为社会更加注重分工，管理者与教师之间的职责更加分明。其实，教育领域的管理者和教师都是这一领域里的主人，只是由于职责的划分，原有的平衡方才被打破。在笔者看来，主动涉足教育管理领域，最大的意义就在于无意之间便作了教育的主人。

课题研究，无疑是教师主动参与教育管理的一种积极心态的见证。作为一位普通教师，如若自觉地参与到学校教育管理的科研领域，这行动本身就已折射出他的个人素养。

值得指出的是，教育管理小课题开发，不是教师在异想天开，它以提升教师的个人素养、优化教育大环境为终极目的，是惠及教师个人的有价值的课题研究项目。唯有参与、亲身体会，悟透其道，让其带给个人成长快乐，才会感受到教育管理小课题开发的意义与价值。

1. 做被关注的教师

自 20 世纪末以来，教师参与学校管理已成为管理研究领域的重要课题之一。通过大量的调查发现，教育管理小课题开发，是教师参与学校管理的最好捷径，这种方式往往能得到学校领导的支持。因为，教师参与学校管理研究，具有提高学校管理的效能、降低决策风险、优化学校的文化氛围、提高教师工作积极性、改善教师和管理者之间关系、提高学校管理决策的合理性等多方面的积极作用。这是教师主动开发学校管理小课题能够获得成功的一个根本原因。

研讨优秀教师的优秀之道，纵然有千条理由，绝对有一条是相通的，那就是因为教师的某种行为致使教师优秀，又因为这种行为引起管理者的关注，从而赢得成长的机会。倡导教师做教育管理小课题开发，旨在通过研究而使教师工作能力得到提升，又因课题而受到教育管理者特别的关注。

原规则：被动接受管理，不如主动地开展课题研究引起管理者的关注。

现实中，学校管理权主要集中在以校长为核心的领导班子手中，他们对于教师参与学校管理的价值和意义缺乏深刻认识。因而在我国中小学管理实践中，广大教师很少有机会参与学校管理或决策过程，即便让教师参与，也存在形式化、走过场等倾向。

面对现实，可以肯定地说，成功的教师赢得参与学校管理或决策的机会肯定多。在教好书、育好人的同时，找到参与学校管理与决策的机会，即参与到制定教育教学规则的过程中。这对任何教师来说，都是大有裨益的。因为，在学校这一个特殊的团队里，一位教师教书育人的成功，大多是因为有管理者的一路绿灯，并为其做了坚强的后盾。

 现象纪实

就目前教师参与学校管理的少量个例而言，研究主要集中在教师参与学校管理的意义、价值、内容、范围及评价等方面，对教师实际参与学校管理的状况、程度以及教师期望参与的状况、程度等缺乏深入的探讨。

调查研究发现：不同性别、年龄段、学历、类型的教师在实际参与或期望参与方面存在着一定的差异。具体表现为以下形态：

中小学教师实际参与学校教育管理事务的程度总体偏低、类型单一，教师的实际参与多数表现为象征性、形式上的参与，在学校的教学、行政和后勤三个部门管理中，教师实际参与和期望参与平均得分最高的是教学事务，在行政事务和后勤事务中，凡是涉及与教育教学和教师个人权益有关的具体事务，教师实际参与和期望参与的程度要高于其他事务。

参与学校管理，是教师参与教育管理小课题开发的平台。教师实际参与学校管理的状况，主要以"不参与"和"参与提供意见"者居多，而教师期望则以"参与共同讨论"和"参与团体表决"为主。

观察发现，不同性别的教师在实际参与和期望参与方面存在差异。无论是实际参与还是期望参与，男教师均高于女教师，而男女教师的实际参与没有显著性差异，均偏向于"参与提供意见"；男女教师在期望参与方面也没有显著性差异，均偏向于"参与共同讨论"。

不同年龄段教师的期望参与没有显著性差异。从各个年龄段和总体的平均数来看，均以"参与共同讨论"为主。而教师实际参与因年龄不同而存在显著差异，年龄在21—30岁的教师和41—50岁、51岁以上的教师之间存在显著差异；就教学事务的实际参与而言，年龄在21—30岁的教师参与程度明显高于41岁以上的教师。

乡村教师陈万立

陈万立，男，中学数学高级教师，1981年8月从息烽师范学校毕业后到养龙司茅坡小学任教，其间1984至1986年就读于安顺教育学院数学系，学业期满分配到息烽二中，2004年任命为该校校长。从教以来，陈万立长期担任初中数学教学，积累了丰富的经验，其深厚的数学功底、纯熟的教学技巧深受学生的喜爱和教育同仁的钦佩，被誉为该县中学数学教学的"牌子"。担任息烽二中校长期间，他带领全校教师一道励精图治，大胆改革，创造了该校从未有过的辉煌。学生成绩逐年上升，中考500分以上人数每年以较高的速度递增。在学科竞赛方面，多次夺得国家级和省级奖牌，获奖学生达60多人次，刷新了该校此项活动多年来的空白，该校也因此获得国家、省、市、县表彰20余次，获奖教师160多人次。"教学上的名师，管理中的标兵。"陈万立从一名普通的山村小学教师成为全县第二中学的优秀管理者，无愧于一位教育名师的称号。

【反思】

古语说"变则通，通则达"，教育生涯的畅达是每个教师所希望的，个人形象的提升是每个教师所渴望的，人生路漫漫，只有不停地求索，才会画出与他人不一样的人生轨迹。

那么该求索什么？对教育管理小课题的探究，是一个引领我们走向开阔地的良好契机。其实，没有谁天生就具有管理才能，看很多教师的自我定位会发现，他们自己把自己排挤出了教育管理之门，在这种情况下，谁又会主动邀请你入席呢？看看陈万立老师的足迹，做教师做得风生水起，做校长也能励精图治、大胆创新，一个普普通通的山村小学教师能成长为一个中学的优秀管理者，成长为一个名师，如果他没有对教育管理事业孜孜以求的探索，那么凭借山村小学教师的底蕴，除了只会教书，他不可能履行好中学校长的职责。

可是，看看周围，教师参与管理小课题开发，参与者甚微，为何？一个根本原因在于太多的教师没有把自己当做学校的主人，没有全身心投入学校教育，没有主动去思考该如何参与学校管理，才能改善自己的教育环境，在教育之路上获得幸福的栖息地；即使有的教师有思考却又没有找到合适的参与途径，不知道出路在哪里。由此，我们呼唤教师们除了拥有较强的教育教学能力外，还应通过主动参与教育管理小课题开发，学习教育管理知识，进而提升自己的管理能力，因为教育教学能力有时候是与教育管理能力相辅相成的。

【建议】

在天长日久的教育进程中，教师与教育管理者之间，似乎在无形中有了一道"鸿沟"，官是官，兵是兵，除非有政策任务，否则之间很少互动。即使开会也是领导高高在上，教师在台下有距离地聆听。教育管理者居高临下的姿态，令很多教师见领导心里打怵。有的教师认为，我涉足教育管理领域，会不会让校领导们产生"鸠占鹊巢"的心理呢？其实，大家大可不必这样想，领导也是逐步成长起来的，没有人与领导交流心得，领导也会比较郁闷，碰到棘手的问题也会茫然，此时我们来开发教育管理小课题，其实是对领导工作的协助。

做好教育管理小课题开发，建议先从以下三方面做起：

一是增强做教育管理小课题的勇气。有的教师会认为，我一个教书的去搞教育管理小课题，是不是有点不自量力。或许，当我们的教育管理小课题研究一旦暴露在教师们的众目睽睽之下时，一部分异样的眼光就会冒出来，一部分刺耳的调侃或讽刺之音就会响起来，所以有的教师会畏首畏尾，缩手缩脚，要么躲躲闪闪地搞"地下工作"，要么临阵退缩，放弃研究。其实，大可不必，遍观历史，细察身边，只要有改革思想出现，必然会有支持的，也有反对的。只要是顺应时代潮流的进步思想，一定会越来越强大，进而主宰整个社会。那么，搞教育管理小课题开发也是如此，它是每个教师打开进步之门的钥匙，是任何刺耳之音所无法阻挡的。

二是尊重学校已有的管理理念，是做好教育管理小课题的基础。尊重学校已有的管理理念，其实质是教师的参与意识和创造能力的体现，可以使教师自我的多方面才能得到充分发挥。教师在多渠道地自我参与学校管理的基础上，提出意见和建议，还需要调查、思考、研究学校现行的制度政策机制等方面不够完善的地方或者存在的漏洞，并从中选择有价值的小课题，得到学校管理者的认可，自己为自己搭建平台，寻找发展的途径。

三是当思三个因素，是做好教育管理小课题的关键。即"教师可利用的时间和自我可能接触的各种资源、信息""教师的切身利益和自我应优先考虑的事项""教师对在学校管理工作的心理认可区及应承担的基本义务"。美国学者道森（Dawson，J.）指出，研究者必须同时考虑到这三个因素，以使教师的积极性和参与热情有所提升。但在现实中，三因素常常被忽视。对于行政事务，教师应积极地承担基本义务，力争拥有参与的积极性、有效性。

【谨记】

只有全身心地投入朴素的教育管理小课题开发中，我们的教育素养才会得到升华，我们才会成为被关注的教师。

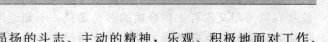

2. 永远与积极为伍

在这个竞争日益激烈的时代，以昂扬的斗志、主动的精神，乐观、积极地面对工作、生活是至关重要的。做教育管理小课题开发，与"积极"为伍将指引我们准确地自我定位与调整，获得积极的思维方式，建立良好的人际关系，发现自己的潜能，走向成功。

原规则：主动研究是一种接近教育管理者进而获取发展机会的积极方式。

这是一个多元化的社会，一个只具有单一身份、单一思维的人，已经不能适应这个社会，我们在街上看到的一个乞丐，有可能是一位百万富翁在体验社会底层的生活，有可能是一位行为艺术者，有可能是电视台为了测试人们的人性底线请来的演员，还可能是一个案件的便衣卧底。一个中年男人有多重身份，既是自己父亲的儿子，又是自己儿子的父亲，既是行业中的管理者，又是被管理者等等。而这种多元身份，给了人们生活的乐趣，也为人们打开了多种生活方式的通道，那么涉足教育管理小课题，则可以使我们由教师单一身份走向一个课题研究者、接近管理者、寻求事业进步者的多元身份。这些新的身份，会给我们的事业和生活带来新鲜感，带来积极的意义与力量。

现实中有些教师缺乏主人翁精神，很多时候游离于管理之外，表现为：1. 思想末位，认为学校是校长的学校，参政议政热情不高，对学校的规章制度冷眼视之。2. 角色错位，把自己定位在打工角色上，因而不同程度地存在一种"失落感"。对学校的教育质量提高、办学理念、发展前景等等漠不关心。3. 行为变味，工作消极，职业生涯停滞不前。

名校长的管理风范

名校长应该是学校智慧积淀的化身！是学校文化积淀的化身！名校长，是课堂改革的指导者！

成功的校长有自己的教育思想，如杨一青校长的"以人为本和谐发展"、孙小芙校长的"提升自身素养、学会科学管理"、胡爱玉校长的"学校和谐文化建设"、俞国娣校长的"教师专业发展"。他们在形成自身的办学思想的基础上，将其实践于学校教育管理，并逐一得以升华，从而造就名校，成就名校长。

名校长是做出来、想出来、写出来的。名校长辛勤工作创办了名校，并且不断扩大优质资源；他们深入思考探索教育教学规律，并实践这种规律；他们笔耕不辍，及时总结工作得失。朱永新教授曾说，如果一个教师每天写 1000 字的反思，坚持 20 年，就一定能成为教育家。陈明强说："只要我们肯干、深思、勤写，离名校长就不远了。"

名校长的成功不是速成的，而是累积的。韩忠玉校长创立的"韩忠玉信心教育法"，从安丘四中的探索实施至潍坊四中的深化延伸，韩校长之所以十二年如一日，探索信心教育成功之路，将两处办学条件不同的学校打造为全国名校，自己也成为"齐鲁名校长工程人选"，就在于他持之以恒的坚持。

农村学校的种种先天不足和后天营养不良，往往让校长感到心有余而力不足。对此我们来看一下洋思中学的崛起，蔡林森校长凭着艰苦奋斗精神将他的办学理念贯彻到全体师生，硬是将只有三流硬件、三流生源、三流师资（指学历不高）的一所农村联办初中，创造出一流的教学质量，成为"全国农村初中教育改革的一面旗帜"，他们的"先学后教，当堂训练"也被称之为"一个朴素的教育奇迹"。

齐鲁名校长张作民之名在于他是一位"减负校长"，是"轻负优质"的先行者。日照经济开发区学校的奇迹就在于一边是很高的质量，一边却是很轻松的负担。张校长频繁参加学校各教研组活动，他亲自给教师听课、诊断，甚至为教师设计教学。他的眼睛紧紧盯着两个人：一个是学生，让他们有足够的时间玩儿，让他们有足够的时间睡，让他们有足够的时间学他们想学的东西。一个是老师，要求教师把课堂和学生真正研究透，可讲可不讲内容的一句不讲，可做可不做的作业一道不布置。他穿梭在其中，"逼"教师转型，使课堂"燃烧"，让学生快乐！

【反思】

上面的文字给大家呈现了一个个名校长的成长足迹与办学理念。我们每一个教师读后不得不感叹，原来不服气是没用的，自己确实与"名校长"之间有巨大的差异。其实，这差距，教师可以通过参与学校管理小课题开发来进行弥补。研究发现，在教育管理小课题开发中，通常可以围绕以下几个点深入研讨：

一是学校管理——德育教育研究。德育研究目标：由单一性向多元化转变；德育研究方式：由认知性德育向活动性德育转变；德育研究途径：由学校、课堂向社会各层面转变。

二是学校管理——课程的开放研究。如对开放式课堂文化的构建研究；对开放式学科课程的实施展开研究；对开放式学习评价的改革研究。

三是学校管理——学生自主管理体制构建的研究。

四是学校管理——学校、家庭、社会三级教育体系的构建性研究。

五是学校文化建设。如，学校环境文化的构建研究；学校观念文化的构建研究；对学校制度文化的建设研究；对领导者的新角色、教师的意识观念、学生的素质特征等进行探讨。

只要参与教育管理小课题开发，积极意义更会快速地彰显出来。如改变传统的教育教学行为，有效落实新课程理念，促进学生素质的提高和教师的专业发展；加强学校的文化建设，形成学校办学特色，推进学校可持续发展；促进学校管理的开放性程度，最大限度地开发学校、教师、学生、家长、社会的教育能动作用，协调各方面的关系，向管理要效益、向管理要成绩，形成学校管理特色。

科学家研究指出：人是唯一能接受暗示的动物。心理暗示可分为积极的心理暗示和消极的心理暗示。只要我们每一位教师参与教育管理小课题开发就能获得一种积极的暗示，肯定会从中受益匪浅，而且更能通过激活自我工作的主动性、创造性，提升自己的生命价值，促进学校的可持续发展。即有了课题理论做支撑，在我们的教育生涯中可以获取任何一种想要的成就感。

【建议】

教育管理小课题的研究过程，是一个自身素质提高的过程，也是一个会触及其他人利益的过程，面对可能出现的诸多问题，开展研究的教师更应以积极的心态去正视一些现实的问题。建议如下：

一是把研究对象作为一面镜子，照亮自己。每个学校的教育管理者，大多是从基层教师一步步提拔起来的，他们有过人的知识底蕴，有过硬的授课本领，有扎实的与学生交流互动的能力，有做管理的前卫意识和方法。古语说"近朱者赤，近墨者黑"，与这样业务能力强的人为伍，在进行交流与探究的同时，我们个人的教育教学能力也会于无形中得到增长。因此，不要把这些研究对象仅仅看做是值得做研究的对象，还应该以他们为镜，发现自己教育上的不足，进而一点点改正、进步，提升自己，从而更上一层楼，到达更高的教育境界。

二是把研究眼光放远一些，在最大范围内获益。一个小课题的开始和终结，往往只代表了一个过程，有没有实效，还需要通过长期的实践去检验和论证。当我们涉足了教育管理小课题的探究，就意味着我们走上了一条铁肩担道义的教育之路。在研究之初，我们要以积极的姿态去查资料、访先贤，求名师、览名校，尽最大的努力阅尽先进的教育书籍；在研究之中，我们要总结个例，提升理论高度，探究实践价值，分析实践的结果；那么，当课题结束后，我们依旧要把我们的理论研究做下去。没有比人更高的山，没有比脚更长的路，把研究眼光放长远些，让被研究对象、研究者都从中获益，而且最大范围的获益，这才是我们做课题研究的最终目的。而这个研究目的的达到，并不以时间为限，它会无限制地延长下去，无限制地让教师和学校获益。

三是把研究心态放端正些，研究不能浮于浅层面，必须深入，而且也必须深入地发掘研究成果。如果心态不端正，是难以做到这一点的。我们必须清楚，小课题开发是为了让自己和他人的教育教学更上新台阶，不是自私狭隘的投机钻营。另外，当我们的教育管理小课题开发取得一定的成果时，可能各种奉承与恭维又会随之而来，此时，不要盲目乐观，要保持淡定的心态，要继续认真地研究下去，以求得到更大的收获。

【谨记】

我自淡定搞研究，任尔东西南北风。寻求了一种积极的研究方式，就要把一切研究细节做到极致。

3. 主动强过于被动

有个绝妙的比喻：企业好比一棵大树，树上攀满了猴子。站在树上，往左右看都是耳目；往下看都是笑脸，往上看都是屁股。要想少看屁股多见笑脸，唯有向上高攀。这个比喻同样适用于教育行业。教师是个夹板式的角色，有干部之名，却无干部之实权，对上要听命，对下要负责，家长不买你的账，到社会上处世，教师也多不是八面玲珑的角色，在学校、社会、家庭等多重环境中，教师都受着夹板气。那么与其"受夹板气"，不如化被动为主动，提高自己的业务素质，提高自己各方面的能力，通过改变自己进而拥有众人的关注与敬仰。

原规则：从研究教学到研究教育管理，多走一步不但能赢得整个教育，更能赢得人生。

大家都知道"毛遂自荐"的例子：秦军围攻赵国都城邯郸，平原君去楚国求救，门下食客毛遂自动请求一同前去。到了楚国，毛遂挺身而出，陈述利害，楚王才派兵去救赵国。与此类似的还有"曹刿论战""扁鹊见蔡桓公"的例子。这些例子都是化被动为主动的历史经典故事，如果没有毛遂、曹刿的主动，那么其后果会危及整个国家，而扁鹊的主动没有拯救蔡桓公的生命，则是一个悲剧。这些故事启迪我们，与其被动地应对教育改革大潮，不如主动出击，才会让我们的教育人生成为一棵常青树。

教师进行教育管理小课题开发，可供选题的空间非常广阔，一个根本的原因，在于学校管理缺乏创新。

长期以来，由于我国现行的校长责任制还不是很成熟，导致学校不能完全依法自主办学，从而严重影响了学校有特色的可持续发展。有的学校领导很关心学校教育的发展，但又害怕改革创新，宁可固步自封，墨守成规，也不想站立于风口浪尖；有的受到现有利益格局的限制而改革不到位；有的对于学校的整体管理水平缺乏一种清晰的思路，长远的规划，明确的目标，以致出现一些盲目的改革，尤其在教学管理上，深入研究、积极指导都十分欠缺。管理的行为在制订教学计划、检查备课节数、清点作业次数、查看听课笔记、组织考查考试、统计学业成绩、收集工作总结等环节上抓得比较紧，而对教学的最重要的环节，如课堂教学却缺乏广泛而深入的了解，对学生的学习状况，如学习动机、学习兴趣、学习需要、学习材料、学习心理、学习手段、学习方法、学习方式、学习策略、学习空间、学习气氛、学习强度、学习效果等关注不够、研究不多。对教师的施教过程缺乏有效的控制、指导或矫正，对教师教学的优劣缺乏符合时代要求的富有前瞻性和发展性的评价。

教师可以抓住机遇，就上述管理中的热点难点重点盲点问题进行小课题开发，做学校管理的主人，做自我成长的主人。

缪钦：从名师到名校长

缪钦，福建特级教师，柘荣一中校长，福建福安人，1983年毕业于宁德师专，为了支援山区教育，年轻的他毅然放弃了优秀毕业生的统配机会，只身到柘荣山区工作，并以"老老实实教书，堂堂正正做人"自勉。

缪钦从教25年来，先后担任过普通教师、科研组组长、备课组组长、副校长、校长等职，唯一不变的是他始终不放弃教学第一线的教学工作。

1991—1997年他任教学教研组长期间，注重培植组员的团队精神，在组内营造民主、和谐的学术氛围，使年轻教师得以迅速地成长，先后共有3名教师被评为省优秀青年教师，2名教师被评为市级优秀青年教师。1998年，他所在的教学组被授予省"先进教研组"称号。

1999年9月～2002年7月，他又开始了教学备课组组长的工作。对有些人而言，这些"卑微"的职务根本算不上什么甚至有可能被认为是麻烦，而缪钦却不这么认为，他把这些角色当做了锻炼自己教学管理能力的最好机会。

【反思】

"路漫漫其修远兮，吾将上下而求索。"诗人屈原在几千年前就在《离骚》中发出了求索的呐喊。"老老实实教书，堂堂正正做人"的校长缪钦成长的故事告诉我们，教师的专业成长是主动强过于被动，积极开发身边资源，不断磨砺自我，方可给自己创造展翅高翔的天空。

教育管理与一线的教育教学是不分家的，可以"教管相长"。在教学一线的教师，可以通过对教育管理小课题的探究，来提高自己的管理水平；担任教育管理职责的教师，可以把自己掌握的教育管理方略运用在教学一线的实践中。"他山之石可以攻玉"，借助另一个领域的能力，在教学一线的成长为名师，担任教育管理职责的成为出色的管理者。

因此，教师要想获得飞跃式发展，就需要化被动为主动，努力求索知识，努力在教育管理小课题上下工夫，把"教育管理"的精髓学到了家，那么在日常管理教学、管理学生、管理班级上，都会游刃有余。

我们应该明白，做教育管理小课题开发，只要达成以下目标，便可算是成功。

一是促进学校管理的发展。现有体制下，形成"权责一致、分工合理、决策科学、执行顺畅、监督有力"的校本管理模式。着力构建学习型组织，深化学校内部管理体制改革，促进学校中人、财、物、时间、空间、信息等管理要素的有效组合，降低管理成本。让管理者的角色不仅是上级指示的传达者和贯彻者，而且是学校的管理者、授权者、促进者、学习者、与外界的沟通者。

二是促进教师的发展。促进教师的角色发生根本性变化，让其从课堂的管理者转变为学校的管理者，并参与制订学校的目标、任务以及各种政策，将其培养成观念新、业务素质高、实验操作能力强的教学骨干教师。

三是促进学生的发展。促进学生学会与老师进行沟通，与同学进行交流，主动参与班级管理与自我管理，学会采用有效的学习方法、学习策略，努力提高自身素质。

四是促进家长的发展。使家长树立正确的家教观和成才观，掌握科学的教育知识与方法。营造亲子互动做朋友的家庭环境，以良好的品德修养和行为习惯为子女作表率。

【建议】

教师可以从以下几个方面入手主动从事教育管理小课题开发。

一是主动申请教育管理小课题，做课题的承担者。除非强制布置，天上掉馅饼的好事通常比较少，了解了教育管理小课题的妙处，在单位研究氛围不浓厚的情况下，我们要主动向负责课题开发的上级部门提出开设课题，或者向单位负责领导提出申请。在征得上级或本单位领导的同意后，成为教育管理小课题的承担者，进入课题的初级研究阶段。针对课题，撰写详细的开题报告、设想和具体实施过程，搜集先进的教育管理理念，为课题的具体开展做前期准备。在没有机缘的情况下，我们一定要学会主动寻找契机，主动创造契机，没有谁能主宰我们，只有我们自己。

二是主动积累教育管理素材，做课题的研究者。课题指导思想是来源于现实又高于现实的理论，课题不是无源之水、无本之木，课题的设立除了有现实做基础外，还有历史溯源的优势，古今中外，肯定有与此有关的教育理论专著，或者教育理论的先行者，循着他们的足迹，再结合我们的教育教学现状，就可以创造出有自己风格的"××教育管理模式"来，可以指导我们的教育教育实践，也可以推而广之，让更多的教师或学校受益。所以，我们要静下心来，在教育教学之余，在书海、网络世界中穿行，寻找教育管理理论的蛛丝马迹，抽丝剥茧地进行梳理、整合。

三是主动实践教育管理经验，做课题的被研究对象。真正的课题成果，必然来自于实践中，我们不可能坐在办公桌前捂着脑壳想一想，课题的结论就飞花碎玉般地划着美丽的弧形落入我们的脑海，这样的课题成果只能是空中楼阁，中看不中用，没有实际推广价值。我们应该把整合的教育管理经验，在我们教育教学实践中加以施行，在施行过程中，发现不足与疏漏，在理论的观照下，加以调整和弥补，这样逐渐完善，直到取得成效。只有在研究课题过程中，自己也成为被研究的对象，那么我们对课题研究过程的体察才会真切，对课题结论的推出才能有感悟，有深度，在用文字总结课题理论时，才会滔滔不绝、文采斐然，因为这是发自内心的东西，一字一句写来都如金似玉。

四是主动组织课题研究的团队，做课题的领导者。课题研究的实施，靠单人匹马、孤军作战，往往容易捉襟见肘，顾此失彼，我们需要团队合作精神，三个臭皮匠赛过一个诸葛亮，只有集思广益，才能得出集众家之长的完美结论。那么有团队就需要领导者，我们一旦申请下课题后，要主动组织课题研究团队，担任领导者，指挥各个队员分工合作，把每个环节的研究做扎实，保证整个教育管理小课题的顺利实施，防止出现环节疏漏，以致不能及时结题的现象出现。

【谨记】

教育管理小课题会让教师比其他人早行一步路，多行一步路，或许此路行来艰辛，但是艰辛之后必然会结出甜蜜的果实。

第二节　教育管理小课题的研发途径

开启教育管理小课题的开发之门是什么？通过大量的调查发现，主要集中在以下几个方面：

以师生为主体，对学校管理人文内涵的探讨。人是学校管理中最重要的资源，尊重人的积极性和创造性是管理的关键；在用人制度上，"赛马"比"相马"更重要；在评价制度上，"鼓励"比"诊断"更重要；在分配制度上，"激励"比"惩罚"更重要。因此，管理的关键是要尊重客观规律，把管与理、控制与协调有机地结合起来，从而达到治教、治学、治校的最终目的，达到管理的最佳效果。

以时代为方向，对学校管理时代内涵的探讨。跟上时代步伐才有活力，只有开拓创新才有进步。想别人不敢想的事，做别人不敢做的工作，走别人从未走过的路。只有如此，学校改革的发展才会产生不竭的动力，学校也才会永远立于教育发展的前端。

以知识为动力，对学校管理知识内涵的探讨。学校管理说到底就是对知识的获取、消化、共享、创新全过程的管理。对教育管理小课题的研究，往往会在无意识状态中把以下内容作为研究目标：创建和培育以开放合作为规范的学校文化，制造教师之间相互促进、彼此学习的氛围，鼓励教师共享隐性知识等。

以发展为目标，对学校管理发展内涵的探讨。学校发展是成长、壮大的过程，具体说来包括质的变化和量的增加。研讨过程中，不但会关注学校管理在解决"火烧眉毛"之类问题的同时，还会关心学校的未来。同时，也会通过小课题，帮助学校管理者把握好基本性问题。这类问题虽然不多，但非常重要。

怎样才能攻破教育管理小课题开发这扇大门？在本小节中，将对教育管理小课题的内涵及其研发途径作进一步的探讨。

1. 对管理者与被管理者的研究

参与教育管理小课题开发，并不只是管理者之间的事，其实教育领域里的任何人只要参与，都能从中获得益处。改革者们力求通过比较完善而进步的方式，让教育管理者和被管理者都动起来，以求校园中呈现出快乐的教育教学氛围——人人尽其能，人人获得最大的工作满足感与精神愉悦感。但实际上，很多教育教学改革模式仅仅探究了某一方，并不能将各方都兼顾，而且往往调动了教育管理者的能动性，又削弱或抑制了被管理者的工作能动性，或者关注了被管理者，相对又给学校的教育管理者摆出了新的管理难题，让他们进退两难。那么，搞教育管理小课题开发，我们就可以探究一下这个话题，怎么能既调动教育管理者的积极性，又调动被管理者的能动性，二者相互协调，把教育教学改革落到实处。

原规则：关注人的能动性是整个教育管理小课题研究的核心。

教育管理者与被管理者之间，就好比车轴与车的连杆传输系统，车轴动一动，连杆就带动整个系统动起来了。可是在很多学校中，教育管理者与被管理者之间，由于**各种考核细则与奖惩方案**的存在，二者之间是存在隔阂的。那么当这些考核与奖惩方案不能很好地激励被管理者时，被管理者就以消极怠工甚至隐性或明确地高举旗帜与教育管理者唱对台戏，这使管理者与被管理者之间不能协调一致，自然导致学校工作氛围不太愉悦轻松。所以，我们做教育管理小课题就要思考什么样的管理文化、管理模式、管理政策，能让管理者与被管理者之间步调一致，心往一块想，劲往一处使，最终实现学校教育的大发展。

在实践过程中，教育管理小课题存在以下诸多困惑。

教师参与研究的主动性不足，教师的研究流于形式。教师没有自主研究热情，没有自我发展的愿望，没有教师间思维的相互碰撞与交锋，只是流于形式，缺乏有效性，甚至还会演变成教师的一种新的负担，同时也不利于培养教师的问题意识。

学校研究的水平和能力有限。当前，开发教育管理小课题的重要性大家正在形成共识，也取得了一些可贵的经验。但同时也出现了一些问题与误区，受办学条件的影响、教育经费的制约、指导管理者管理水平的影响，造成教育管理小课题没有取得应有的效果。

研究形式传统单一。教育管理小课题大多还没有超出传统的理论灌输式模式。在这种研讨模式中，虽能解决学校管理中一些零碎的问题，但没能追溯到内隐的管理理念，带不了实质性的改变。

 经典案例

学校整体形象的彰显外扬

在四川南充市有一所学校，因要求全校教职工参与管理小课题开发，为此，这所学校在短短的三年时间里，办学品位快速得到了提升。该校在其课题结题报告中总结到：

（1）学校管理水平全面提升

①校园文化建设和校园管理大为改观。

近两年来，学校争取上级资金近 20 万元投入校容校貌建设，绿化、美化、亮化校园，注重教室、办公室、宿舍、食堂、实验室等室内外布置，使学校每一堵墙、每一棵树、每一片草地都会"说话"。通过制度规范师生行为，陶冶师生情操。进一步加强已明确的校训及"三风"的学习宣传。积极开展丰富多彩的校园文化活动，营造良好的校园氛围，发挥校园文化的育人功能。

②财务和后勤管理规范有序

校长切实承担财务管理的责任，督促财务人员按照财务制度做好经费管理工作，规范经费管理和收费行为。

③安全管理得到强化

学校把安全作为日常管理工作的一项重要内容，做到常抓不懈。完善安全管理制度，建立健全安全责任网络。配备配齐教学楼、实验楼、宿舍、餐厅等重点场所消防设施。做好校长室与各处室主要责任人的安全责任书。与班主任及全体教师签订安全责任书。发放告家长书，把安全教育和管理延伸到校外。做好安全法制教育活动的备课、上课、检查评比工作。每学期开展一至两次安全与法制教育。切实做好安全值班日检查和记录。

④制度建设全面科学

学校完善了各项规章制度，明确职责与职能。制度制定后不能停留在写在纸上、挂在墙上、讲在嘴上、浮在面上，要落实在行动上。一是规章制度健全。二是依规管理，按章行事，克服随意性。三是一视同仁，公平公正。

（2）教师教学水平。

2006 年—2008 年度，我校先后接待了来自区内的浸水中小学等兄弟学校近 200 人次的观摩、学习、指导，各科教师示范献课达 20 多节次，成功率 100％，研讨会上交流论文 20 余篇。

（3）教学效果显著

期末全区素质统一测评中，居同类学校前列。2007 年我校省市重点中学的升学率达 56％，创我校升学率新高，居全区同类学校前列。

（4）骨干教师增多

目前，我校除省级骨干教师夏毓外，还有市级骨干教师龙勇、蒋炳胜、张应国、李春梅等四人，区级骨干教师张海斌、刘荣林、张秋良、李栋梁、侯小琴、明国军等 6 人，一批年青教师迅速成长、成熟，如刘曦蔚、沈文杰、杨国琼、王雪力、钟斌等，校内骨干教师近 10 人，达 25％。

（5）教师教育科研能力增强

我校先后有多位老师成为市、区级学会会员。夏毓为高坪区课改学科组成员，并被区教研室和区进修校聘为兼职教师。参与市区学科教辅资料、目标检测、假期生活的编写工作近100万字。近期在各级部门、刊物上发表论文20余篇，2007年10月学校科研课题《农村初中心理健康教育研究》获得了四川省教育科学研究所成果二等奖。

【反思】

有位校长说，"学校每个角落都蕴涵着教育的契机，教师的每个言行都饱含着生命的影响。"上述案例中的这所学校的成功正是这个观点的体现。

一般来说，我们总是习惯性地将学校里的人员划分为两类：一类是管理者，另一类是被管理者。前者拥有管理的权力，后者则需要严格地服从权力和执行命令。一所学校绝大多数教师都是"被管理者"，只要能兢兢业业地完成本职工作，就天下第一了，其他的事情自有"管理者"来自动完成。当下，担当被管理者角色的教师进行教育管理小课题开发，参与者人数不多，一个主要问题在于他们心智的麻木，没有看清管理者与被管理人之间对等的关系。致使懒于参与管理决策，缺失教育管理小课题开发的意识。在整个研究中，管理相对来说更宽泛，如果我们将参与管理看作参与决策（对一项具体事项的决策），则将使教师的参与更具有可操作性和实际意义。

在整个研究中，涉及多个层面，如以质量为中心实行全面管理研究，应该把握教师和学生是教学系统的两大要素，教和学是教学工作的两个基本方面，教学质量由教的质量和学的质量决定，因此，全面管理研讨就是既要抓教的管理，又要抓学的管理，并把二者有机地结合起来。

（1）教的管理研究

决定教的质量的因素有三方面，即教师素质（包括思想素质、业务素质、身体素质）、教学环节质量和教学研究。所以，我们在教的管理研讨中应紧紧抓住教师素质提高，教学环节和教研工作三个方面。

思考教师成长的管理。为此可做三方面的努力，一是探讨中青年教师的业务进修和继续教育途径，以便更新知识，使他们的知识层次和业务水平都上一个新台阶，以适应现代化教学的高要求。二是进行现代教育理论的学习探讨，提高教师的理论修养。三是开展教学经验总结活动。

思考教学环节的管理。教学诸环节的管理研讨中应着力突出课堂教学的环节。对课堂效益起决定作用的是教师的能力和水平，课堂教学能力和水平的提高来自教学的研讨活动，通过研讨深化对教学规律的认识，探讨共同问题的解决，探索旧的教学方法的改革，开辟新的教学途径。

思考教研工作管理。教学研究的开展状况和活动水平直接影响着教师教学水平的提高，教研是教学工作的重要内容，我们在教研管理中紧紧抓住数量、质量、成果三个要素，要求三位一体共同实现，并以此作为检验教研工作的标准。

（2）学的管理研究

管好学生的学是提高教学质量的又一重要方面。对学生的管理进行研讨，对于教师来说，更会产生直接的意义。其研讨可以采用多种措施：如，进行现代学习观念的教育的研讨。教育学生懂得现代学习和传统学习的一个根本区别是在学习中对知识和能力的不同认识和不同态度，现代的学习更重视方法的学习和能力的培养，只有学会学习才能迎接两个挑战。

【建议】

做教育管理小课题研究，应该把管理与被管理双方纳入研究范围。为此建议：

一是管理者与被管理者之间加强小课题开发合作。美国学者伯瑞兹认为，是否需要参与、在什么情况下参与，谁该参与，参与到什么程度，取决于两个变量：个人与决策问题的相关性，这关系到被邀请者对决策是否感兴趣，邀请没有参与兴趣的人参与决策，会使其生厌；参与决策的能力，包括经验、信息掌握情况、表达能力、分析能力等。

参与教育管理小课题开发，建议管理者发挥牵头作用，对于相关且有能力的组合，要给予最大程度的参与，而且从决策的过程来看，要让其参与决策的全过程；对于相关但没有能力的组合，给予有限的参与，在决策过程中最好只让其参与决策的最后选择；对于不相关但有能力的组合，也给予有限的参与，在决策过程中让其前期参与，而不必让其参与决策的最后选择；对于既不相关也没有能力的组合，不要给予参与。在决策的方法上，采取民主的方式，领导要确保倾听少数人的建议；采取民主集中制的方式，领导要关注问题的解决，强调合作。

二是被管理者主动与管理者合作研讨课题，促进管理者的管理方略发挥效力。学校管理总会有疏漏或有缺陷的地方，作为被管理者，不能袖手旁观，要及时给管理者献言献策，最好的办法是抓住管理者在管理过程中的一些问题而展开研究，而后为管理者提供帮助。有的老师说"提意见领导会反感"，有的老师说"提意见，就能改进吗？领导未必会听"。现实中也确实存在老师们所顾虑的问题，但是，如果被管理者能真心沉下心去思考学校的管理，从推进学校工作的层面进行有实用价值的研究，那么，对推动教育教学和校园建设就会起积极的作用，其成果不但会被管理者认可，还会被管理者赏识，给予管理研究的平台。

【谨记】

在教育管理小课题开发中，管理者与被管理者是相互依存的关系。

2. 对校园文化建设的研究

校园文化是学校物质财富和精神财富的总称，它是由师生共同创造，在学校全部环境（物质和精神）中所体现出来的一种师生共有的价值趋向和目标追求，是一所学校全体师生在长期的教育实践中创造和形成的，并为学校所有成员所认同和遵循的精神风貌、心理状态和价值取向等精神成果的总和。校园文化是社会文化体系中的亚文化，是亚文化中的高层次文化，在大文化系统中占有重要的地位，它能对全校师生产生作用，使他们朝着确定的方向发展。

原规则：深入开展校园文化建设研究，日子久了就会发现学校文化早已转化成生命的影子。

关注校园文化建设，是教育管理小课题开发之中最重要的内容。开展校园文化建设研究有巨大的意义，因为新时期的校园文化建设有以下几项主要功能：导向功能、凝聚功能、激励功能、调适功能与辐射功能。所以，良好的校园文化不仅可以促进教育、科研及管理活动，而且可以使校园生活丰富多彩，使每个校园人意气风发。校园文化以精神为灵魂，物质为载体，它作为一种环境教育力量，对学生的健康成长有着巨大的影响。校园文化建设的终极目标就在于创设一种氛围，以期陶冶学生情操，构建学生健康人格，全面提高学生素质。

校园文化建设是一项系统工程，它具有多侧面、多角度、多层次的特点。它的建设和发展既要有正确的指导思想和明确的目标，又要有系统的理论观点和有序的探索。我们认为，校园文化建设研究应遵循的原则有：普遍性与特殊性相统一的原则，继承性与创建性相统一原则，封闭性与开放性相统一的原则。

教师要切实了解学校文化建设的内涵及其基本特征，揭示其"隐性"教育的功能和地位，结合自身实际，从而确立学校文化建设的小课题进行开发与研究。着力校园文化建设小课题开发，研究的点是非常多的，如校园文化及其建设的本质探析；校园文化与学校特色；校园文化与学生的发展；校园文化与教师的成长；对校园文化建设的思考；校园文化建设与学校发展的研究等。

作为学校的主人，游离于校园文化建设之外，这几乎是大多数教师真实校园生存现状的写照。分析一下，校园文化现状及校园文化建设存在很多的误区。

误区一：过分强调教学工作而忽视文化建设。许多人认为教学质量是学校办学水平的唯一标志，其他工作必须依附于教学工作。混淆了教学工作与校园文化建设的客观逻辑关系，其结果只能是向高一级学校和社会输出素质结构存在缺陷、人格不够健全的"畸形"人才，反过来也影响着学校自身的社会形象。

误区二：突出制度管理而忽视文化熏陶。一些学校在加强校园文化建设，特别是在抓精神文化建设时，片面地强化制度管理，注重制度约束，而不注重营造文化氛围去诱导学生，没有把制度管理提高到文化层面上来建设，导致管理工作只能是管得了当面，管不了背后，学生没有真正从思想上解决问题，反而对制度抵制、反感甚至阳奉阴违。

误区三：曲解文化内涵而忽视校园现实。认为"文化"是个大概念，博大精深，一所学校搞文化建设只能是蚂蚁撼树，学校小天地既没有开展文化建设的必要性，也没有可行性。

误区四：热衷庸俗功利而忽视人本情怀。在改革开放和社会主义市场经济的大背景下，一些人迎合追求时尚的心理，导致校园文化建设庸俗化和功利化。另外，许多学校在校园文化建设上缺乏个性，没有自己的特点，没有内在有机的连贯性，更谈不上校园文化的传承与积淀。

误区五：注重校内活动而忽视社会实践。一些学校校内各种文化建设活动搞得风风火火，可在社会实践环节上却出现了"一头轻"的问题，不能把握好校园文化建设与社会实践间的内在联系。还有人担心学生禁不住社会上出现的拜金主义思想的侵袭，就人为地制造"教育真空"。

要走出上述误区，最好的办法就是化身为学校文化建设小课题开发的实践者，对一所学校的校园文化建设进行探究，形成自己的构想，勾画校园建设的美好前景。而这些构想可以化为意见和建议，通过与学校领导的沟通，在领导力所能及的协调范围之内，将教师的某些构想化为现实。那么当教师的研究成果在学校以具体成果的形式出现时，教师的幸福感无人企及。

建设特色品牌学校的潍坊滨海中学

　　潍坊滨海中学运用先进的教育理念，超前树立品牌意识，确立文化立校战略，走内涵式发展之路，引领各项工作步入了科学、规范、高效的良性发展轨道，实现了健康持续发展。

　　——理念引领，建设意蕴深厚的精神文化。学校坚持以人为本，即学校以教师为本，教师以学生为本的思想，注重加强办学理念、校风校训建设，形成了学校独具特色的文化风格，对内激励师生，对外展示学校形象，校园成了广大师生的精神家园。

　　一是塑造学校灵魂，注重办学理念的挖掘。在广泛征询意见的基础上，学校提出了"搏博"核心办学理念，激励全校师生既要有搏击风浪的勇气，有敢于争先的信心，又要有博取精修的毅力，有凝心聚智的精神，努力在新的起点，迎接新的挑战。围绕核心理念的解读，学校近年来在全体学生中开展了养成教育、信心教育、感恩教育和成功教育，进行了教室文化、宿舍文化、走廊文化的建设，有力地促进了学生的个性发展和文明素质的提高。

　　二是提炼学校精神，注重校风校训的建设。经过多年办学历史的积淀和办学经验的积累，学校逐渐形成了"搏志立人、博学立世"的校训和"诚毅融创"的校风，处处规范着师生的行为举止，时时警醒着大家要以脚踏实地的态度，以求真务实的方法，以开拓创新的勇气，去追求文明向上的境界。

　　——制度先行，建设以人为本的管理文化。学校坚持以新课程理念为指导，以促进学生健康发展，教师专业成长，以提高教育教学质量为目标，坚持管理"三个结合"，构建了以人文管理为基础，以制度管理为规范，以目标管理为导向，以过程管理为关键的管理网络，建立起富有活力的学校管理文化。

　　一是刚性管理与柔性管理相结合。"刚性"管理就是制度管理，讲究控制和约束，是告诉教师"要我做好"，是学校管理的基础，使学校运行有序。"柔性"管理就是人文管理，讲究以人为本，追求和谐，是启发教师"我要做好"，使学校各项工作运行有力。为此，学校确立了民主管理的理念，建立起教代会制度、民主评议制度和校务公开制度，拓宽学校与教职工沟通的渠道，有力地调动了广大教职工齐心协力办好学校的积极性和创造性，学校工作出现了"宽松、和谐、团结、奋进"的良好局面，学校处处呈现出勃勃生机。

　　二是竞争与协作相结合。学校通过评先树优开展各种竞争，激发每个教职工的积极性，同时，又重视个人间的团结、协作，鼓励和提倡互帮互学，取长补短，共同进步。例如组成科研课题组，进行科研协作；组织"青蓝工程"，师徒结对"传帮带"；在绩效考核中，既考虑了个人成绩的因素，又增加了班集体、备课组成绩的比例等等。

三是物质激励与精神激励相结合。在管理过程中，学校时刻关心教职工的物质生活，努力创造条件，提高他们的生活待遇，对成绩突出的教师优先安排学习、考察或进修。同时，更重视对教职工的精神激励，心里时刻装着教职工的疾苦，想职工之所想，急职工之所急，当教职工遇到困难、挫折时，及时给予帮助和鼓励；产生误解、偏见时，及时给予澄清和解释；谁家有困难，谁的身体不好，主动热情去帮助，去看望。物质奖励与精神奖励的结合，使教职工获得了两个方面的满足，能够全身心地投入到教育教学中去。

——环境陶冶，建设人文生态的物质文化。在教育教学设施的建设中，学校时刻保持与时代同步，先后建起了高标准的微机室、多媒体语音室、综合电教室、理化生实验室、图书馆、天象馆等教学设施，为莘莘学子求学成才创造了优越的条件。学校不断加强校园信息化建设，教室全部建为多媒体网络教室，任课教师人手一台办公电脑，初步建成了数字化校园。

——活动创意，建设和谐进取的行为文化。学校组织开展了形式多样、内容健康、格调高雅、富有特色的文化活动，组建了文学社、棋艺社、摄影社、歌咏队、篮球队、足球队等学生社团组织，创办了校刊《海风》（曾被评为潍坊市 2008 年度十佳校刊），开展了艺术节、科技节、体育节、读书节、重要节日纪念等文体活动，为同学们提供了丰富的展示自己才华的机会，发挥了主渠道不可替代的作用。

【反思】

从上述案例可以看到，校园文化是一所学校的灵魂，是一所学校的名片，对于学校师生的发展，学校特色的形成，都具有深远的影响。

平时，我们常把"校园文化"挂在嘴边，但什么是"校园文化"丰富的内涵，究竟要从哪个角度选择什么内容遵循什么原则去研究，却不是很清楚。校园文化建设与学校发展，其前提与重点是校园文化的建设，包括物质文化建设、精神文化建设和制度文化建设，这三个方面建设的全面、协调的发展，将为学校树立起完整的文化现象。

学校是一个由人、事、物等多种元素构成的文化系统，所有问题只有从文化的高度进行审视和切入，才能真正得以解决，获得跨越发展。因此，我们要明确研究目标和方向，深入地思考自己研究的步骤和阶段目标。校园文化建设研究通常的目标如下：

一是通过课题的深入开展，探索出校园文化建设的原则、途径、方法和规律。

二是通过课题研究，营造优美、和谐的校内生态环境和文化氛围，促进学生健康、和谐发展，形成健全人格。

三是通过课题实施，促进学校管理、教育教学和服务等各方面工作的进一步优化，提升育人质量和办学效益。

【建议】

校园文化，能从正面引导，促进学生的全面发展，它是贯彻党的教育方针的重要途径，是素质教育思想的体现。鉴于此，我们教育管理小课题就应该把其作为重点研究的对象，通过探求校园文化建设的有关问题，进而在课题研究上有所突破。

一是立足课题，寻找良好的研究契机。把校园文化建设作为教育管理小课题研究的主要对象，方方面面都要关注，尤其对那些文化建设比较完善的地方，我们更应该关注并提炼出成功的经验；对于那些文化建设不到位的地方，我们应该积极关注，结合我们的教育管理小课题，提出具体的研究方向和方法，通过与学校教育管理者的探讨分析，制订出具体而完善的矫正措施，切实解决校园文化建设中存在的具体问题。做教育管理小课题开发的教师们一定要注意，不要像守株待兔的农人那样，坐等研究契机的到来，而要主动出击，在现实生活中寻找研究的方向。

二是立足课题，改变学校校容校貌。教育管理小课题开发，不是街头卖艺的，晃个障眼法，打个假把式，糊弄一下外行就可以，而要立足于课题，搞扎扎实实的研究，才能有所收获。那么针对校园文化建设，我们最应该思索的地方就是校容校貌，因为校容校貌是一所学校对外的窗口；而社会能够评头论足的，也首先是校容校貌；那么上级来检查工作评定一所学校教育管理者政绩时，校容校貌也是一个直观而重要的方面。因此，我们应该立足于教育管理小课题，针对学校的校容校貌进行全面彻查，看看是否有存在问题的地方，譬如学校形象（文化）策划。学校形象文化是整体文化的一部分，它是一所学校经过长期发展，经过历史积攒而形成的，是全校师生的教育实践活动方式，及创新性成果的总和，包括物质层面（校园建设）、制度层面（各种规章制度）、精神层面和行为层面（师生的行为举止），核心是精神层面中的价值观念、办学理念、教育理念等。如若在研究中反复思考，多方求证，有效解决，并写出阶段性成果报告，就能为小课题开发采撷一枚鲜艳的果实。

三是立足课题，加强学校识别系统的策划。加强学校识别系统的研究，是加强学校文化建设研究的一个主攻方向。学校理念识别系统是学校形象的核心，对学校形象起决定性作用。没有理念的学校，就如同没有大脑的人。

理念识别体系，即学校个性化理念系统，它属于学校的精神层面，是学校形象的灵魂部分。它囊括了打造学校形象所需的各种指导思想，具有导向性、渗透性和强化性作用，影响教职员工的思想与行为，能促进学校文化底蕴的形成，能直接影响学校的精神面貌与发展。

理念识别系统策划运作的内容有：办学理念、办学宗旨、学校哲学、学校价值观、学校精神、学校发展目标、发展战略、发展阶段、办学策略、办学方针、校风、校训、教风、学风等内容。它对内激励师生为学校的办学目标而奋斗，对外展示学校的价值追求。学校理念的规划要依据教育政策、教育发展趋势、学校地域特点、学校历史、学校现状、学校未来规划等众多因素来进行。

加强学校识别系统的研究，绝对不能流于形式，不做实事。我们要从课题研究的角度寻找新的突破点；面对成果，我们要化为文字性的资料，经过反复考证，总结出可借鉴的对象和可以推广的经验。

【谨记】

校园文化建设小课题开发，切忌人浮于事，搞作秀表演，或者为了晋级等短期行为，盲目应付。

3. 对构建特色学校的研究

近年来，随着特色学校建设实践的深入，"学校特色"实际上混淆了"特色学校"与"学校特色"的概念。特色学校体现为学校的整体发展，而学校特色则仅指学校教育教学等活动所具有的某种特色。而"个性学校"则主要强调学校的与众不同，并不否认特色学校本身包含着个性的成分。

原规则：融入智慧与行动研究，将自己变成学校的特色，便会拥有一份永恒的价值认定。

我们教师应该看到，随着教育现代化进程的逐步加快，素质教育和课程改革的不断深入，校际间竞争的日趋激烈，传统的"千校一面"的发展状况已难以适应教育改革的要求，教育的个性化和办学的特色化已经成为我们的必然选择。同时，促进基础教育均衡协调发展，特别是缩小校际间差距是摆在我们面前的一个现实课题，通过实现学校特别是基础相对薄弱学校的特色化发展不失为促进教育均衡发展的一条有效的途径。"特色兴校"是增强学校核心竞争力的重要途径。因此，我们教师一定要从"落实科学发展观，办人民满意教育"的高度，充分认识加强特色学校建设的丰富内涵和重要意义，牢固树立"特色"思想，进一步增强做好此项工作的责任感和紧迫感，求真务实，开拓创新，积极推进特色学校建设，促进教育持续、健康、快速发展。

 现象纪实

通过对大量的文献资料研读发现，进行特色学校建设小课题的研究，其总体思路都非常分明，多会沿着特色项目、学校特色、特色学校三个阶段梯次推进。

初级阶段——特色项目，即学校形成单项性特色。特色项目建设是学校发展办学特色的基础性工作，同时又是学校形成办学特色的最重要工作。这就要求各校在认真分析本校办学现状的基础上，从学科教学、教师队伍培养、学生活动开展等方面选择某一个或几个本校具有优势的项目，如体育特色活动、科技活动等，加以重点培养，重点发展，打造本校特色项目，并力争通过一段时间的建设取得较明显的阶段性特色项目建设成果。

中级阶段——学校特色，即学校经过单项特色的拓展，形成鲜明的办学风格。学校特色是学校长期自主发展的结晶，是学校在单项特色建设的基础上形成的鲜明的办学风格。引导各校尤其是有条件的学校要努力追求学校的特色化发展，要从校园文化建设、教育科学研究、教师校本培训、校本课程开发、学生活动设计等各方面统筹规划，拓展单项特色的外延，丰富单项特色的内涵，努力使鲜明的办学特色成为全体师生的自觉追求。

高级阶段——特色学校，即学校将鲜明的办学风格拓展成与众不同的办学个性，形成整体性特色。特色学校是学校特色建设的最高层次，是学校办学个性化的外在体现，直接表现在学校有明确的特色建设规划、具体翔实的特色建设措施、温馨的人文环境、鲜明而内涵丰富的"三风"营造，全体师生有自信的精神面貌，学校有优良的教育质量，有丰硕的特色建设成果。

 经典案例

以特色为抓手 推进人文校园建设

拥有70多年的办学历史，重庆市南华中学在悠远流长的文化传承中不断前行。近年来，学校以培养学生人文精神和人文素养为目标，依托"书画养人，武术强身"的办学特色，积极推动人文校园建设。

在校园环境营造方面，学校邀请重庆市教科院等部门对校园进行科学规划，使校园体现人文色彩。在学校，随处可见《风雅颂》、《南华赋》等中外书画作品，体现了学校对优秀传统文化和世界文化的继承。

学校还开设了书画、武术等人文校本课程，将课堂打造成学校人文校园建设的主阵地。该校编写、出版了校本教材《南华拳》，并向学生传授武术知识。在活动中，学校将书画沙龙、体育艺术节和"唱读讲传"活动结合起来，为师生营造了浓郁的书香人文氛围。

【反思】

上面给大家介绍的是重庆南华中学主打的特色办学模式。地域特点不同，民风民俗不同，当地的教育政策不同，决定了不同的学校会有不同的教育特色。在进行特色学校建设小课题研究时，应遵守以下基本原则：

一是先进性。特色学校建设要反对"共性"，追求"个性"，追求"人无我有，人有我优，人优我精"的境界，以先进的、个性鲜明的办学理念指导具体的办学过程，大力提高学校的教育质量和管理水平，学校的某项工作或某一方面的教育科学研究处于领先地位，学生某一方面的素质优于其他学校。

二是渐进性。办学的个性与特色必须经过长期的艰苦努力才能显现出来，不可能一蹴而就，也不能以"崭新"为特色的唯一标准，注意保持和发展学校的传统优势，形成较为完整的系统的办学思想和经验。在循序渐进的发展中融入学校的"骨子里"，这样的特色才是真特色。

三是校本性。特色学校建设要从学校实际、传统底蕴、工作优势、周边资源等出发选择创建特色领域，形成浓郁的本土气息和鲜明的个性特征。

四是发展性。按照特色学校发展的规律和趋势，从整体上、全局上对特色建设进行长期规划，并把特色学校的发展建立在科学的、与时俱进的、具有持久生命力的举措上，促使学校不断超越自我，不断创新发展。特色学校建设是一项系统工程，必须立足于教育的整体改革，着眼于学校的长远发展。

特色学校，是在长期的办学实践中形成了独特的整体风貌和显著的育人效果的学校。如果说学校特色更多地表现为显性的、外在的形象，那么特色学校则更多地表现为隐性的文化内涵和办学的独特神韵。教师做特色学校小课题开发，应以全面提高学生综合素质为目标，为学生的健康成长服务，把握方向，选准道路，以特色作为一种发展的载体，在办学思想、目标、课程、体制、评价、学生、教师等方面彰显自己的独到之处。还要把握定位，分析自己的优势和劣势，有利和不利的因素，严格循着实际（个人的和学校的）去开展研究活动，警惕盲目地生搬硬套，一味跟着别人走。

【建议】

不论身处都市还是位居农村，每一所学校的管理者都非常渴望能把自己的学校打造成一所名校，而成为名校的标准之一就是形成自己的教育教学特色。教育管理小课题开发者应该与学校管理者同呼吸同命运，用自己的课题特色搞活学校的教育特色，只有这样，我们的教育管理小课题才不会成为空中楼阁，而是实实在在化为一颗落地即能生根发芽的长生果。那么，我们构建特色学校小课题开发，该从哪些方面入手呢？

一是研究地域特点，打造环境特色。有一所学校，依山而建，周围是果园苗圃，是一所很平凡的山乡学校，后来新来的管理者依据地域特点，在校园周围种植杨树，在校园甬路两边种植柳树，在校园里空置的角落栽种矮棵的果树、开辟小菜园，尤其是果树和小菜园，既用于学校食堂的自给自足，也用于生物和其他一些实践类综合课程的基地。师生在紧张忙碌的教、学之余，在园林般的校园里漫步、讨论，参加劳动实践，优美的景色，舒爽的空气，滋养了师生的身心，师生的工作、学习状态都非常好。该校连年被评为地市级先进单位，后来该校的园林管理模式在当地推广，成为该校的一大特色。所以，因地制宜，研究地域特色，不失为打造学校特色的一种好方法。

二是研究民风民俗，装点民间特色。吴桥的杂技很出名，当地很多学校运用杂技将学校打造成体育或文艺表演特色。百姓家里到了夏天晚上，在公园凑一块，你一曲我一曲，什么《赛马》《二泉映月》《红太阳》等都是经典曲目，在这种民俗氛围影响下，附近几所学校将二胡的演奏也打造成了学校特色。其余的像口技、泥塑、民间故事、风筝制作、大秧歌、吕剧、山东快书等，都将其融入学校的发展，形成了特色。这些以民俗为底色的特色，既保留和传承了传统文化，为传统文化培养了大量的接班人，也活跃了校园气氛，调节了师生紧张的神经，很多学校因此而获益，在教育教学上获得大丰收，跃升名校行列。

三是研究师生现状，培养科研特色。教师和学生是校园特色建设的主力，如果学校既不在地域上占有特色优势，也不在民俗上有突出表现时，我们的教育管理小课题开发者可以研究师生现状，针对教师的职业倦怠，教师身体素质下降，学生的道德水准低，学习氛围不浓厚等特点制订行之有效的特色对策。譬如开展学科小课题开发活动、开展课堂教学技巧大比武、开展校园"科技小先锋"评选、开展"绿色书籍伴我行"活动、开展"我为人人，人人为我"的帮扶学活动等，通过激发师生的教研意识、学研意识，进而培养校园的科研氛围。

四是研究教育政策，改革教育特色。现在教育改革的浪潮一浪高过一浪，有的学校沉醉在旧有的经验中，墨守成规，不肯变革教育教学思想，以至于跟不上教育形势的发展，在各种上级检查中评价成绩一落千丈，我们可以据此开发小课题。还有的学校，本身师资力量差，很多教师要么年老，要么学历低，要么发展"个人业务"，对教育政策不感兴趣，你敲你的钟我做我的和尚，两不相干，或者当一天和尚撞一天钟，抱有混的思想，在这种情况下，学校的各项评定成绩也很低，这可以引发教师的思索并因此展开研究。同样是学习归来后，一部分教师教学观念马上发生了转变，课堂上很快开展起上面的这种教学模式，有的教师不肯改变，包括一部分中层教育管理者也对这种新颖的教学理念持怀疑态度，可是几个月下来，在期中检测中，不同班级的差距明显拉开了，新的教育理念带来的教学效果马上显现出来，为此，我们也可以探寻其中的原因作一些研究。如果教育管理者以及教师们能认真研究教育政策，改革本校的教育特色，坚持研究下去，定然会成长为一颗教育新星。

以上四点建议，并非是一线教师单凭一己之力所能做到的。教师要做的是，认真调查学校的具体情况，根据学校的基础、传统和优势，选准适合自己的特色载体，积极筹划、选择特色项目，积累资料，注意理论思考，积极争取校长的帮助与支持。

【谨记】

特色学校里的每一项特色，都是因为特色项目研究的展开方才形成特色。每一位教师加强特色项目的研究，方才有可能成为特色学校特色项目的掌门人。

第三节　教育管理小课题设计

教育管理小课题，名为"小课题"，但其可研究的范围并不小，我们要想不搞假大空的研究，就必须把"教育管理"化为更细小的分支。

这些分支应该落在哪里？不是闷头想想就能想出来，也不是单枪匹马靠个人实力就可以搞定。需要投身教育管理小课题的研究者们在与学校的教育管理者、师生深入交流研讨的基础上，通过查阅理论依据、借鉴中外的课题经验、结合自己身处教学一线的得失体验以及对教育教学现状的分析、调研，最终确立细小的分支。

譬如教室文化、楼道文化、操场文化、餐厅文化等；譬如学生精神文化建设，黑板报、宣传栏、手抄报比赛、文学社、校园广播、音体美比赛、队列广播操、班容、班级纪律、班级卫生、社区义务劳动等；譬如教师精神文化建设，字画比赛、课间体育活动、教学技能大比武、师德研讨、教师培训等等。

把教育管理细化，我们才能一个环节一个环节地研究，并能具体地将其落实到位，如果再安排上相应的进度和计划，那么一份新鲜而细腻、带着我们研究虔诚的教育管理小课题设想就出炉了。

▶▶▶ 1. 构建小课题开发共同体 ◀◀◀

"研究共同体"是指这样一个群体——其所有成员拥有一个共同的关注点，共同解决一组问题，或为一个主题共同投入热情；他们在这一共同追求的领域中通过持续不断的相互作用而发展自己的知识和专长。

研究共同体具有以下特征：

一是自愿性，共同体中的每个人都自愿参加；

二是共同性，所有成员共享同一目标和意愿，共同参与实践；

三是发展性，共同体以促进成员的专业发展为目标。

在开发教育管理小课题时，主张构建小课题开发共同体。

原规则：构建教育管理小课题的过程并不难，关键是教师不能游离于管理外独立搞教育管理小课题开发。

对于初涉教育管理小课题的教师来说，教育管理是个很陌生的岗位，不是一般教师可以达到或触及的。而要进行教育管理小课题的研究，必须获得学校教育管理者的认可，因为一方面在某些实质性研究环节上可以一路绿灯，能获得实效性的研究机会或成果，另一方面会获得一定的技术支持，学校管理者会介绍自己的一些管理经验，会就你研究的某些问题提出指导性意见，便于你调整思路，开拓视野，切实做好教育管理小课题的研究实施。值得注意的是，构建研究共同体是教师进行教育管理小课题开发中的一个重要环节。要想做好教育管理小课题开发，课题参与者必须和教育管理者搞好关系，让其认同研究课题，认同研究模式，甚至设想一定的环节或者把教育管理者拉进课题研究的圈子参与全程。

 现象纪实

　　学校管理者因为工作、业务比较繁忙，可能把普通教师的教育管理小课题开发看做一个比较幼稚与荒诞的研究项目，研究教育管理小课题无非是为了应付上级、为晋级加分，觉得研究了也没用，所以参与进来的可能性不大。

　　作为学校管理者，有的习惯于高高在上，觉得自己的领导艺术无比高明，所以对于普通教师的课题研究持蔑视态度，觉得在胡闹，不安心教学，想入非非；另外部分人有这样的想法：师傅教徒弟，都得留一手，我的管理艺术都教给你了，那我还有什么权威感，所以拒绝参与小课题开发。

　　还有的学校教科研氛围不浓厚，学校对鼓励教师开展科研业务并不感兴趣，所以有的时候教师提出了教育管理小课题，就如同变成了来到地球的火星人，同事觉得不可理喻，领导觉得没事找事，学校平静的生活被打破，那么这样学校的管理者同样不会支持教师的小课题开发。

 **经典案例**

变革中的"共同体"

　　"思想有多远，行动就有多远"。在扬州市教育质量科研年中，为了发挥各校优质科研资源，共同推进学校发展，实现教育均衡化，建立学校发展共同体，让各个学校从实际出发，围绕共同提高的目标，创造性地开展工作，力求实效，实现理念共享、资源共享、成果共享、优势互补、相互促进、共同提高。其主要做法是：

　　共同探讨管理策略，构建管理模式。在各个学校组建的发展共同体内，积极构建"联校协调管理"的新机制，实施"共同体＋X"管理模式，即以共同体为核心，吸收其他学校的能为本校所用的管理策略，实现多元化管理。可以在网上开辟校长论坛，定期安排结对，学校中层干部到对方学校挂职培训等，采取的方式是以点切入，全面融入。挂职锻炼的干部除了参与教育教学管理全过程之外，还让通过反思、交流等方式，让他们在互动中，真真切切地感受到对方学校全新的办学理念。

　　共同探讨教学改革，提升科研水平。以扬州市数字化校园的推进为抓手，利用先进的信息化工具和手段，在学校共同体之间构建一个数字空间，实现教育过程的全面信息化，达到提高教育教学质量、科研水平的目的。每位教师利用现有资源的同时，积极提供自制课件，上传优质教案，与兄弟学校实现资源共享。可以选派学科优秀教师代表到对口学校开展送课、评课、理论讲座等，共同开展教育科研和教学研究活动，实现"共享、共建、共赢"的目标。共同体内成员学校每年至少有一项共同的课题，共同参与课题研究。

　　共同开展互助活动，加强结对交流。学校共同体内可以开展"手拉手、共进步、同成长"一对一的互助活动，实现城乡孩子心灵的沟通和交流。开展"班级与班级结对"、"学生与学生结对"的联谊活动，建立稳定的互访交流机制，利用节假日等开展艺体特长交流、综合素质展示等联谊活动，促进城乡学生相互了解、相互沟通、相互学习、相互帮助、共同提高。

总之，"共同体"是一个平台，更是一道阶梯，在这个平台上各个学校可以交流经验、取长补短、加深友谊。在这道阶梯上，各校的教科研质量将得到共同提高、共同成长、共同发展。

【反思】

上述案例，就是扬州市教育系统在教育变革过程中，谋求的变革之路。可以想象，假如没有学校的有效变革，教师便不可能获得真正的解放，如果教师不能获得解放，那么新课程改革的步伐就会受阻。因此，学校变革已是当务之急。

在系统地思考这个问题之前，我们必须形成以下几点共识：

第一，在知识经济时代，学校变革是日常化的，学校必须打破僵化的体制，与时代同呼吸，时时处于变革之中；

第二，学校变革的方向是形成专业发展的共同体，这将成为整个国际教育发展的主导潮流；

第三，学校变革是一项系统工程，需要系统思考，而不是在传统框架之下的小修小补；

第四，学校变革是所有人的事情，而不仅仅是校长的任务。

纵观目前学校的变革便会发现，许多学校的努力仍然与真正的学校变革南辕北辙。我们必须将学校从行政框架中解放出来，走真正的专业发展共同体之路。

教师要把自己摆在变革的主体地位，成为学校变革的促进者，而不是局外人。教师要增强参与意识，由被动的接受者向主动的决策者转变，需要教师有沟通、协作的精神，通过团队合作来实现共同的"远景"。总之，在观念转变的背后，更要生成一种与学校管理相适应的文化理念和价值取向。教师在学校情境中的传统角色是学校决策的执行者、课堂教学的管理者、书本知识的传授者、管理信息的传递者，这些角色限定了教师在学校管理中的行为，即只能成为学校管理活动的旁观者与局外人。教师要参与到学校管理中，必须转变这种传统的角色身份：从决策执行者变为决策参与者，从课堂管理者变为学校管理者，从知识的传授者变为教学内容的研发者，从信息的传递者变为信息的沟通者。

【建议】

值得注意的是，教师要想让自己的教育管理小课题枝繁叶茂，在实现自我转变后，构建共同体非常重要，特别是能吸引管理者的关注，甚至参与，对于课题的推进能起到举足轻重的作用。

那么该怎么与本校的教育管理者沟通，并在教育科研的道路上携手并进呢，在此给大家提供一些适用的方法。

一是提高自身魅力。一个不专心业务或业务不精良的教师，无论做什么都会给人以不信任感，更何况是搞教育管理小课题开发呢？一项课题设立的前提，首先课题研究者要有过硬的业务素养，在本单位有一定的影响力与说服力，如果教师本身业务素养都不高，领导对此持怀疑态度或很反感，又怎么能让他信服你能够把这么重要的管理课题搞好呢？

二是建立和谐关系。在单位除了要对教育管理者的政令措施大力支持外，还应该钻研他们的兴趣爱好和管理风格，譬如有的管理者热衷于写字作画，那么我们不妨也提高一下自己对字画的爱好程度与鉴赏力，以便与管理者有良好的沟通机会；有的管理者对健身养身感兴趣，我们不妨也多参加体育锻炼，多探讨点养身知识。兴趣是最好的敲门砖，有共同兴趣的人尤其容易沟通，一边是个人兴趣的探讨，一边是教育管理课题的话题插入，慢慢地，当你与教育管理者达成共识后，获得课题研究的支持就非常容易了。

三是保持谦逊态度。在课题上我们是研究者，但是在教育管理领域中我们的知识却很欠缺，俗话说隔行如隔山，虽然同属教育行业，但是不同的分工有不同的培训环节，教育管理是一门艺术，所以在课题设立之初，以及在研究过程中碰到任何问题，我们都应该及时请教管理者们，汲取他们的点滴经验为我所用，有时刚开始他们对教师的课题研究并不感兴趣，可是随着请教探讨的加深，他们慢慢地会被课题吸引进来。

四是敞开自己胸怀。做课题要抱着十二分的诚心，做好与本单位教育管理者的沟通也应该抱着十二分的诚心教育管理者介入小课题，既可以满足他们亲近下属的愿望，也有利于进行课题研究的交流。我们既要摒除畏惧心理，也要摒除虚伪奉承的心理，以真正敞开心扉，畅所欲言，想领导所想，把一些管理不合理的地方和自己的教育困惑及时与教育管理者沟通。相信只要敞开心怀，我们的课题研究一定会获得学校领导的支持！

【谨记】

"精诚所至，金石为开"，只要我们有搞好教育管理小课题开发的信心、决心和诚心，我们的课题研究一定会获得本单位教育管理者的支持，也一定会收获理想的硕果。

►►►► 2. 教育管理小课题经典案例解读 ◄◄◄◄

教育管理小课题开发，其直接的研究成果，就是带动学校的发展。大量的实例已经证实，一所学校要是有很多教育管理小课题的研究小组，大家各自抓住学校管理的一个方面，各个击破，进行细致全面地研究，并制订出相应的对策和措施，这所学校各方面的工作往往都会因此而逐渐完善。

原规则：教育管理小课题常因重设计而实现推动学校发展的目标。

其实，教育管理小课题开发，其设计的出发点主要有三点：关注人性，其小课题才会随着研究而有新的生命；关注共赢，管理者与被管理者通过研究受益，其小课题开发的价值才会真正得到体现；关注幸福，每一个研究者会因为被研究者得到幸福而感受到开展课题研究的幸福。

现象纪实

遍观很多学校，教育管理小课题几乎没有人开展，但实际管理中，很多学校都存在着这样或那样的问题：有的学校不重视对教育环境的整顿，校外周边环境乱糟糟，校内也有很多卫生死角；有的学校不重视对学生进行思想品德教育，师生之间互不尊重，且矛盾重重；有的学校教育器材管理不到位，丢失、损坏现象比比皆是，学校资产大量流失；有的学校教育教学手段落后，教学成绩差，学校在社会上的口碑很差，如此等等。这些问题，要么是教育管理者本身水平差，没有驾控的能力；要么是下情不能上达，下层领导报喜不报忧，教育管理者根本没有意识到管理存在的漏洞，存在这么多问题却得不到解决，因此制约了学校的快速发展。

不难想象，如果一旦有教育管理小课题的介入，尤其是多个教育管理小课题组的介入这种僵局，将被打破，并给学校带来发展的春天。

广元外国语学校校园文化建设研究
实施方案（选摘）

研究阶段与措施

（一）准备阶段（2006年9月—2006年10月），主要任务：

1. 撰写课题方案，上报市教科所，申请课题立项。

2. 组建课题领导小组和课题研究小组等，开展相关培训。

3. 收集师生意见，调查、分析现有校园文化建设情况。

4. 组织课题开题报告会。

（二）实施阶段（2006年11月—2009年6月），主要任务：

遵循"整体规划，分项推进，不断完善，逐步固化"的原则，按照"硬件建设营造整体美、绿色植物营造环境美、名人佳作营造艺术美、人际和谐营造文明美"的思路，全面推进校园文化建设工作。

1. 加强环境建设

（1）以经济、实用、美观为原则，以绿色植物造景为主，园林小品为辅，设置人文景观，定期对花草、树木和草坪进行修剪、养护，定期对人工湖和瀑布进行换水和清洗，保护好湖内生态系统。

（2）对教室、教研室、办公室、多媒体教室、活动室和学术厅进行文化布置，定期开展大扫除和"绿色教室"、"绿色办公室"、"绿色楼层"评选活动。

（3）在显要位置设置体现公民道德规范、教师职业道德要求、新课程改革、学生行为规范、终身发展需要、学校和集团办学文化等内容要求的名人名言、灯箱、语录牌和匾牌，定期更换宣传橱窗、黑板报和公告栏的内容。

2. 加强制度建设

（1）建立考勤和坐班制度，规范员工工作行为；修订、完善部门工作职责、办事程序和工作要求，落实层级目标管理和行政工作督办条例，加强对工作目标的督查、考核和评比。

（2）加强校本培训，开展校本教研，营造以"科研促管理，科研提质量，科研求发展"的工作氛围。

（3）强化后勤员工的服务意识，提高服务质量，为全校师生员工的工作、学习、生活提供良好的后勤保障，落实奖惩制度，定期开展"文明处室"和"文明标兵"评选活动。

（4）抓好学生公共道德和日常行为规范的养成教育，加强"三歌"、"三操"、穿校服、路队、卫生扫除、课外活动、文明用语等方面的管理，帮助学生形成良好的文明礼仪、公德行为和爱护公物、保护环境的意识。

3. 加强对员工的思想引领

（1）印发集团文化理念，利用校本培训会和教师例会进行宣讲，提升员工对集团事业的认同度。

（2）从办学思想、育人理念、核心价值观、校训、校风、教风和学风等方面入手，加强理性思考和提炼，形成引领和促进学校发展的办学文化纲要。

（3）发挥黑板报、广播站、校刊、校报和宣传橱窗的主阵地作用，积极宣传现代先进的办学思想和文化理念。

4．丰富校园文化活动

（1）定期组织学生开展丰富多彩的课外活动和社会实践活动。

（2）每年举办一届校园"艺术节"、"科技节"、"体育节"和"英语周"活动。

（3）定期举办教师"读书一得沙龙"、班主任论坛、学术报告、教师优质课竞赛、教师优秀教育论文评选、学习型年级组和教研组评选活动。

5．完善学校课程体系

（1）按照部颁、省颁课程标准，开好各类必（选）修课和地方课程。

（2）加强对"数、理、化"奥赛培训辅导的组织和管理。

（3）积极开展"武术"、"形体"、"工艺美术"、"科技制作"等特长教育活动，着力开发一批校本课程。

6．做好对外开放工作

（1）定期召开家长会，反馈学生在校信息，研究学生问题，达成教育共识，形成家校教育合力。

（2）成立公共育人协会，各学部成立分会，定期召开理事代表会议，征求他们对学校教育和管理的意见和建议，共促学校发展。

（3）适时邀请教育合作学校的领导和老师参观学校大型活动，增进校际间的沟通了解，形成办学优势互补。

7．开展"平安校园"创建活动

（1）强化校园治安管理，建立健全各类规章制度，维护公共秩序。

（2）加强门卫管理，把好校园治安第一关。

（3）维护楼道和就餐秩序，避免踩踏、拥挤事故发生。

（4）层层签订安全目标责任书和协议书，实行分级管理，确保师生活动安全。

（5）加强巡查制度，维护校园正常的学习、生活秩序。

（三）总结阶段（2009 年 7 月—2009 年 10 月）主要工作：

1．对三年研究工作进行系统总结，形成研究报告。

2．申请、组织课题结题。

3．制定学校新一轮《校园文化建设方案》。

【反思】

一所学校的办学水平如何，其实就是看其是否得到了真正的发展。学校的发展，从上面这一实施方案中，就能让我们感知到小课题开发的作用，学校的发展目标因这些小课题开发变得更具体，更有可操作性，对于提高办学水平更有实效。

在一所学校里，教育管理小课题开发的点是非常多的，上述《方案》中的每一个小点都可以成为教育管理小课题立项的目标，并可以据此展开多种多样的课题研究活动，为提高教育教学效率打基础，为丰富同学们的校园文化生活打基础。譬如现在很多学校组织了各种社团，但这些社团还只是在学校内搞活动，如果采用"请进来走出去"的方针，与社会媒体搞联谊，在社会媒体的指导下自会得到长足的发展。如面向社会举行摄影展、文艺汇演、书画展、科技成果展等，这既发展自身，也能得到社会的好评，还能摒弃墙内开花墙内香的现象，进而把艺术的芬芳传递到大墙之外。此外，在进行教育管理小课题研究时，我们还应做到"知行合一"，多一些教育管理小课题组，针对本单位存在的问题研究的项目多一些，那么，学校落后的教育现状一定会因此而改观。

【建议】

课题的作用是什么？课题应该是一把开门的钥匙，跟其他与学科教学有关的小课题相比较，教育管理小课题有点特立独行的感觉，很多教师要么没有这个奢望，要么没有这种觉悟，所以主动申请的教师少，不像其他小课题容易得到我们老师的青睐。所以，我们要提高主人翁意识，从陋习中跳出来，用小课题的视角鸟瞰与切入学校发展中的诸多问题，经过仔细研究，最终解决问题，提升水平，推动学校发展。

当前，教育管理小课题开发，主力军依旧是教育管理者，为了充分发挥学校的有限人力、物力和财力，在此建议：

一是制订激励措施。小课题成长只有在学校这片沃土上，才能够滋养小课题并促其繁荣。所以有一定的激励措施，会激励更多的教师和管理者参与到小课题中来，为学校的繁荣贡献自己的一份智慧。可制订的措施有：在评先选优、晋升职称上给予优先权；把研究成果推到省级报刊上；申请地市级优秀课题等。

二是寻求宽松环境。教育管理小课题的开发毕竟是教学之余的研究工作，这意味着教师要在课余对有关问题进行调研、讨论、查阅资料、写调查报告、撰写总结和论文等，所以当看到这些教师忙碌穿梭，学校的管理者一定不要觉得这些教师不务正业，浪费时间，耽误了有效的教学时间。其实，每个教师都是有责任心的，他们都会在做好本职工作的基础上，开发各种小课题，管理者们有必要助他们一臂之力，给予宽松的环境。

三是实行领导包组。要想各种管理课题研究落到实处，校领导参与进来最好。因为领导们各自负责一定范围的学校工作，对学校工作了解更清楚，而且有实际解决问题的能力和权力，而且能针对课题组发现和研究的本管理范围内的问题，可以及时作出反应，及时整改，这样既有利于学校工作的快速推进，又有利于课题成果的及时推出，真可谓是一举两得的好事。

四是开展课题培训。课题研究是一项很专业的研究项目，刚开始的时候，可能很多教师摸不到门路，一直在瞎子过河，跌跌撞撞，容易走很多弯路。这就需要学校为教师提供观摩和培训的机会，对进行小课题开发的教师给予专业的指导，引导他们规范地进行小课题开发，力争少弯路，有实效，出成果，把学校的各项工作迅速提高到更高的水平。

五是鼓励课题成果。小课题开发的成果，一是要在本校的教育教学中得到体现，二是要化为文字成果，以论文、报告等形式呈现出来，校领导要鼓励教师多出成果，即多撰写论文、报告，并努力向上一级部门或报刊等推荐，把这些光彩熠熠的成果展示出来，以获得上级的肯定，同时也争取在一定范围内得以推广，如此，我们的小课题开发才有价值和意义。

【谨记】

教育管理小课题需要在艰难的环境中磨砺和实践，最终才能证明自己的存在价值。

第六讲　在开发过程中实现自主专业发展

> 　　职业倦怠，路径不明，是教师专业成长的瓶颈。置身于教育天地，如果找不准自身专业成长的方向，不能够及时调整自己的"轴心"，不能努力推进专业成长的进程，也就很难从教育这棵大树上摘到幸福的果实。
>
> 　　　　　　　　　　　　　　　　　　　　　　　　　　　　——题记

　　如若把与时代共发展的教育当成一棵大树，那么，这棵树定能直达云霄，而这棵树到底有多高，可说谁也不知道。身处教育行业里的教师，年复一年地顺着这棵树往上爬，爬累了，抬抬头，仍旧看不到树的顶端，则干脆停下来休息。渐渐地，身心俱疲的老师们，心中那根时刻紧绷的弦正面临着即将崩溃的危险。

　　教师的专业成长过程是一个终身学习的过程，是教师的情感、心智、个性、专业能力等逐步成熟、提升的过程，是不断寻找职业的乐趣和价值感、尊严感的过程。这个过程是漫长的，一边经历痛苦的磨砺，一边品尝着幸福的泪水。无疑小课题开发，是教师专业化成长的必由之路，是教育可持续性发展的有效途径。无数成功教师的经验告诉我们，小课题在教师的专业成长过程中起到了举足轻重的作用。不难看到，有很多优秀的教师，他们一边教学，一边做研究。他们不是为了扬名，而是在真正地探寻解决问题的方法。不难看到，有很多优秀教师，也正是在小课题开发中逐步提高自己的教学效果，获得了领导与老师的认可，甚至成为优秀教师、特级教师。仔细研究这个成长过程，小课题就像一个"轴心"，围绕小课题这个轴心，教师可以实现由骨干教师到名师、教育专家的蜕变。

　　在小课题开发中，教师需要具备如下一些良好的品质。

　　不急功近利。在课题研究之初，教师要消除这样的想法：研究课题就是为了出名，为了让领导和同事对我刮目相看。抱着这样的初衷，那么，所研究的课题必定华而不实。做研究，最基本的就是为了更好地服务学生、服务课堂。因此，唯有踏实而朴素地做研究的教师，才能够成为最终的成功者。

　　不迷恋成果。一条小溪，它能够不停地流动，是因为它拥有取之不尽的活水。它不断从周围的溪流中汲取活水，从而让自己的水质清亮、透明、新鲜。如果小溪没有了活水，它便不再会继续流动下去，结果只有两个：一是成为死水，二是永远干涸。作为一名教学中略有成就的教师，应该在研究中通过不断地否定与重建，不断更新自己思想的活水，让自己思想的小溪永远流下去，一路高歌快乐前行。不要因迷恋一时的荣耀而停止自己前进的脚步，教不停息，学不停止，教到老，学到老。

　　勤学善思。"勤学善思"这种品质，是教师取得成功的必备品质。在小课题开发的过程中，一位勤于学习、善于思考的老师，他的研究成就一定高于其他人。这是一种宝贵的品质，然而真正要做起来却很难。很多教师在小课题开发中拈轻怕重，避重就轻，图轻松，结果导致课题研究不深入，研究成果没有吸引力，无创新。换言之："惰学钝思"是教师小课题开发取得成功的一大禁忌。

小课题开发，是一条走向成功的路，能够让教师不断获得专业发展的内趋力，不断在教育生涯中，充分发挥个人的潜能，达到最大限度的自我人生价值实现。但是，行走于职场中的我们不时感到激情伤逝，热情消退，没有鲜花与掌声，得不到社会的认同、他人的认可，于是对事业前程的渺茫感到苦闷、彷徨。因此，进行小课题开发就需要我们做好职业发展规划，不断改变研究的方式方法，不断超越研究的局限，在研究中提升自己，发展自己。只有如此，我们的专业化发展才能逐步从制度保障走向观念自觉，从外因引导走向行动自主，才能让我们专业化发展成为职业生涯的内在需求。

第一节　围绕轴心做好三大发展规划

个人发展规划，是教师成长必备的。每一位老师都要学会规划自己的教育人生，整日懵懵懂懂、浑浑噩噩的教师，他的教育人生一定是不幸福的，甚至还会陷入牢骚、怨言与痛苦构筑的泥沼，不可自拔。小课题开发，正是指引教师在教育教学中做好发展规划，不断调整航向的边教边研边修之路，在不断的研究中促使教师去反思教育行为，在不断的反思中收获专业成长。为此，围绕小课题这个发展"轴心"来规划自己，可以说是教师专业飞速成长的一条捷径。

孔子曰："吾十五有志于学，三十而立。"能否唤醒我们专业成长的自觉追求，能否让我们从放纵、倦怠、散漫中警醒，从而从容地走完教育人生，目标与规划是十分重要的。"树的方向由风决定，人的方向由自己决定。"我们要从"懒惰、懈怠、迷途、依附"的沼泽中走出来，调整好自我发展的"轴心"（即小课题开发），做好三大规划，通过小课题开发，找到专业成长的新基点，不断追求理想，不断超越现实，不断进行研究和创新，更新自身教育教学理念，改变原有行为方式，从而逐步发展为专家型教师。本小节精选一些教育大家、名师从"小课题开发"成功实现自身专业成长的案例，围绕"教师为什么要进行生涯规划"、"教师如何借助小课题开发进行生涯规划"、"教师做小课题开发的成长路径"以及"教师做小课题的技巧"等问题展开探究，为中小学教师成功规划人生和寻找成长的路径提供可资借鉴的参考。

▷▷▷　1. 三年成为骨干教师　◁◁◁

什么是骨干？比喻在总体中起主要作用的人或事物。如同高楼大厦，支撑的主要支柱是骨干，缺少骨干，就会倒塌。什么是"骨干教师"？就是"师德高尚，业务能力强，在教育教学和科研工作中起核心作用的教师"。作为一名入职新手，如何在三年的时间成长为骨干教师？这是每一位青年教师应当思考的问题。

一位教师到底是平庸还是优秀，完全取决于最初的选择。小课题开发是从新手到骨干的最佳武器。对于那些想成长的教师来说，小课题开发不仅是自我发展的先决条件，也是日后成为名师甚至教育大家的根基。三年成为骨干教师，是进入职场并取得成功的第一步。如果新教师或者普通教师，想提高自己的能力，不甘心碌碌无为，渴望在学校里受到同事的认可和领导的器重，那就踏踏实实地从小课题研究做起。本小节将阐述怎样做才能改变自己的命运，成为骨干教师。

原规则：用三年的时间进行小课题开发来推动专业发展，比只关注课堂十年都强。

为什么教师能够在小课题中获得自身专业素质的快速提升？原因主要在于，小课题虽然起点小，但是关注的却是教学中的实际问题。这些小问题，看似不起眼，如果你能够通过自己的研究去解决，我们就能收获属于自己的最为宝贵的经验，这些经验，虽不能直接用于今后的教育教学，但却能为自己的工作提供切实的参考。我们完全可以这样想：一个小课题解决一个教学问题，两个小课题即解决两个教学问题，参与的小课题越多，解决的教学问题越多。课堂中那些常常让我们头疼的问题，如果能够通过小课题开发来解决，那么我们的专业成长就超出了别人一大截。这种成长不是靠什么荣誉证书来验证的，而是潜在地存在于教师的内心，存在于课堂形态上。

在教育教学过程中，难点在于教师缺少发现问题的意识。大部分教师，在课堂教学中过分关注"考试的内容"，只把焦点关注到学生的成绩，而置学生情感、心理、精神面貌于不顾，置课堂出现的问题于不顾，不注意课后总结、反思，不注意学生的观察与交流，不注意行为的调适，又怎么会取得教育的成效，获得专业的发展呢？无论是课堂上还是日常生活中出现的问题，都是宝贵的，这些问题是成长的基点。对于每一个已经投身教育的人来说，给自己有行动的理由，从小课题开发做起，检验自己的教学行为，拷问自己的教学思想，不断提高对教学的预测、分析能力和对教学行为的调控能力，从而逐步走向专业化成长之路。

现象纪实

在现实生活中，常常见到一些教师在学历、能力上并无多大悬殊。可是，有的教师教了一辈子书，年复一年，循环往复，处于"推磨式"状态，师生关系僵化，教学成绩不突出。而有的教师工作时间并不长，便崭露头角，成为教学骨干，成绩斐然。为什么会产生如此截然不同的结果呢？

症结在于——有一部分教师积极参与小课题开发，是小课题开发成就了他们。

经典案例

一节课和十二本书

孙双金，全国著名小学语文特级教师。他自成一家的"情智教育"，《中国教育报》曾作过连续报道推介，在全国语文界产生了广泛的影响。自从1981年走上三尺讲台的那一天起，他就立下宏伟志愿，要"将小学语文教学引入艺术殿堂"。在工作第二年，他开始着手作文素描教学实验研究。实验中，虽然离不开专家教授理论上的指导，但绝大部分工作是靠他边实验边摸索进行的。每次上作文素描课时，他在课前都要设计好各种作文情景，课堂上要指导学生把它们表演出来，然后要求学生用语言和文字表述出自己看到的情景，课后还要进行仔细批阅、分析、比较和总结。小课题开发不仅提高了学生的书面表达能力，而且使他的教育科研水平明显提升，使他的视野逐步拓宽，为"课里淘金，探索创立情智语文"做好了铺垫。

1985 年 9 月的一天，江苏丹阳师范附小能容纳 500 多人的礼堂座无虚席，年仅 22 岁的孙老师正在执教古诗《春望》。为了突出诗人的忧国忧民情怀，他大胆突破，补充了另一首古诗《闻官军收河南河北》与《春望》作对比性教学。两首诗，一忧一喜：一首是忧极而惊，一首是喜极而狂，正反对照，突出了诗人与国家、百姓同悲同喜的博大情怀。课毕，礼堂内掌声雷动，经久不息。下课后，一位语文教育专家激动地握住孙老师的手说："我真没想到，古诗教学也能上得这样引人入胜。"为了备好这一课，他一连几天将自己关在办公室和资料室里。他查阅了十二本教学书籍，阅读了大量诗人生平事迹的文献；他查阅了《春望》这首诗的时代背景，深入研究了这首诗的相关分析文章，这节课就是这些文献研究的结晶。孙老师自从走上讲台的那一天起，就坚持苦练内功、课里淘金，像"一节课和十二本书"这样的故事，在孙老师的身上发生得太多了。一方面坚持课里淘金，努力提高课堂教学的艺术水平；一方面积极开展课题实验研究，着力探索教育改革的新路子，使自己真正成为了科研型教师、科研型校长。

【反思】

从孙双金老师的成长历程中，可以看到，在一个人的教学生涯中，前几年的行走方式对今后的发展至关重要。

在一所学校里，什么样的教师才是教学骨干？骨干教师拥有什么样的特质和素养？怎样才能成为一个教学骨干？骨干教师是一所学校稀缺资源，是校长的"座上宾"，是学校发展的"顶梁柱"，是推进素质教育的"主力军"。可以说，这都是刚刚走向工作岗位的教师所努力追求的。常常会听到有些新教师抱怨："为什么我的工作一直得不到领导的赏识？""我一直在努力地工作，为什么到现在还是老样子？""为什么同时参加工作的，别人得到晋升而我原地不动？"等等，如何才能让自己永远处于"高地"？办法其实很简单，那就是走小课题开发之路。因为走这条路能让你成为学校不可或缺的骨干，成为教育教学离不开的教师！

我们应该明确地认识到，教师在履行职责的整个过程中，面临的最大问题是教师专业发展的问题，尽管专业发展可以有不同的途径，但对教育的思索与关注，对教育问题的观察与研究是离教师专业发展最近的区域。然而，现实中很多入职的新教师忙于适应新环境，疲于应付工作中的各种事务，无暇顾及每天的新变化，即使能对每天遇到的问题进行短暂的思考，但之后即弃之不顾。其实，如果能够把问题捡起来，把问题放在心里，随时为自己拟定一个可供研究的小课题，并付出踏实的努力，是一定能得到最丰厚的收获的。小课题开发是一件非常容易的事，因为不必填写什么申请表，只需把它放在心里，然后持之以恒地研究、实践，它就会助教师在平淡的工作中获得一路芳香。

日本某咨询管理公司的代表濠里耕一，每次给新入职的员工做演讲时都会力劝他们"赶快成长为一名有能力辞职的员工"，其实这是在叮嘱员工，希望他们能不断地培养自己的实力，不再畏惧被解雇。教师的成长也是如此，成长需要规划，需要一个限时的规划。当承担起一个小课题，并实实在在地参与其中，可言就已为自己设计了一个三年的发展规划。三年的时间不长，但却足可以让自己成为一名骨干教师。做小课题开发也是如此，也许觉得一切都可以等待，然而只要错过时机，错过一个在课题研究中发展自我的机会，就会被岁月无情地"蹉跎"。这三年，需要借助课题研究不断学习、反思、实践，不断积淀自己的教学底蕴，而后才有成为一名骨干教师的可能。

【建议】

美国心理学家波斯纳提出教师的成长公式："经验＋反思＝成长"。作为一名需要发展的教师，有研究意识是必不可少的，因为这样才能从司空见惯的现象中学会思考、学会研究，并从中挖掘到自己所需要的那一桶金。

一是早定职业航向，争取成长自主，用小课题做起跑线。目前很多新教师盲目地工作，被动地服从安排，缺乏自己的思想，蓦然回首中，才发现自己漫无目的地度过了好几年，结果自己还是原来的自己，毫无发展。从名师的成长历程来看，应早定职业航向，找准自己的兴趣、爱好、特长，设计好自己的职业规划。特别是通过小课题研究推动发展的规划，这对一位新教师的成长是至关重要的。教师要用小课题做起跑线，从自己的课题中"跑"向超越别人的远方，"跑"出属于自己的成果和成长。

二是争做骨干，从每一件小事做起，为小课题做好铺垫。现实中，我们所熟知的成功人士大多都是从点滴小事做起，从最优秀的员工中奋斗出来的。作为教育的一分子，每个人都希望自己是优秀的，能成为教学的骨干，被领导重用，同时也希望能提升自己的收入和地位，但这所有的一切都与自己的工作态度、能力、努力付出分不开。做一名教学骨干是年轻教师在教育人生道路上的第一步，这一步能否走好，非常重要。所以，我们脚踏实地从每一件小事做起，细心挖掘隐藏在教育生活中的每一个细节，采集每一个小故事，带上耐心、责任，不断观察、研究、思考解决变化着的新情况、新问题，从中选择有价值的小课题去研究，从而不断去矫正日常偏航的言行。这是每一个骨干教师成功的起点，成功的基石。

三是以从容淡定为工作常态，无限涵养小课题开发的心境。新教师或多或少都要经历一段刻骨铭心的心路历程。由于教育工作本身具有较强的复杂性和创造性，尤其是对新教师来说，在工作面前更会面临很多诱惑、迷惑和压力。或许我们都有这样的感触，有些书本上的教育理论、管理模型、教学方法并非是解决现实中教育问题的法宝。这正道出了研究的必要性。虽然研究了不一定就有成果，但只要我们从容地走"观察→思考→研究→实践→观察→思考……"的循环往复之路，就会不断地超越，直至收获精彩。

【谨记】

把握前三年是成长非常关键的时期，小课题开发是及早步入专业化成长的一条轨道。

2. 十年成为名师

成为骨干教师，不可能也不应该是教师生涯的终极目标。每一位教师都应该坚持走小课题开发之路，有"十年磨一剑"的精神，就能在教育中站得高望得远，由"骨干"成长为"名师"。

"十年"是一个怎样的概念？如果我们把这"十年"定位为研究的十年，便可以这样说，历经十年修行后的教师多有可能是名师。国学大师季羡林曾经说过："一流的学生不是教师在课堂里面教出来的，而是一流大师所创造的学术氛围熏陶出来的。"这就是名师的魅力和作用所在。怎样由骨干教师成长为名师？名师都有自己的成长方式，然而，有一点却是相同的，他们的成长都与课题研究分不开，是课题研究成就了他们。如果要在"十年"和"名师"这两个词之间加上一个等于号，那么条件一定是"课题研究"。"十年磨一剑"，怎样来磨这把剑，可以肯定地说，小课题开发最给力。

原规则：教师若十年坚持小课题开发，不只是专业大发展，精、气、神也会发生质的变化。

美国有一条成功定律说得非常好，即十年成功定律，意思是在感兴趣的某一领域奋斗十年，你一定会成为这一领域的专家。在我们身边的名师都深谙这一规律，都能够结合自身的工作走上教育科研之路，不断研究探索、不断改进实践、不断获得专业成长。教师要想成为名师，必需树立一个信念，自己要学会思考，要善于发现问题、找出解决问题的办法，并积极接受教育实践的检验。只有做一名研究者，十年如一日地从日常工作中去观察、积累、分析、验证，不断探索教育的规律，才能实现专业大发展，提升为师的境界。

 现象纪实

每一位教师，对全国各地的名师无论是从他们完美的人格，渊博的学识，还是精湛的教学艺术、丰硕的科研成果，都有一份崇拜羡慕之情。但很多一线教师"徒有羡鱼情"，特别是在自然条件和精神环境相对贫乏的现实之中的农村教师，有的说自己从未听过赏心悦目的好课，也很少参加各级培训，学生基础又那么差，我们怎么能和名师相比？所以，由于有这些客观因素的存在，而导致他们只有以仰视的眼光去观察名师，而自己作为教育主体的自觉和自省，作为专业成长的主人，却常常被忽略。

今天，不少教师往往喜欢从外部环境来为自己寻找借口和理由，他们不是叹息自己学识的浅薄，就是抱怨工作的繁重，没有时间精力做研究；不是埋怨工作的环境恶劣，没有名师的引导，就是抱怨领导的偏袒私心，没有外出学习的机会。所以，他们工作不积极、不主动，办事拖拉、敷衍塞责，在等待、依赖、彷徨中做着徒劳的工作。于是，便在不知不觉中成为了一个不敢面对困难，不愿承担责任，被动地工作，被动地成长。缺失精神向度的教师，成长的脚步也变得异常沉重与迟缓。

一夜"名师"

刘发建，一位名不见经传扎根乡野的小学语文教师。2005 年 6 月，绍兴，"刘发建"似乎一夜间成了"名师"。4 年时间，三个课堂登上《人民教育》，累加起来的页面，半部《人民教育》有余。这在绍兴，浙江，乃至全国，也算一个特例吧。个人专著《亲近鲁迅——落地麦儿童语文课堂》、《小学生鲁迅读本》在小语天地里被誉为"最具有独立思想的一颗麦子"。钱理群对此的评价是："小学鲁迅教学的一次历史性突破，填补了一个思想和理论的空白。周一贯赞誉刘发建老师是农民的儿子，他的身上有一股天然的田野之气，他的课堂形成了天然的田野之风。"

刘发建老师立足课堂，以生为本，从 2005 年冬至 2006 年春，他前前后后观摩了近 10 位老师执教的《我的伯父鲁迅先生》，不断观察，不断反思，为何学生们面对巨人如此冷漠，不知如何去亲近这位高高在上的伟人。这前前后后的 10 余次刺激，他就开始在心底里追问自己：鲁迅真的是这样的吗？2006 年冬，他开始有意识地学习鲁迅的有关研究著作。研读钱理群老师的《与鲁迅相遇》，林贤治老师的《一个人的爱与死》，高旭东老师的《走向二十一世纪的鲁迅》，李长之老师的《鲁迅批判》，以及河北教育出版社出版的《回望鲁迅丛书》22 本回忆录，《假如鲁迅还活着》、《新发现的鲁迅》等等，从网络上下载了大量的鲁迅研究文稿。这些学习，逐渐增进了他对鲁迅先生的了解与认识，帮助他慢慢走近鲁迅。2007 年的暑假，他大部分时间都是在县图书馆度过，翻阅 18 卷的《鲁迅全集》。特别是鲁迅那记账单式的日记，他与许广平之间俏皮生动多姿的情书，极大地丰富了他对鲁迅的认识——鲁迅的生活原来也是如此琐碎平凡，内心原来也是如此丰富多情。

【反思】

每位教师都渴望成长为名师，但不注重点点滴滴的努力，所以，心中的"名师"似乎远在天边遥不可及，倦怠和不自信让我们怀疑自己的能力，于是随波逐流。刘发建作为一个真正的研究者，能从日常课堂中走出来，又一次证明了——长年如一日的实践积累、勤奋探索才能脱颖而出成为优秀教师这一真理。他在 4 年时间里有 3 个课例在《人民教育》上刊载，且每次连同编辑部组织的名师讨论、专家评点，都多达万字。这确实是一个令人关注的教学研究现象。

教师仅有专业追求的理想是不够的，还要在行动上立足实际，做小课题开发。刘发建虽身处艰苦的环境中，但对环境和自身的改变抱着感恩的心态，所以，他以草根式研究姿势一路走来，向我们呈现出了新时代下农村优秀教师丰富的精神元素，给更多徘徊在路口的农村教师树立了一个航标。可以说，进行小课题开发，是我们走出困局的开始。从"一个教学片断"、"一个教学小故事"、"学生作业不能按时完成"、"课堂上学生不发言"、"学困生转化研究"、"文本细读"等教学小现象入手，刘发建老师在仔细阅读《我的伯父鲁迅先生》中，发现文章前前后后出现了 34 次"伯父"，而"鲁迅"——作为一个伟大文学家的名字，仅仅是在课文的第一句话中出现了两次，加上题目中的"鲁迅"，也不过三次而已。这让他思索自问：我们的课堂里为什么只见"鲁迅"而不见"伯父"，我们课堂里为什么不见亲情的思念，却布满了凡人对伟人的那一种习惯性的"跪下来"的仰视与敬畏。

于是他开始第一次在课堂用心去体验鲁迅。课堂实录在人教论坛一挂出，就受到网友们的热切关注。正是基于研究解决这些小现象中背后存在的问题，以及采取的小策略，实实在在地走进课堂、观察课堂、思考课堂、改善课堂，不是按部就班地执行学校规定的备课上课批改作业等教育教学任务，而是以研究的心态加以思考、分析、反思，不断摸索教育教学的规律；不是日复一日重复着昨日的故事，而是主动积极地去审查，反省，从而改进自己的教育教学行为，积累科研基本功。

刘发建一夜成了名师并不是偶然的，他的成功再次印证，永远把脚下当做起点，以小课题开发为径，一点一滴地做起，必将"集腋成裘，聚沙成塔"，这是名师专业成长行走的路径。

【建议】

名师窦桂梅说："教师成长固然有赖于好的环境，但是更重要的是取决于自己的心态和作为。谁来给教师创造良好的环境，是教师自己。"其实，要想成为名师，也不是啥难事。在此建议：

一是自醒，不盲目。头脑清醒，合理规划自己的十年。郑重地把小课题开发放到自己的专业发展轨道上来，清醒地认识到小课题开发对自身成长的重要性和必要性。在研究中，瞄准一个研究点，持之以恒地研究下去。在研究的途中，时刻保持清醒，不断将研究推向深入，并进而发展自己的研究特长。

二是研究，不懈怠。"处处留心皆学问"，做小课题开发必须时时带着研究的眼光与不懈怠心态走进课堂，关注课堂"教"与"学"的动态过程与教学情境，分析课堂中出现的随机的、偶发的、个别的、或大或小的问题，让研究成为一种习惯。及时记录课堂精彩片断、课堂实录、教育叙事、课堂中的困惑、学生的发现等，让研究成为一种生活方式。不掺杂任何功利色彩地静心听课，课后有思考，有总结，不断积累丰厚的教学案例。并利用时机通过示范课、研讨课、教改实验、演讲、说课、教学经验交流、网络论坛等渠道，将教学研究深化，让经验得以推广，这样的研究才是最出色的。也只有让研究成为一种习惯，才能练就一双小课题开发的慧眼。

三是坚守，不放弃。从某种意义上讲，没有坚守，就没有名师。李吉林老师潜心情境教育的研究，从情境教学到情境教育又到情境课程，这个课题一做就是五十年，现在又有几人能做到这一点？坚守一种研究信念，并持之以恒地做下去，这需要超乎常人的毅力，也正是这一点，才成就了名师。"坚守"，短短的两个字，说起来容易，做起来难。要坚守，就要在生活中懂得取舍，懂得放弃。为了达到自己最终的研究目标，持之以恒，永不放弃。

只有教师自主、自觉地坚持教研，天天做，周周做，月月做，年年做，周而复始，永不疲倦。让研究成为一种实实在在的生存状态，小课题开发才会绽放花蕾，教师才能走上一条幸福的教育之路。

【谨记】

在自己的小课题开发中磨砺十年，你一定会成为这一领域的名师。

3. 职场积累羽化为教育专家

从苏霍姆林斯基到陶行知，从霍懋征到李镇西，从斯霞到魏书生……社会对他们尊重、我们对他们敬仰。不难发现，在他们身上散发着浓郁的深厚的文化芳香，他们所过的生活是一种特殊生活，阅读—观察—研究—行动—反思—研究，他们几十年如一日地反复研究与实践，从问题中革新，从困境中突围，开别人未开的疆土。

《祝你幸福》有言，"在聪明的犹太人眼里，一个人要想生存，要想在社会上立足，要想永远处于不败之地，就必须不断强大自己，丰富自己。生命宛如一棵树，要想苗壮你的根，繁茂你的枝，葱绿你的叶，你就必须用智慧的甘泉不断浇灌自己的生命。"是的，一个教师从骨干到名师，再到教育专家不可能一蹴而就，需要历经一次次痛苦的蜕变，需要历经修炼，经过职场积累羽化，方能修成正果。而小课题开发则是滋养与积淀教育家的一方沃土。本小节试图探讨那些名师如何从做小课题开发中养成"想大问题，做小事情"的习惯，最终成长为教育大家的，来激励我们自己的成长。

原规则：多年的积淀成源头活水，历练"想大问题，做小事情"的习惯，成为教育专家激励他人。

一位哲人说过："播种行为，收获习惯；播种习惯，收获性格；播种性格，收获命运。"每一位渴望成长的教师，都要以开阔的视野，高远的目标，充分地认识自我，选择一条能够发挥自己优势特长的道路，矢志不渝地走下去。做教师，立志成为教育家，让优秀成为一种习惯，形成"想大问题，做小事情"的思维习惯与行为习惯，时时想想"大问题"，从民族的兴衰，国家的富强，家庭的幸福出发去思索关注教育，并能从日常小事做起，孜孜以求，一步一步地走向成功，方才能最大化地实现人生的价值。

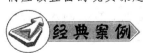

现实中很多教师工作十余年，拥有一定的教育教学经验，多次在省市甚至全国的教研活动和教学比赛中展示自己的教学成果，赢得专家和同行的好评，同时也取得了不同程度的教学业绩和荣誉，也评上了高级职称。但接踵而至的问题是，有的满足于现状，工作不思进取，随遇而安；有的则转向对名利的追逐，没有了追求，没有了前进的方向，心浮气躁；有的希望在专业发展上有更大的突破，但发现自己的工作激情渐渐消失，教学上也没有什么大的长进，甚感困惑。多年努力成长为骨干教师或者稍有名气的教师，发展到"高原期"后，如何实现"可持续发展"？如何在职场获得源源不断的、前进的动力？这是我们应该直面的现实课题。

经典案例

一位教育大家60年的教育生涯

2010年9月，81岁高龄的于漪老师被教育部评为"全国教书育人楷模"。60年来，于漪把毕生精力都献给了教育事业，经历许多风雨磨难，她从一个普通的教师一步步成为优秀教师、特级教师、教育楷模，形成了自己独特的教学风格和教育思想，影响巨大，享誉全国。于漪的心中有"两把尺子"：一把是量别人的长处，一把是量自己的不足。在课堂上，于漪努力做到"要言不烦、一语中的"。她明白当自己讲课最含糊的时候，就是废话最多的时候。教师废话一多，学生就如坠云里雾中，于是她每次都给自己留下"废话记录"。也有时候，学生能够超水平发挥，提出一些超出备课时设计的问题，于漪也都把它们一一记下，记下解答后的感悟，记下解答留下的遗憾。针对时下不少教师感慨"孩子越来越难教、老师越来越难当"的现状，于漪依然坚信研究学生是一切教育的出发点。一位青年教师从1976年开始，随堂跟踪了于老师的3000多节语文课。她最深切的感受是，于漪从来不重复自己，即使是同一篇课文教第二遍、第三遍，也绝对不重复，每节课都是一幕美丽动人的人文景观。"活到老，学到老。"60年的教育生涯，60年的艰苦探索，于漪没有一天停止过对教育的探索，不断从经验与感悟走向理性与科学。于漪思而研，研而行，行而写，提炼成以语文教育理论与实践为轴心的各类著述，留下了"学做教师"的探索印迹。

【反思】

在国家颁布的《国家中长期教育改革和发展规划纲要》中，明确提出要"倡导教育家办学"，要"努力培养和造就一大批具有先进教育理念、独特办学风格的人民教育家"。那么，教育家到底从哪里来？教育家是如何自主成长，破茧成蝶的？

重温古今中外教育家成长轨迹和成功故事，回眸他们的教育探索和改革创新，剖析他们成长的规律和内在的精神，无疑会对我们有重要的借鉴意义。苏霍姆林斯基正是在帕夫雷什中学长达23年的教育实验中，从教育实践出发，边工作，边潜心研究，对教育和教学提出一系列创造性的见解，形成鲜明的理论体系，成长为著名的教育家。于漪老师60年的教育生涯，60年的艰苦探索，60年的研究，从一个普通教师一步步成长为"全国教书育人楷模"。为什么我们没有成为教育家？很多人从事教育几十年，工作勤勤恳恳却仍然是教育的"门外汉"？为什么教了一辈子书，仍然停留在原地徘徊，做着教书匠？有人抱怨环境的恶劣，条件的艰苦，固然这些因素阻碍了你的发展，但有的小有名气的骨干教师或者名师，有着广泛的人脉资源，有着自我发展的和谐空间，可最终也没有实现更大的跨越。何故？如果我们没有长时间的积淀，没有自己对教育独特的实践与研究，又怎么能形成自己的新的理论体系、鲜明的教育风采，成为教育专家呢？教育专家成长不在"速成"，而在"养成"，要在职场羽化成为"教育专家"，需要丰富的经历和体验，需要不懈的探索与研究，需要文化的积淀和涵养。

教育科研是教师突破专业发展"瓶颈"最重要的方式。一些中小学老师在应试教育的怪圈里机械重复地工作，职业倦怠、精神麻木、缺失科研的意识可谓一应俱全。其实，这只是一道坎！迈过这道坎，就会别有洞天，发现教育之美。迈不过这道坎，就创新不出独特的教学方法，推不出自己特色课堂，更形成不了自己的教育教学思想，就会陷入学生厌学，自己厌教的泥淖。教育家也是生活中的普通人，他们的理论也是来自自己平日的教育教学实践，是由少到多，由粗到精，由慢到快一点一点汇聚而成的。

【建议】

一位哲人曾经说过："要想达到最顶点，就必须从最低处开始。"真正的教育家应能经得起时间的考验，经得起研究的磨炼。在此建议：

一是虚心好学，用小课题打通学习的"脉络。"孔子在《论语》中有十多处提到"好学"一词。终身学习，活到老，学到老。小课题开发是一门新生的事物，其中的内涵和方式方法对于我们而言都是陌生的，需要我们向同行和专家学习，向学生学习，向实践学习，兼收并蓄。要把学、思、行辩证地结合起来，激发工作热情，强化创新意识，探索小课题开发的方法，破解小课题开发的难题。

二是用心做事，用小课题铺成迈向教育专家的"台阶"。"不积跬步，无以至千里；不积小流，无以成江海"。从平凡到优秀，从名师到教育专家，只有一个秘诀，那就是工作上要用心一点，再用心一点。用心是成事之基，成功之本。个体的成长，离不开自己的努力；成功的获得，离不开点滴的积累。用小课题铺就迈向教育专家的台阶，实质就是让我们用心思考，用心做好教育的点滴小事，及时发现问题，随时记录，主动研究，踏踏实实实践，变要我工作为我要工作，变被动工作为主动工作，从而使自己的追求更高远。

三是潜心修炼，用小课题做职场"佛经"。小课题开发永远没有终点，只有起点。小课题开发是实践与理论不断融合的长期过程，是困惑和收获不断交替的过程，是积累与提炼不断展开的过程，做小课题开发要承受常人难以承受的孤独寂寞，不能急功近利，所以用小课题做职场"佛经"，才能潜心修炼，才能养成平心静气，不媚俗、不浮夸、不移情的习惯，才能以研究的姿态投入到教育实践中去，在实践磨炼中成长，不断提升自己的思维品质，改变自己的行动方式。

【谨记】

教育专家的羽化是厚积薄发，慢慢成长的积累过程。

第二节　超越小课题开发的局限性

从上一小节的论述中可以看出，小课题开发是教师完成"骨干—名师—教育专家"三级跳的必经之路。由于小课题开发目前还是新生事物，还没有真正从科学的角度廓清其内涵、实质、方法、路径。虽然在小课题开发中取得了一些可喜的成绩，但也应看到深层次的问题——如何把小课题研究往纵深推进。现实的情况是，已经在做小课题开发的教师，无论是在认识上还是课题内容的选择上，无论是小课题研究采取的方式方法上，还是资料、数据分析上都存在一定的局限性，这直接影响着小课题开发的质量。

实践是检验真理的唯一标准。那么什么是真理呢？那就是科学的行动实践，扎实的研究过程，实实在在的成果。所以，我们必须树立长期开发小课题的意识，积攒成功的教育教学经验，调和自身课堂实践的矛盾冲突。只有这样，才能生成先进的教育思想、精湛的教学艺术，才能获得源源不断的成长之泉。本小节力求从开阔的视野、科学的方法等方面展开论述，以期让教师在小课题开发中如何超越其质、量和研究方式的局限性，获得专业大发展。

1. 超越小课题开发质的局限性

"不识庐山真面目，只缘身在此山中。"这句富有哲理的诗句道出，那些只是注意或研究事物的局部、细节或阶段性认识的人，就看不到事物的本真面目。教师最初接触小课题开发时还处在初级的或低级的认识水平上，不了解小课题开发的内涵或存在的意义。由于小课题开发的着眼点小，往往使研究者陷入无法将课题进一步深入下去的误区，认为"研究成果小，影响力微弱；课题研究时间短，在短时间内将课题研究出成果，有一定的难度"。在此，我们试图引发教师对小课题本质内涵的思索，指引教师超越小课题开发质的局限性，投身于真正的科学研究。

原规则：小课题开发带有利于研究对象和研究者发展的双重目的，一切急功近利者只能是自欺欺人。

笛卡尔说："我思故我在。"教师的成长离不开思想的涵养，教师的课堂教学离不开思想的滋养。教师的思想来自什么？来自对教育教学现象的观察、思考、研究、实践。教师理应摒弃浮躁的心态，学会求真、求证、求实，在小课题开发中，实现师生同步双赢的发展。

在我国素质教育不断向纵深推进的过程中，涌现出了许多日趋完善的教改经验。如斯霞的"分散识字"教学，李吉林的"情境教学"、丁有宽的"读写结合"，于永正的"言语交际表达训练"的作文教学，窦桂梅的"主题"教学……他们经过十几年甚至几十年的艰苦摸索及反复验证而形成的极具实践性、高效性的科研成果，已成为带动全国教育教学改革的一面面鲜艳的旗帜。可现实中有些名师受到局限的是"花环效应"或津津乐道已取得的成果，对更高的研究"不敢涉足"或"蜻蜓点水"、"浅尝辄止"。有的教师是患有视野的"弱视症"，眼前似乎只有名利，喜欢跟风，选择的课题不是立足教学实际，来自自己的教育教学问题，而是热衷时尚，目标过高，范围过大，研究过程走马观花。或花大力气做课题研究，但研究往往以结题、得奖或发表论文为终点。

还有的教师缺乏应有的研究素质，又没有导师可供咨询，研究工作不得要领，问题意识不强，概念界定不清，研究内容分解不准，论证不充分，方法不科学，研究过程缺乏质量监控，结论自然也没什么价值。

经典案例

窦桂梅：从"三个超越"到"主题教学"

窦桂梅，语文特级教师，先后获得吉林省五四青年奖章、全国模范教师、全国师德先进个人、全国中青年十大杰出教师提名奖等荣誉称号，2001年作为教育部更新教育观念报告团成员，在人民大会堂作《为生命奠基——谈语文教改的三个超越》的专题报告，从"三个超越"的实践理念，到"主题教学"的理论提升，她的语文教学思想在全国产生了广泛影响，成为小学语文教改的一面旗帜。1994年，窦桂梅开展了"语文教育要关注人的发展"的教改实验，建立了"积淀、感悟、创新"这一全新的教改模式。"超越教材、超越课堂、超越教师"，是窦桂梅教学思想的集中体现。2002年，窦桂梅调入清华大学附属小学任教，她并没有满足于"三个超越"带来的成果——只是课堂层面的改良，她把课题研究的触角伸向更广阔的天地：如何让学生在较短时间内有效地积累智慧和情感，在课堂上实现高效，实现教学的最优化，成了她研究的一个新目标。于是阅读思索、研究，提出"主题教学"的概念，接下来的几年时间，通过一个个具体课例的研究，她在"主题教学"的研究中不断取得突破，完善了主题教学的理论依据，主题的选取与界定的方法，以及课程的设置等问题，"主题教学"的思想也影响着更多的教师。

【反思】

窦桂梅，10多年前，针对当时教材、课堂、教师"三中心"的藩篱，提出"为生命奠基——语文教改的'三个超越'"，即"学好教材、超越教材，立足课堂、超越课堂，尊重教师、超越教师"。（详见2002年第1期《人民教育》）

在继承以上"三个超越"的基础上，窦老师再回到课堂，用实践与研究去拨开迷雾——"主题教学"让窦老师重新看到了方向。在窦老师的成长过程中，她从"三个超越"到"主题教学"的研究实践超越了小课题质的局限，不再仅仅停留在课堂教学层面，而是坚持以学生的生命价值为取向，不断激励学生内在精神生命的成长。这也是窦老师不断认识语文教育内涵的过程，更是她一步步研究、摸索、实践、验证，从稚嫩到成熟到亮出风采的历练过程。我们曾不止一次地追问什么是良好的教育？窦桂梅，从"三个超越"到"主题教学"的研究给我们作出了回答。

马斯洛指出："教育如果能帮助个人发挥潜力、自我实现，那就是'好的'"。当今社会的转型，经济的快速发展，已使世人变得急功近利，我们过分关注学生的学业成绩，过分关注方法与技术手段，忽视精神层面的东西，以致使它成了教育改革的阻力，教师成长的障碍。现在，我们应充分发掘每个人的潜能，满足他们生理、安全、归属、尊重等不同层次的需要，培养他们健全的人格，全面提高他们的综合素质。所以，我们做小课题开发就要立足学生的成长与发展，不要局限于小课题所带来的名利效应，更不能追逐浮光掠影，而是要把小课题视角锁定在课堂内外，选准自己的研究视角，定准自己的研究方向，时刻关注教育教学中真实存在的问题，把身心真正转移到研究课堂、研究教学、研究学生及他们幸福的成长上来，扎实做好小课题的本真研究，这才是我们思索与追求的目标。

【建议】

一是小课题开发要回归儿童成长。学生的健康成长与发展离不开教育，我们的研究目的是解决在实际的教育教学中困扰我们的问题，研究的对象就是学生、自己和课堂，研究的过程是整个教学过程，研究的最终目标是师生生命的共同成长和发展。所以，在教育教学中应最大限度地激发儿童生命的各种潜能，让学生感受到学习的意义，在丰富多彩的教育生活中，不断发掘其新的意义，感受到自己成长的快乐！所以小课题开发要把握一个要旨：让每一个儿童获得幸福成长。

二是小课题开发要回归教师的成长。教师的专业成长在不同阶段有着不同的关注焦点，要实现教师的专业成长从经验型成长向自主型的自觉成长转变，教师必须克服依赖思想，自觉做到"研究工作化，工作研究化"，借助小课题开发，端正研修态度，积极参与课前、课后的讨论交流，关注课堂教学的返璞归真、师生互动的展示过程、学习评价的激励包容，逐渐形成自觉的教学理论体系。

【谨记】

把小课题开发目标锁定在学生健康成长上、教师专业发展上，应是我们始终坚守的宗旨。

2. 超越小课题开发量的局限性

这里的"量"指的是课题开发最终的研究质量，即课题研究所获取的成果。课题成果，需要有生命力，不应该固步自封，只满足于眼前的研究成果，而应该有进一步深入研究的思想与行动。布鲁诺冲破了"地心学说"这个宗教的局限，大胆地提出了日心学说，使人类开始对宇宙有新的认识。李四光冲破了"地质学的权威定论"局限，大胆去探索，提出了"新华夏构造体系"，相继发现了大庆油田、胜利油田、大港油田。

科学研究有着自身的逻辑，其精神实质就是自由探索和自由创造。如果我们的小课题开发受到客观因素的干预和控制，过早地追逐名利，片面追求小课题成果的数量就会偏离研究的正确轨道。因为用功利思想主导小课题开发，研究性质、研究目标、研究意义就会变质，最终导致整个小课题开发走向盲区。

原规则：不能迷恋成果。你发表 100 篇课题小论文，相反说明你做小课题开发匠气十足。

一线教师做小课题开发的意义，不能仅仅局限于研究了什么，解决了什么教育教学困惑或者问题，取得了哪些成果，而是把研究作为教师的一种行走方式，一种专业成长模式，一种思考、研究、实践的职业习惯。中小学教师应自始至终将小课题开发贯穿于教育教学生活之中，走出课题研究量的局限性，始终如一地用眼睛去观察、用行动去探索，不迷恋成果、不盲从，唯如此，才会带来教育质量的提升，学生的健康成长，教师专业发展质的飞跃。

目前，更多的一线教师有一个论文情结，认为只要本人发表了 100 多篇课题小论文，就自诩名师，开始孤芳自赏，停止了继续探索的脚步。或者是做课题研究之初，精心细致地去做每一项事情，但随着研究的结题或得奖而终止。或者是过于在意有多少课题受到各级领导、专家的关注，其结果自然是难以取得应有的高度，研究仍然滞留在简单而肤浅的表层。

经典案例

李吉林：情境教学——情境教育——情境课程

李吉林，儿童教育家，全国著名的语文教育专家。1978 年开始情境教学的实践探索与研究，创立了"情境教学"、"情境教育"、"情境课程"，构建了情境教育的理论框架及操作体系，成为我国素质教育的重要模式之一，被列为国家教委向全国推广的八个科研项目之一。

　　1978年暑假，李吉林主动向校长提出想从一年级教起进行教学改革。在小学语文教学中，儿童发展究竟是个什么规律？如何从"旧框子"里跳出一个崭新的小学语文？她苦苦思索，一个偶然的机缘，她遇到初中的外语教师蒋兆一，李老师问蒋老师在外语教学中有没有值得小学语文教学借鉴的教学方法？蒋老师介绍了外语中的功能教学、情景教学，并推荐了《中小学外语教学》上的一篇介绍情景教学的文章。李吉林老师翻阅杂志学习、了解、思考将这种方法移植到小学语文教学中来的可行性，并且小心地在她的课堂上初步实践。但李吉林并没有停留于此，她将外语的情景很自然地联系到中国古代文论的"意境说"。她从王国维《人间词话》和刘勰《文心雕龙》两部著作中得到启示，并汲取古代"意境说"的营养，改革作文教学，迈开关键的一步。实验取得了成功，探索却远没有结束，她又向"情景教育"进发。通过不断研究摸索她得出结论，情景教学不仅属于小学语文教学，它同样属于小学教育。于是，情景教学成功地向各科展开。李吉林又在回顾、思考"情景教育究竟是怎么在情景教学的基础上发展起来的？它的基本模式是什么？它促进儿童素质发展的基本原理又是什么？"经过反复的论证、归纳、取舍、提炼、概括，终于将情景教育的理论体系构建起来，并在1996年举行的全国情境教育研讨会上向专家和盘托出，这篇长达4万多字报告后来分两期在《教育研究》上全文刊发。1998年夏天，由省教育厅牵头成立"江苏情境教育研究所"，创办《情境教育》刊物，建起了"李吉林情境教育网站"。2002年李吉林又申报了全国教育科学规划"十五"重点课题《开发情景课程的实验与研究》，与老师们一道论证，将过去伴随的情境教学、情境教育实验逐步生成的情境课程明确化、系统化。面对鲜花与赞美，李吉林又把目光投向新的研究领域，她说："情境教学、情境教育、情境课程这三个课题这么长时间做下来，都是为了儿童的，是从为了儿童的'学'研究怎么'教'，确实儿童获得了发展。但是，在优化的情境中，儿童究竟是怎么学的，这个问题我还不能做出很明确的回答。也就是我们还不清楚儿童学习的机理、内化的过程。学习过程中，儿童的脑是怎么活动的？心理是怎么活动的？"这最核心、最本质的问题促使她直面儿童学习现状，又开始向更深处开掘……

【反思】

　　李吉林"情境教育"理论的创立经历了"三级飞跃"（情境教学、情境教育、情境课程）的过程。她为中国教师树立了榜样，为构建"中国式"教育理论闯出了新路，具有深刻的历史意义和现实意义。这既源自于她对理论的学习、消化、吸收，同时也有对现实的批判与超越，更得益于她日益清晰、不断深化的教育研究意识和教育实验行为。李吉林老师坚持不懈地追求，坚持不懈地开拓，坚持不懈地深化，坚持不懈地创新，不断地冲破课题研究的局限，终于成长为今天的教育大家。

　　李吉林是一个典范，也是一种高度。不断超越研究的局限，是李吉林教育思想的一大特征。从李吉林老师的案例中，我们可以看出她从来没有把自己的教育思想视为一种意识形态化或准意识形态化的某种标准，她不断地反思自己、改变自己、超越自己。与此同时，李吉林的心胸也十分宽广，她总是把自己放在一个小学生的位置上，不断向别人讨教，虚怀若谷地听取与吸纳别人对于情境教育研究的意见和建议。

当下，课题开发越来越受到关注，研究的视角更贴近学校中的实际问题，研究的范围也愈加广泛，研究成果层出不穷。我们是否透过看似繁华的背后审视小课题开发中的诸多隐患：被动研究、功利研究、零散研究等现象较为普遍。李吉林老师的案例启迪我们要思考的是，如何通过小课题开发打造我们的教育风采？如何让小课题开发成为教师一种自觉的意识和行为？如何在小课题开发中，突破思想的狭隘，超越量的局限性，提升研究质量，获得自身专业成长的新生？这迫切需要我们的思考与实践行动。

【建议】

一是多读书，沉淀浮躁。转型时期世俗文化的风吹得我们迷失了方向，一味追求高速快捷和物质利益的最大化。哈佛大学有一个著名的理论：人的差别在于闲暇时间，而一个人的命运决定于晚上 8 点到 10 点之间。每晚抽出两小时用来阅读、进修、思考或参加有意义的演讲、讨论，你会发现，人生正在发生改变，坚持数年之后，成功会向你招手！读书，能够丰厚教师的底蕴，积淀教师的文化素养。读书少，知识视野窄，教师们在课题研究的过程中就会出现研究目标不明确，研究内容肤浅、空洞、无代表性等现象。

二是多自省，提升自我。教师自身成长的过程就像跑步，有的人在与别人比较的过程中会跑得更快，有的人在超越了几个人之后便会沾沾自喜。沾沾自喜者结局只有一个：很快会被别人超过。在奔跑的过程中懂得自省的，他们会不断超越自我、超越同伴，成为佼佼者。自省，决定了一个人成功的高度。

小课题开发，需要教师时刻保持清醒的头脑，在不断探索中要时刻提醒自己否定、超越、否定、超越。否定而后超越，能够让教师不断进步；谦虚而又谨慎，能够让教师在研究中不浮躁，踏踏实实。小课题开发，教师如果要赢得结果的美丽，就要细心耕耘研究的过程，这来不得半点投机取巧。

【谨记】

小课题开发永远没有终点，只有起点。

3. 超越小课题开发方式的局限性

小课题开发是以教育科学理论和教育事实为依据的创造性研究活动，不是随心所欲地去实践，去解决问题。很多老师做小课题开发，缺乏相关背景知识，对问题的内涵把握模糊，对影响问题产生和发展的关键因素缺少分析与界定，导致研究设计想当然或凭经验，因而缺少科学性，直接影响了小课题开发的高度。

要超越小课题开发方式的局限性，视线也不能只聚焦于某次活动，某个年段，某个班级的某学科，不能局限于课题研究的某个项目，某种研究方法，某些数据案例等局部表层的东西，要从研究背景、理论假设、实施策略等几个方面进行深入思考，同时在不同年段进行系列化、整体性的实践研究，把小课题开发置于社会大环境、教育大背景中，进行"微观"和"宏观"的多角度审视与探索。

原规则：小课题是教师专业发展的大课题，勤学、善思、创造性实践才可能有大作为。

"教师即研究者"正成为一种世界性的潮流，一种教育发展的大趋势，并越来越被认同。树立研究意识，从日常教育教学的小课题出发，自我反思、自我转变，改进教学、加快专业发展，提升生活质量，修炼自己的师德，这正是学者型研究型教师必需的一条快车道。

教师在教育教学中，把遇到的细小问题或者点滴经验作为小课题去研究、实践、反思，在这个过程中，需要不断地吸纳和利用各种先进的思想、理论、方法、技术，并尝试着在教育教学中加以验证与研究。唯有这样，才能使教师收获进行大课题研究的能力和思维方式，为进行大课题研究做好必要的储备。

 **现象纪实**

小课题开发虽不像大课题研究那么要求严格，但也是一项规范性很强的工作。它也是以教育科学理论为引导，以解决教育教学实际问题为目标，严谨地对教育自身行为反省、改进和行为跟进的自我研修的创造性探究活动。但很多老师做小课题开发时，存在以下几种局限：一是缺乏相关小课题研究的背景知识。不清楚做小课题概念的界定，国内外研究现状的综述，研究目标的确定，研究方法的遴选，事实材料的整理与分析等专业性很强的工作。二是对小课题产生的问题内涵把握模糊。对影响问题产生和发展的关键因素缺少分析与界定，如：遇到的是共性还是个性问题？问题的成因有哪些因素？解决问题的途径有哪些？采取哪些办法才能有所改进？什么样的预设是最佳的？三是缺乏相关文献的阅读与思考。小课题开发的科学设计，是以科学理论为导向，以经验事实为根据，经过反复论证形成的。不愿耗费时间和精力查阅诸如一般教育理论资料、学科教学理论资料、其他学科教学理论资料，更不善于做文献研究。由于没有理论指导的设计，只能是随意性解决问题，导致小课题开发设计仅凭个体感觉，在操作上缺少科学性。所以有些小课题开发或蜻蜓点水、浅尝辄止或闭门造车、夜郎自大。即使研究的课题再小再好，也只能中途搁浅、难以深入。不讲规范的研究，不超越小课题开发方式的局限性，又怎么能提升课题研究的广度与深度？

 **经典案例**

程红兵：我原本就是一介书生

程红兵，一个内向的"很不起眼"的人，却是个十足的"教育愤青"，在种种教育乱象面前迸发出巨大的能量：他曾质疑魏书生的教育管理缺乏对学生个体的关注，疾声呼吁公开课不能再演戏了，抨击"千校一面、万人同语"的中小学同质化趋势，批判当下学校办学过程中存在的"伪现代化"现象……

对于教育批判者的角色，程红兵常常一笑了之。他说，如果真的要追根溯源，可以说是多年阅读的结果。回首50年的人生旅程，他感慨生命中的大部分时间都交给了书，爱书、藏书、看书、教书、写书，就是他生活的主要内容，骨子里藏着的，总是这句话："我原本就是一介书生"。

程红兵看书喜欢思考，如果觉得书中某个地方不对劲，他就将之记在本子上，后来有了电脑，就立刻敲下来。隔一段时间后，再来看自己是否还坚持当初的想法。如果依然觉得是作者不对，就搜集资料，写出不对在哪里。

因为这种读书习惯，程红兵发表了《对高师中文专业教育的反思》，痛陈师范院校教出来的是不懂教学、不会教学，更不知教学管理的学生。他的《公开课，不要再演戏了》，直指公开课作假的现象。而对于一些高中越来越重视应试的倾向，他著文指出高中不是大学的预备班，而是要为学生的人生和精神奠基。

"批判和建设是我阅读中的两条线，在我头脑中不断形成。"程红兵说，书读得多了，知道得多了，不自觉地就会作比较，一比较就知道什么是毫无意义的伪问题，什么是有价值的真问题。"看到问题不说出来，心里就难受。"2011年暑假，他去美国的托马斯·杰弗逊科技高中访问，几天下来他感触很深，写下了《误读美国教育——中国英才教育批判》；观点振聋发聩——"如果中国基础教育，尤其是高中教育不加改变的话，未来科学世界的高峰仍然是美国人的。"

【反思】

"问题即课题。"程红兵校长在关注解决每一个问题的过程中，不是就事论事、不做井底之蛙，而是将解决问题的思路联通了广博的阅读与思考，用理论作指导，才会在批判中提出建设性意见。

程红兵认为，教育哲学应该多读一些，原因在于，教育哲学能帮助教师思考教育的本源性问题，帮助教师回到教育的原点来思考教育。他同时指出：当下的课程改革有一种技术化倾向，教育教学多沉浸在技术层面上，教师更多地热衷于讨论教学的技术问题，如同课异构、现代教学技术手段与学科教学的整合、教学模式等。这些东西固然是重要的，但我认为不是最重要的，只关注这些而不考虑教育的根本性问题，导致课程改革流于形式，深入不下去。课程在文化层面上没有多少变化，依然是比较保守、封闭的，用一个形象的比喻就是"缺钙"。

"书生校长"的案例在启迪我们，小课题开发要想超越研究方式的局限，就不能仅仅停留在技术阶段，还需要教育理论、哲学、文化的支撑。如果教师对教育理论、儿童心理学、教育哲学、教育历史以及学科知识没有一个系统的掌握，他们的小课题开发就是肤浅而又苍白的。诗人纪伯伦有句诗说得好："因为走得太远，忘记了为什么出发。"我们认为超越小课题开发方式的技术局限性，应该思考最重要的问题——教育的价值取向、文化旨归、哲学意义以及终极目标，这些最终将决定教师的教学行为，决定我们的教育话语、教育细节，决定我们小课题研究的质量。

【建议】

一是开启学习研究的"导航仪"。"导航仪"，即全球定位系统（GPS），它由空间卫星、地面监控、用户接收等三大部分组成。在小课题开发中，这个比方指的就是坚持什么方向、通过什么途径、采取什么措施、实现什么目标。遗憾的是，现在仍然有很多做小课题开发的教师尚未认识到"导航仪"的重要性，在研究中"盲人摸象"，不知道研究指向是什么，到达哪里，国内外这种课题研究情况怎样。在研究中，我们一定要多读报纸杂志，多读参考文献，了解该研究课题在国内外的进展状态，从而才会知道自己向哪个方向用哪种方式去展开研究。

二是绘制科学研究的"路线图"。何谓"路线图",是规划也是理念,是计划也是目标,是措施也是方法,就是解决小课题开发当前及今后一个时期"实现什么样的发展"的问题。我们要建立课题研究的问题库、策略库和案例库,注重遇到问题及时优化调控、合理处理,建立自我监控机制,提高对影响问题产生和发展关键因素的分析与界定能力。

三是找寻研究"共同体"。我们可以通过网络、论坛、教研沙龙、报刊等途径,寻找小课题开发的导师和盟友。在研究初期,把自己的所思所想所困与他们交流;在研究的中期,注意回顾思考、互助交流,对小课题开发中出现的问题及时咨询,并建立小课题开发博客,获得科学的研究方法,及时搜集课题研究的过程性资料,及时梳理课题研究经验性的资料,最大限度减少小课题开发的混乱性,以此来推动课题研究与教学实践的紧密结合,推动课题向纵深发展。

【谨记】

教师用最优化的小课题开发方式,才能研究有果,成就自我。而勤学、善思、创新才是大作为的阶梯。

第三节　愿天下教师找到成就感

成就感是个人不断前进的动力。科学发明、社会进步和工作效能的提升都需要这种内在的动力源。教师在围绕个体发展的轴心做规划,超越小课题开发的局限性,把小课题开发往纵深推进时,都需要一架马力巨大的"发动机"——自我成就感。不断促使教师精力充沛、目标至上、战胜自我,跨越一个又一个台阶。可是今天,又有多少教师找到了事业成就感呢? 据 2009 年福建新闻网显示的"教师幸福感"的特别调查中,71.1%的老师和51.7%的公众认为,教师是一个很累并且没有成就感的职业,仅 13.2%的教师的职业幸福感较高,七成老师没有成就感。是什么造成了老师们的职业热情消退? 他们为什么缺乏成就感? 我们普遍认为除了是由于社会环境给教师以巨大的工作压力和工作繁重管理滞后使其难以体验到成就感之外,更主要的原因还是缺乏必要的职业认同,缺乏获得荣誉的机会。试想,如果一个人在工作岗位上,没有人对他的工作进行价值的认同,没有人对他的成长、发展、未来予以关注,自己的工作只是为了谋生,那他又怎么能发挥自己的聪明与才智,又何谈职业幸福与成就感呢?

美国著名的人本主义心理学家马斯洛认为,人的一切行为都是由需要引起的,其中"自我实现的需要"是最高层次的需要,它是指实现个人理想、抱负,最大限度地发挥个人的能力的需要,即获得精神层面的臻于真、善、美等至高人生境界的需要。一个教师走小课题开发之路就是把个人的需要和教育学生的需要以及教育发展的需要有机地结合起来。只有这样,才能有永不衰竭的动力,才能充分发挥个人的潜能,达到最大限度地自我实现,找到职业幸福感与成就感。

在小课题开发过程中,每位教师都在小课题设计、切实的研究实践、成果的推出中有很多意外的惊喜与不少的收获,无论是科学的思维方式还是精彩的研究发现,无论是独具匠心的方案设计还是标新立异的研究成果,无论是个人不懈的精神还是团队的鼎力相助,无论是教师自我的成就感还是他人的认同，这一切的收获都将是教师日后继续研究的最强有力的"发动机"，是教师驱除职业倦怠、走向幸福之路最为丰厚的一笔人生财富。本小节在对现状调查研究基础上，结合小课题开发成果的推广，做适合自己的小课题，寻找合作伙伴，探讨得与失，分析主客观因素等方面，通过理论上的分析与实践的建构，引出中小学教师对提升职业成就感的策略探讨。

▶▶▶▶　1. 让研究成果从封闭走向开放　◀◀◀

"封闭"与"开放"是一对反义词，《现代汉语词典》对封闭的解释是严密和彻底地封口，对开放的解释是解除封锁、限制、禁令等，允许进入。小课题开发，如果研究者把研究成果囿于自己的圈子里，长期处于封闭状态，往往会导致研究目的、研究过程、研究策略甚至研究结论被圈定在个体能力所限定的较狭隘的范围之内，这不仅会限制研究者的学术兴趣、学术视野和创新能力，而且严重阻碍了教师的快速专业成长。

封闭是一种思维方式，代表着教师的一种保守的、局限性的小课题开发思维模式；封闭也是一种状态，凸显了当前很多中小学教师做小课题研究所面临的客观环境。"封闭性"正暴露出教师做小课题开发"投入时间长，付出精力大，收效低"的症结所在。

马克思哲学认为，事物是发展变化的。小课题开发本身不是静止的、绝对的，而是发展着、建构着的。只有打破封闭的范式，用开放、宽容的态度对待研究，让研究成果从封闭走向开放，才能获得更大的超越。

原规则：研究成果得到不同形式的认可，才会有继续研究的内驱力。

内驱力是指激起行为的原动力，即促使一个人积极做事的源动力。教师从事教育教学研究的内驱力来自哪里？一位大学教授认为，"职业认同"是教师能否实现自我成长的内在动力。教师职业是一个特殊的职业，工作周期长，劳动成果难以量化，每天的工作重在育人，关系着学生的一生幸福，因此，教师更渴望得到社会和同行的认可。基于以上原因，我们可以利用小课题开发的成果得到不同形式的认可，在自己的心里获得一种价值和意义体验，并能够从中找到乐趣，获得一种永不枯竭的内驱力。

现象纪实

有些教师并非不优秀，但很多教师走上工作岗位后，由于缺乏先进教学经验的引领和校际间同伴的互助，更没有及时把自己的点滴经验和困惑，通过各种途径散发出去，十几年甚至几十年如一日在原地打着圈，找不到向上提升的突破口，只能不断重复昨日的故事，甚至放弃了对提升业务水平的追求，久而久之，昔日的激情与动力便荡然无存。

因此，便出现了这样的状况——教师在做小课题开发时，如导师资源、科学研究实验条件等优秀教育资源不能共享；不能及时运用学术交流、讲座、合作研究等有效方式推出成果。这也导致小课题开发始终存在着起点低、不对称、规模小、不规范等问题。其最终只能导致无论是小课题方案的设计、研究方式、数据的分析、典型案例的剖析，还是与同行的交流方式、结题报告的呈现、成果的推出均呈现出相当严重的封闭性。

纵观老一辈教育专家霍懋征、斯霞、李吉林、于永正、魏书生等的成长足迹，我们可以清晰地看到，他们善于把理论与实践有机结合起来，善于通过公开课、课题报告、论文等形式把自己的研究成果适时推向外界，使教育科研转化为教育资源，产生了很大的社会效应。

经典案例

"尝试教学法"理论研究之路

邱学华，"尝试教学法"的创始人，中国当代著名的小学数学教学专家，特级教师，享受国务院政府特殊津贴。

邱学华在农村当小学教师时，已经感到困惑，为什么教师辛辛苦苦工作却得不到好的效果。他是带着问题走进华东师范大学教育系读书的。毕业后，他留校当助教，在教育系教《小学算术教学法》。他一边在大学教书，一边到师大附小搞教学实验，经过研究发现毛病出在"先讲后练"的教学模式上。能不能反其道而行之，把"先讲后练"倒过来，改成"先练后讲"，先让学生练习，教师根据学生练习的情况再有针对性地讲解，这就是"尝试教学法"的雏形。由于当时政治运动不断，无法搞系统的教学实验。在改革开放的形势鼓舞下，1980年他在常州市劳动中路小学一个四年级班，正式开始系统教学实验。两年后，实验结果令人振奋，实验班学生的自学能力和学习成绩大幅度提高了。实验证明：学生能在尝试中学习，原来的大胆设想已成为现实。根据实验结果写成的论文《"尝试教学法"的实践和理论》在《福建教育》（1982年11月号）发表。意想不到的是，这篇文章发表后，在国内引起强烈的反响，"学生能在尝试中学习"的新观点震动了大家。各地教育杂志相继转载，各地教师纷纷开展试验。后来拓展到语文、常识等学科，试验都取得了成功，这样就把小学数学"尝试教学法"扩展成各科通用的"尝试教学法"。再后来应用范围又从小学发展到中学、大学，又从普教发展到幼教、特教、职教。从20世纪90年代开始，他有了新的思考："为什么'尝试教学法'在中小学各科都呈现积极的效果反应，是受哪一种教学理论的影响？"因此，他萌发出把"尝试教学法"升华到尝试教学理论的设想，提出"'尝试教学法'研究与实践"的研究课题。这个课题经全国教育科学规划领导小组审核批准，列入"八五"规划全国教育科学重点研究课题。构建教育理论是一项复杂的系统工程，靠个人的力量是有限的，必须联合各方面的力量攻关。因而他在全国各地联合了106个单位（包括学校、教研室），形成106个子课题相配合。经过近五年的实验研究，他终于写成"尝试教学理论研究与实践"的研究报告，106个子课题也相继写出实验报告和研究论文，汇编成近60万字的论文集：《尝试成功发展》，由湖北人民出版社出版。1996年10月，在湖北省十堰市举行了"全国第八届'尝试教学法'研讨会"，同时举行国家重点研究课题"尝试教学理论研究与实践"的专家鉴定会，专家对此给予充分肯定和很高的评价。这标志着尝试教学理论正式诞生。

【反思】

想找到满意的工作，想赢得他人的帮助与支持，想拥有事业的成功和完美的人生，就必须学会推销自己，把自己的学识、思想、个性、特长、研究成果等展现出来，实现自己的人生目标。教师做小课题开发更要学会推销自己的研究成果，以多种方式得到认可，引

发继续研究的内驱力。

从邱老师的"尝试教学法"理论研究之路，可以读出他永不放弃的个性魅力和对教育事业的痴迷。昨天的努力决定今天邱老的高度，即便遇到过磨难，也没有迷失、没有荒废自己，而是一直勇敢地走下去。正是因为他不断地把自己的研究成果推广出去，不断得到他人的认可，才从中获得无穷的力量，提升了教师的境界，从而攀登研究的顶峰。正如他在《尝试人生的感悟》中说道："我热爱教育事业，我喜欢孩子，看到孩子们的笑脸，我就有无穷无尽的乐趣，再苦再累也心甘情愿，中国的中小学生有 2 亿多，我的工作能为 2 亿多学生服务，该有多重大的意义，这是我努力工作的最大动力。"

教师的专业成长是一个漫长的过程，没有哪一个名师的成长历程是一帆风顺的。我们渴望被社会认可，渴望得到尊重。我们烦躁苦闷叹息的时候，是否扪心自问，我们是否应该积极寻找机缘，把自己的风采展现出来，亮出自己的"宝剑"，用我们的成绩赢得领导的认可，用我们的研究成果赢得同行的赞誉，以此获得成长的内驱力。

【建议】

一是交流的习惯——推开阻挡新鲜气息的"门。"近些年来，新课程改革的纵深推进，为教师的成长提供了难得的机遇，为教师的成长搭建了宽阔的平台，如果教师能抓住机遇，走出自我封闭状态，不断探索，就一定能迎来成长的春天。教师做小课题开发要用交流的习惯推开阻挡新鲜气息的门。如上一次公开课、参加一次培训、参与网络论坛、参加一次教研活动等都是我们把自己的小课题开发成果推出去的好机会。我们通过这样的交流方式，可以把自己的思想亮出来，得到同行的认可；把自己的困惑说出来，得到专家的指点；把自己的研究成果呈出来，得到同行的协助，这既开阔了我们的眼界，拓展了我们的思维，启迪了我们的教育智慧，又使我们找到了新的研究视角，并乐此不倦，孜孜以求。

二是写作的习惯——擦亮通向外界的"窗口"。小课题开发成果的推出一直是教师成长的关键所在，而写作是研究提升的重要元素。但很多教师却望而却步，殊不知，有多少教育智慧的火花，因不及时记录而转瞬即逝；有多少课堂生成的宝贵资源，因懒于动笔而遗失在岁月的烟尘里；有多少扎扎实实的研究经验，因没有及时梳理上升到理论层面而孤军奋战，折戟而归。所以我们在小课题开发中要养成写作的习惯，写一写与同行交流中思维碰撞出来的思想火花，写一写典型的案例故事，写一写研究中意外的收获，并试着写成小文章投向报刊，只有我们拿起手中笔，走出个体的小圈子，才能找回我们丢失的激情与动力，实现成长的梦。

【谨记】

小课题开发过程是一次长期的、不间断的将成果推销出去的过程，只有如此才能把小课题引向教育科研的"大境界"。

2. 选择适合个性发展的小课题

做人什么最重要？毫无疑问是个性！做事什么最有效？勿庸置疑是个性！卡耐基曾这样说："我回想自己的一生，可以说是个性拯救了我的命运。我在人生最困难的时刻，咬牙挺了过来，然后体会到个性的力量在人生中是多么重要！"这是《成功是一种个性》一书的开篇语。一项在美国进行的研究指出，人们的成功85％是仰赖他们的个性，剩余的15％则与他们在自己所选择领域里的技巧和经验有关。现实中许多有成就的杰出人士就是善于选择适合个性发展的事业去做，而后才一步步走向成功。拿破仑依赖个性成为一名出色的军事家，哥伦布依赖个性发现"新大陆"，达尔文依赖个性成为英国生物学家、进化论的奠基人……

纵览古今中外的教育大家、名师都有自己独特的教育思想，鲜明的个性神采——杜威的"教育即生活、教育即生长"，斯霞的"童心母爱"，魏书生的"民主管理"，李吉林的"情景教育"，窦桂梅的"主题教学"，王崧舟的"诗意语文"……他们都是根据自己的个性特点去选择适合自己发展之路的优秀代表。做研究型的教师，拥有自己的专业特长，打造自己的教育风采已成为时代所需。金无足赤，人无完人。每位教师都有自身的优势与劣势，不可能是全才通才，在做小课题开发时要学会清醒地认识自己，发掘自身优点，遵循儿童成长的规律和教育规律，不断提高自身的知识积累与人生修炼，厚重文化积淀，向适合自己个性化的发展道路迈进，形成多彩绚丽的人生。

原规则：小课题开发中，个性特长的发挥决定取得成果的高度

回顾历史，有多少仁人志士都是理智地做好了自己人生道路上的几次抉择，才拥有了属于自己的那方天地。陶渊明深知自己不是当官的料，便辞官回家，从此隐居，成为流芳千古的田园诗人。鲁迅弃医从文，成为一代文学巨匠。比尔·盖茨认识到最适合自己投入的行业是计算机，就辍学改行去创立了微软，连续13年蝉联世界首富。学会认识自己，不要刻意地去模仿他人，也许你很平凡，但平凡同样能创造生命的奇迹。

"关注自身、发展自我，选择适合发挥自己个性的去做"应是教师做小课题开发的基本原则之一，因此，在教师小课题开发过程中，既要对自己的研究进行相应的规范，又要充分认识自身在小课题开发过程中的个性特长，让自己的知识与智慧放射出耀眼的光芒，取得事业的巨大成功，实现人生的最大价值。只有这样，教师才能不断把小课题开发推向新的高地。

现象纪实

近年来，随着中小学教师专业培训力度的不断加大，教师逐渐步入专业成长自主化、教育教学研究化、课题研究个性化的轨道。各种课题研究成果可谓雨后春笋般纷至沓来。但在成绩的背后隐含的缺憾却常被我们所忽视：不少教师在小课题开发中追求"高大全"，追求"华而不实"，也有不少教师在小课题开发中盲目跟风，见别人搞作文教学研究出了成果，自己就立马效仿；看到有人尝试经典诵读，自己就眼热；听说他人走生本课堂研究之路，自己也跃跃欲试。还有这样的教师，本来文笔不错，思维敏捷，在报纸杂志不断刊出自己的教育思考教学故事的教师，却艳羡他人课堂教学的成绩斐然；而善于课堂教学研究的又去追求发表文章；善于琢磨学生心理，乐于亲近学生，本来在班级管理中能够独具特色，而他却追逐校园文化的课题研究。这种种放弃自己个性特长而盲目模仿他人的做法，只能是使研究滞留在一味生搬硬套、邯郸学步、亦步亦趋层面，结果在小课题开发中浪费了大量的时间与精力，存在方向不明、方法不当、研究无效的问题，最终使教师遭遇到了专业发展的"瓶颈"。

魏书生：管理可能是我的长处

一代名师魏书生在报告会上这样述说自己的成长之路：

我是 19 岁教书，教了两年，成了盘锦地区教育战线先进个人。教书当班主任不到半年，不让我干了。让我干什么呢？当教导处副主任。我就连夜写辞职信，领导不干。领导说你别走，就这样让我一边干教导处的事，一边教书带班。当时 26 个班，1000 多个学生，两位教导主任，一位老主任抓教学，我抓学生管理、组织纪律。到了 1986 年让我当校长兼书记。我说我教书，那个时候一边带班，一边教书。到了 1997 年让我当局长兼党委书记，我说我愿意教书。市委书记说你愿意教就教吧，别耽误局里工作。我所谓的教书，现在站在讲台上已有 34 个年头，其中 22 年的班主任，没请过任何一个老师给我代过一节课，自己的事自己干。那么就得研究什么？就得研究怎么管理，所以在管理上这可能是我的长处。

【反思】

事业的成功，是每个人所向往追求的。但是，生活中常常听到许多人叹息、怨恨、埋怨，说什么受客观条件的局限，说什么自己的学识浅陋，悟性迟钝，使自己一生与成功擦肩而过。一些教师尽管他们兢兢业业、任劳任怨，尽管他们不怕困难、百折不挠，但他们仍然是平凡乃至平庸。为什么会出现这样的情况？究竟是什么在阻碍着我们成长的高度与向度？我们应该思考，为什么如此勤奋工作却不能成功？其中的内因是什么？从一代名师魏书生"管理可能是我的长处"的经历中，我们可以看到他能清醒地看到自身的优势，善于从哲学的角度来思考教育问题，在教育实践中历经多年的探索与研究，最终形成他的"以人为本"的管理思想，成就自我。想一想，生活中有多少人正从事着与自己的个性相违背的工作，不审查自己的优劣点，在专业成长的道路上不去充分发挥自己的个性，不断完善，而是盲目地工作，一味地效仿。在我们的生活中，有多少"教育家"、"名师"指引着我们的精神与追求，我们试图通过各种途径去探寻他们成长的轨迹，寻找他们成功的宝典。殊不知，他们是选择一条适合自己发展的道路，做好适合自己个性特长充分发挥的小课题开发，经年累月，孜孜以求，终于会创造出属于自己的一片天空。

职场上什么"五年之痒"、"七年之痒"的说法，什么成长中的"高原现象"，实际上多半是由于教师在做教育教学小课题开发时没考虑自身的优势，没有结合自己的个性特长和兴趣所致。他们走的是一条南辕北辙的路，尽管他们付出很多的代价，投入很多的精力和时间，但是他们离成功仍是越来越远。

发明家爱迪生曾说："我这一辈子，没工作过一天，我每天游戏玩耍，快乐无比！"究其原因，无非是因为发明工作与爱迪生的个性是绝佳的配合？作为教师，发挥个性优势是最重要的。在做小课题开发之前，首先要在自己的身上找出个性特点所在，准确把握校情、班情、学情，判断出自己和学生的个性品质的倾向，然后有的放矢地选择一个适合自己的小课题。

全球一体化的时代，一个人如果没有个性，很容易就被这个时代淹没了，当然就不可能具有独树一帜的教育风采，也不可能培养出个性鲜明的学生来。个性就是特点，特点就是优势，优势就是力量，力量决定你明日的高度，成就你美好的未来。为了模仿他人而削足适履，是值得我们时时事事警惕的现象。

【建议】

作为一名中小学教师，当我们面对纷繁复杂令人眼花缭乱的大千世界时，理应进行冷静的思考，找到真正属于自己的领域并坚持不懈地走下去。不论是当前教育界学者、教授所追逐的热点、难点选题，还是一线教师在教育教学中遇到的生僻冷清的小型选题，只要利于教师和学生的成长，就精心、尽力地将小课题研究做下去，相信一定会做出自己的特色。同样地，教师在策划小课题选题时，切记不要追求时尚，只需选择适合个性发展的小课题去做就行了（这里的适合有三个层面的含义，一是指适合学生发展的需求，二是指与切中教师自己擅长的领域，三是指适合新课改的理念和方向），因为，只有适合自己的才是最好的。为此建议如下：

一是认识自己，找准"支撑点"。

古希腊有这样一句箴言："你要认识你自己。"教师个体素质是有差异的，个体的能力、素养、兴趣、特长、精力等因素，将直接决定影响着教师可不可以进行小课题开发，能不能将研究进行到底。因此，我们做小课题开发前要充分认识自己，从实际出发，找准"支撑点"——个性特长，看清自己的秉性特长及在群体中的地位，找准研究方向，不被功利迷失自我，最优化地实现自己的人生价值。

二是结合实际，把握"生长点"。

教师的小课题开发的选题不是一时心血来潮，而是独特的人格魅力的积淀，是别样的精彩思维与实际教学实践相交融的折射，是个性之花与灵性之光的绽放。要把握住个性发展的"生长点"，去做适合自己的正确的研究。从结合自身实际需要和可能性出发，选择、运用适合自己的方法和策略去开展小课题开发。

三是实施过程，调整"转折点"。

好的选题设计思路只是一个良好的开端，但不代表着日后研究会一帆风顺，在教师完善与实施过程中还会遇到意想不到的问题。这就要求教师在小课题实施过程中不断修正与完善选题，学会智慧地取舍，不断调整"转折点"。

【谨记】

选择切合个性的小课题进行研究，并使个性充分发展是教师成长为教育行家里手的必由之路。

3. 寻找到强有力的合作伙伴

众所周知，大雁冬去南飞，雁在飞行时总是结队为伴，队形一会儿呈"一"字，一会呈"人"字。大雁为什么要编队飞行呢？原来，大雁编队飞行能产生一种空气动力学的作用，一群编成"人"字队形飞行的大雁，要比具有同样能量而单独飞行的大雁多飞70%的路程，也就是说，编队飞行的大雁能够借助团队的力量飞得更远。一只蚂蚁的力量微不足道，而许许多多的蚂蚁组成一个蚂蚁军团，就犹如无数滴水聚成了汪洋大海，其力量是无穷无尽的。大自然的动物都知道寻找生存的强有力的合作伙伴，何况人类？在二十一世纪，这个经济迅猛发展、信息与知识爆炸的时代，一个国家，一个公司，一个单位，要想获得长足发展，必须寻找强有力的合作伙伴，否则，就会在前进的道路上付出惨痛的代价。据统计，诺贝尔奖获奖项目中，因协作获奖的占 2/3 以上。在诺贝尔奖设立的前 25 年，合作奖占 41%，而现在则跃居 80%。教师做小课题开发，如果仅仅依靠个人素质和努力很难处理在研究中所遇到的各种错综复杂的问题，很难把研究成果提高到一个新的层次，实现自己专业成长的大跨越。

什么是强有力的合作伙伴？就是指在小课题开发中的关键合作者，能够给小课题开发带来新的理念、新的技术、新的力量、新的经验，提升小课题开发的科研含金量和研究能力。

原规则：有合作伙伴的合作精神、协作意识相伴，便能获得跨越式发展。

日本的经营之神松下幸之助说："松下不能缺少的精神就是协作，协作使松下成为一个有战斗力的团队。"今天，我们越来越发现，每一个成功人物的背后，都依托着一个成功的团队。个人因合作而伟大，个体因协作而成功。小课题开发是对自我各种能力的一种巨大考验与挑战。把小课题开发往纵深推进是一项复杂度越来越深、涉及领域越来越广、研究周期越来越长的系统工程，需要很多教研人才的参与。"没有完美的个人，只有完美的团队。"所以我们要学会利用网络，利用身边一切可利用的资源，在 QQ 群里、在论坛里、在教研组中，在同事之间，积极主动地寻找强有力的合作伙伴。

在现实生活中，有许多才华出众的教师不懂得合作的重要性。有的教师在小课题开发中由于受客观条件的限制，没有合适的合作伙伴，往往是自我封闭，缺乏必要的沟通与交流，喜欢孤军奋战；有的教师功利心强，事事都要与他人竞争，缺乏自我成长的合作意识；有的教师孤芳自赏，因平日教学成绩突出，一时研究的成果良好，便自高自大，看不起他人，不愿接受别人的观点。这种种行为导致的结果就是虽然历经磨难，付出很多的心血，但最终也只能使小课题的研究仅仅停留在肤浅的表层状态，自己的专业发展也未能取得实质性的突破。

寻找尺码相同的人
——中国新教育实验倡导者的呼喊

这是新教育实验网络师范学院的招生简章，这则招生简章中对招生对象的要求是这样描述的：

招生对象：新教育实验网络师范学院向一切在职教师，包括立志于教育的师范生开放，寻找并欢迎所有与新教育"尺码相同"的人。

新教育的"尺码"是：

虽同样身处浮躁的时代，但不肯放弃早已被许多人弃如敝履的理想，而是始终怀着一颗真诚的心，勇于承担身为教师的责任，在自己或者希望在自己的教室里，守护着最初的纯真愿望；追求真理，求知若渴，愿意亲近那些真正伟大的书籍，尤其是那些能够帮助我们理解教育、理解人性，解决问题的专业书籍，并且甘心承受一次次的"打击"，勇于不断地自我否定，将专业修炼视为终身之事；

希望自己的生命经由教学，经由学生的成长，而不是经由公开课、论文、职称评定等获得意义。

我们拒绝以下老师加盟新教育实验网络师范学院：

愤世嫉俗，空谈民主与自由，习惯于归咎于政府、环境甚至家长、学生，而缺乏经常性的自我反思、缺乏担当的虚无主义者；

以成就自己为核心，热衷于公开课、发表论文，视共同体为索取资源之所，而非通过奉献彼此丰富之地的功利主义者。

【反思】

佛教创始人释迦牟尼曾问他的弟子："一滴水怎样才能不干涸？"弟子们面面相觑，无法回答。释迦牟尼说："把它放到大海里去。"个人再优秀，也有很多局限性，充其量也就是一滴水。美国教育活动家韦伯斯特，曾说过一句名言："人们在一起可以做出单独一个人所不能做出的事业；智慧、双手、力量结合在一起，几乎是万能的。"

新教育在各地寻找着"尺码相同的人"，其实质就是智慧地寻找选择强有力的合作伙伴。新教育实验与其说是一个实验，不如说是用激情点燃激情，用梦想推动梦想的一种合作共赢的教师成长方式，是一个号召大家彻底改变教师的生活态度、生活方式的改革。"非此即彼"，"如果你没有梦想，请你静静地走开"。新教育实验中，大家确实自始至终，对教育和生命怀有一种宗教般的虔诚、激情、期盼与信任。它用不断唤醒人们起来成为榜样的方式，滚雪球般地推动着实验的进展。

教师的成长离不开努力和奋斗，更离不开合作与交流。在小课题开发方面，初始阶段也许可以单凭个体之力，但要想把课题做扎实，做出成效，则必须发扬协作精神，形成合力，否则，教师的研究将成空中楼阁。

要寻找到强有力的合作伙伴，实现高效的合作。对教师来说还有很长的路要走，必须学会对小课题开发项目、技术和伙伴的判别和认知。讲究合作的态度，积极主动探讨和设计开放式的合作方式，如，甲方提供小课题开发实施方案，提出课题目标要求、研究方向、研究原则、研究进度，进行课题阶段指导，提供课题研究资讯；乙方根据甲方要求进行小课题开发实验，提交课题研究报告。以此达到资源互补和互惠合作，有效利用各方优势，争取双赢甚至是多赢。如果教师过于自信或过于对成果有贪婪之心，都是不明智的。不妨讲究分享，重视合作，遵守合约，要知道任何哪一方面的受益，都只能是短暂的赢家，不可能持续生辉，更谈不上合作，所以在课题成果的报告、署名、推出等方面上一定要尊重他人，争取合作各方的利益均得到保证。否则，即使有再好的合作伙伴也不会出效率、出质量。

【建议】

一是大胸襟。中国道家、佛家和儒家文化的核心之一就是"和"。这就要求我们在小课题开发团队中，超越狭隘的个人利益，以大局为重，以集体利益为重。为实现共同研究目标而建立起共同的承诺，更好地将个人力量发挥得淋漓尽致，贡献于集体目标而形成统一的理解和认识，并使团队成员有机地团结凝聚在一起。积极构建一种彼此坦诚对待、相互支持、相互建议、相互信任、互助共进的合作伙伴关系。

二是打通人脉。一个人事业的成功，80％归因于与别人相处，20％才是来自于自己的心灵。教师做小课题开发需要来自各方的力量，需要专家学者提供方法的指导，需要校方领导的制度支持，需要同行的帮助等等。教师身处群体之中，一定要摆脱以自我为中心的封闭式研究模式，开放自己，加强同行之间的沟通交流，加强同行之间的专业切磋、协调和合作，获得他们的支持与帮助，共同分享经验，互相学习，彼此支持，共同成长，通过同伴互助，来防止和克服教师各自为战和孤立无助的现象。

三是学会智慧选择合作伙伴。合作和合作伙伴，已成新时代国家、企业做强做大的明智之举，其实也更是教师做小课题开发需要做好的抉择。然而，合作伙伴在哪里？如何选择好合作伙伴？合作中如何发挥个体能力？如何张扬团队精神？这不是一件简单的事情，需要我们融入智慧去行动。教师做小课题开发，选择合作伙伴时必须选择志同道合的人。要人品为先。要有意识结交一些高人如专家、教授、学科带头人等。要注意团队人员年龄、性格、思维等方面的互补。要注意交流沟通。要建立同舟共济的合作精神，把小课题开发尽可能预想到的情况设计出来，使团队成员一起向着既定目标迈进。要对个别名利之徒要学会规避之道。

四是与合作伙伴同行，与课题研究同行。教师强有力的合作伙伴可以成为学习型共同体，研究共同体，所以，要始终信守与合作伙伴同行，与课题研究同行。学习一本教育理论书籍、做好一份研究记录，撰写一篇代表自己水平的科研论文、撰写一个教学案例、撰写一个优秀教案、发表一篇教学论文、上一堂精品课等都需要合作伙伴的评价与指导，因此，不断在小课题开发与实践的过程中学会反思，学会自觉、主动地审视自己的教学行为，才会从小课题开发中发现问题，并进行必要的理性辨析，进而引发小课题开发向更高层次提升。

【谨记】

一个人独自行走，会走得很快；但多人结伴而行，才能走得更远。

后　记

　　着手教育原规则研究，已有六个年头。回首这 2000 多天，领着一个自发的团队向前冲，心中无限感慨。完成此书，虽有些偶然，其实也是必然。我本是一位小课题研究的受益者。那是在 1999 年，自发地开展了"讨论式教学的探索"，虽然没有官方的立项、开题与结题，记得那三年的学习与积累，最终只有 1400 字的一篇小论文发表。可就因为主动参与小课题研究，当本人教育理论素养逐渐得以提升之后，不由自主地便已走远。

　　"一个人走得快，一群人走得远！"没有一个团队的协同作战，精诚团结，《中小学教师小课题开发的策略与应用》，不可能在短短的半年时间就可脱稿。教育原规则研究团队 2006 年成立，能走到今天非常不容易。本书写作过程中，团队有幸加盟三位新朋友。他们是，近年在各大报纸杂志发表 100 余篇教育学论文的山东邹城优秀教师肖克文，新疆哈密省级教学能手、自治区基础教育课程改革实验先进工作者魏建胜，山东烟台市作家协会会员、至今发表 200 多万字的于伟伟老师。

　　团队能走到今天，非常感谢夏之韵老师，无论是学问和才华，无论是职业道德和人品等，都永远值得我和大家敬重。感谢团队顾问代安荣老师，因为他的鼓励让我坚持了下来。在我们这个团队中，人人都是教育精英，个个都有超强的、自身特有的、他人无法比拟的特长。我们这个团队，成员间最大特点是具有互补性。如肖凯博士的思维非常敏锐，肖克文、魏建胜富有深厚的学术造诣，于伟伟等的洞察力非常强大等等，他们的特长在初稿写作及后期的修改中，都得到了很好的发挥。

　　实实在在地说，这本书中的很多观点，是团队成员长时间坚持搞小课题研究开发、走教育改革之路累积的精华，最终形成文字性的东西，更是团队中十多位成员近半年夜以继日劳作的成果。因为团队一贯有"写精品、出精品"的要求，完成这本书稿，为此付出心血最多的是团队的朋友们。如肖克文老师，从此书的立项到完稿的半年中，为了提升书稿的质量全情忘我投入，甚至牺牲了 2012 年的春节假期。在此书写作过程中，我们每一章节里的稿子，都经历主编策划，交由团队成员初稿，再经由主编、副主编一修或重写，而后作者再修改或团队总编二修和副主编三修的打磨过程。真可谓，苛刻的五修写作流程（一修肖克文、二修每章节作者、三修魏建胜、四修夏之韵、五修各参写作者），要是没有团队成员们的坚强毅力，就没有这本书稿的出炉。

　　严格地说，本书每个章节中的每一内容已经不再专门属于某一个人了，它已是我们教育原规则研究团队集体智慧的结晶，因为，每一个章节的内容，都已经过团队中三至五人多次修改而最后完成的。在此，我们记下每一讲的主要负责人：第一讲肖凯、邓凯、肖克文，第二讲欧阳叶、钟发全，第三讲魏建胜、肖克文，第四讲于伟伟、孙彦彦、代安荣，第五讲于伟伟、钟发全，第六讲肖克文。同时特别申明，在版权页中署名上名的每一个人，他们都曾参与了书稿中的某一部分内容的写作与修改，都拥有这本书的著作权和署名权。

　　当然，能完成此书，还和众多朋友的帮助分不开，和众多编辑的支持分不开。在此，我向所有关心着我们这个团队的朋友们，向为此书稿出版与发行做出巨大贡献的北京时代盛佳文化传播有限公司表示最衷心的感谢！

由于水平有限，我深知对于教育原规则领域所涉及的一些理论及观点，在认识上还稍显浮躁与肤浅，甚至可能出现一些科学上的错误，我真诚地感谢作为读者的您，给予理解和宽容。原规则这一话题，我们虽经历了几年的探究，但仍还有很多未知的领域需要研究，我非常愿意与您再次交流和探讨，并虔诚地期待您的批评和指正。

全书内容，我们尽管努力追求 100% 的原创，但我们未必做到 100% 的原创。为此，在本书撰写的过程中，我们参考了很多现有网络资料。由于撰写时参与人员多，参与时间长，加上经过多人多次的修改，我们几乎再也无法记全所有参考文献。书中可能很多地方引用了您的文章，我们真诚希望得到您的谅解，再次深表感谢！

编者　钟发全

二〇一二年二月

参考文献

1. 杨卫东. 为什么是他们——来自名师的教育智慧[M]. 高等教育出版社, 2010.

2. 栾培琴. 创业与成功[M]. 黄河出版社, 1998

3. 王崧舟. 剑气合一, 在语文家园里安身立命[J]. 小学语文教师, 2008.

4. 卜松竹. 袁隆平成为"心灵富豪榜"首富[N]. 江苏经济报, 2010-4-30.

5. 苏婷. 霍懋征: 用爱成就事业[N]. 中国教育报, 2004-12-1.

6. 顾静涟. 班主任工作指导手册[M]. 黑龙江出版社, 2005.

7. 钱爱萍等. 教师怎样做课题研究[M]. 轻工业出版社, 2007.

8. 耿申, 周春红. 课题研究方案设计[M]. 安徽教育出版社, 2004.

9. 江平, 戴丽敏中学语文课题研究与论文写作[M]. 浙江大学出版社, 2009.

10. 贺祖斌等著. 教师教育: 从自为走向自觉[M]. 广西师范大学出版社, 2007.

11. 彭剑飞. 小学校本课程开发[M]. 湖南人民出版社, 2003.

12. 李清刚. 学校品牌的创建与运营[M]. 广东高等教育出版社, 2010.

13. 徐玉珍. 校本课程开发的理论与案例[M]. 人民教育出版社, 2003.

14. 郑金洲. 自主学习[M]. 福建教育出版社, 2011.

15. 欧阳芬, 彭隆辉. 小学语文课堂教学[M]. 吉林大学出版社, 2011.

16. 肖川. 教师的幸福人生与专业成长[M]. 新华出版社, 2008.

17. http://blog.sina.com.cn/s/blog_5c922b8b0100r4cv.html.

20. 欧益生. 小课题开发: 让教师以研究的姿态投入教学实践[D]. 浙江省嘉兴市教育研究院, 2007.

21. 郑正林. 开展小课题开发, 促进教师专业成长[D]. 浙江省教科院, 2009.

22. 王晓红. 教学模式的是与非[J]. 语文学习, 2001.

23. 陶彬. 长春明德小学设立轮换班干部 让"小鬼"当家[N] 城市晚报, 2011.

24. 计琳, 徐星. 万玮: 一部"兵法"闯"江湖"[N]. 中国教育报, 2010.

25. 唐举桂. 做一个不断成长的班主任[J]. 班主任, 2009.

26. 张伟刚等. 科研方法与论文写作[M]. 国家行政学院出版社, 2009.

27. 郑日昌, 邓丽芳. 心理健康与心理调适[M]. 国家行政学院出版社, 2008.

28. 戚万学. 小学班主任实务[M]. 山东教育出版社, 2007.

29. 干国祥. 理想课堂的三重境界[M]. 文化艺术出版社, 2010.

30. 袁浩, 管建刚. 吹起"作文革命"的号角[J]. 语文教学通讯·小学刊, 2010.

郑 重 声 明

为保护广大读者的合法权益，打击盗版，本图书已加入全国质量监督防伪查询系统，采用了数码防伪技术，在每本书的封面均张贴了数码防伪标签，请广大读者刮开防伪标签涂层获取密码，并按以下方式辨别所购图书的真伪：

电话查询：8007072315

短信查询：编辑 FW＋密码发送至 1066916018

网站查询：www.707315.com

如密码不存在，发现盗版，可直接拨打 13121868875 进行举报，经核实后，给予举报者奖励，并承诺为举报者保密。